Manual para tocar
el piano rock y blues

Querido lector:

Manual para tocar el piano rock y blues es un libro que me ha encantado escribir, y espero que la información que encuentre en las páginas siguientes le ayuden a crecer como pianista y como músico. Aunque ningún libro puede cubrir literalmente *todo* lo que necesita saber sobre un determinado concepto, espero que este libro le dé la orientación adecuada. Dicho esto, espero que dedique algo de tiempo a escuchar a los muchos artistas de blues y de rock mencionados en este libro. Mientras investigaba para esta obra, quedé maravillado en innumerables ocasiones al escuchar a pianistas como Brother Ray, Dr. John, Pinetop Perkins, Johnnie Johnson, Thelonious Monk y muchos otros. Espero que le suceda lo mismo cuando escuche a estos maestros.

Al fin y al cabo, no se trata de libros, de ejemplos de partituras o de composiciones académicas. ¡Se trata de la música que *usted* haga! Por lo tanto, póngase a tocar. Cuanto más tiempo pase frente al piano, mejor lo hará. Recuerde, sencillamente, que el piano es una herramienta. Usted es el creador, el artista, el inventor. Buena suerte y, como siempre, a darle al rock.

ERIC STARR

INFORMACIÓN
Información adicional

ESENCIAL
Consejos útiles

¡ALERTA!
Situaciones y conceptos con los que hay que tener especial cuidado

¿Preguntas?
Soluciones a problemas comunes

MANUAL PARA TOCAR EL PIANO
ROCK Y BLUES

Fraseos magistrales, solos y estilos de blues,
desde Nueva Orleans a Nueva York

Eric Starr

Traducción de David Agustí Hernández

Grupo ROBIN BOOK
Barcelona - México
Buenos Aires

MA NON TROPPO

Un sello de Ediciones Robinbook
información bibliográfica
Indústria, 11 (Pol. Ind. Buvisa)
08329 - Teià (Barcelona)
e-mail: info@robinbook.com
www.robinbook.com

Título original: *The Everything Rock & Blues Piano Book*

Diseño de cubierta: La Cifra (www.cifra.cc)
Fotografía de cubierta: © Brad Harrison, Stockxpert
Diseño de interior: Paco Murcia
ISBN: 978-84-96924-44-4
Depósito legal: B-30.024-2009

Impreso por Gràfiques92, S.A., Avda. Can Sucarrats, 91, 08191 Rubí

Impreso en España - *Printed in Spain*

Índice

Agradecimientos

Quisiera dar las gracias a mi editora, Lisa Laing, por pedirme que escribiera este libro, y al resto del personal de Adams Media por creer en este proyecto. También me gustaría dar las gracias a Marc Schonbrun por su colaboración en la maquetación de las partituras del libro y por proporcionarme su decisiva ayuda con los ordenadores. Gracias también a Jeffrey Starr por sus diagramas sobre la postura correcta y disposición de las manos y por su instalación de un software indispensable.

Gracias especialmente a Nelson Starr por proporcionarme alrededor de veinticinco valiosos ejemplos de partituras de rock y de blues. Gracias especialmente también a Charles Freeman por proporcionarme un modelo de ataque con la mano izquierda. Gracias además a Wynn Yamami por revisar mis partituras de ejemplo. Finalmente, muchas gracias a mi mujer, Katherine, por su constante apoyo y guía.

Dedicado a mi hijo, Iain Wesley, quien nació mientras escribía este libro.

Diez cosas importantes que aprenderá con este libro

1. Los elementos fundamentales del blues, incluidos sus orígenes, su evolución y su influencia global.
2. Los elementos básicos del rock, incluidos sus orígenes y su evolución; también aprenderá cómo el rock ha cambiado y ha mutado desde su creación.
3. Información biográfica básica sobre los innovadores del piano y del teclado rock y blues.
4. Movimientos clave y eras del blues y del rock, desde 1900 hasta hoy. Aprenderá acerca de la relación entre rock y blues.
5. Solos prácticos de rock y de blues, fraseos y clichés utilizados por los profesionales.
6. Teoría musical: este libro explica en detalle la armonía, la melodía, el ritmo y la estructura de las canciones de un modo no clásico y fácil de entender.
7. Cómo emular el estilo interpretativo de innovadores clásicos como Ray Charles, Jerry Lee Lewis, Dr. John, Rick Wakeman, Ray Manzarek, Billy Joel y muchos otros.
8. Consejos para practicar que maximizarán su eficiencia y su progreso.
9. Cómo comprar el piano o el teclado que le conviene.
10. Cómo continuar su formación. Este libro incluye una lista de recursos (libros, páginas web y vídeos) que debería emplear para seguir avanzando con el piano.

Introducción

Bienvenido a *Manual para tocar el piano rock y blues*. Esta obra está ideada para mostrarle el blues y el rock en lo referente al piano; además, le ayudará a aprender conceptos musicales. En términos generales, este libro le enseñará qué tocar, por qué tocarlo y, lo más importante, cómo tocarlo.

El objetivo es descubrir los secretos del rock y del blues y encaminarlo hacia el éxito musical. ¿Aprenderá todo lo que hay que saber sobre el rock y el blues con este texto? Por desgracia, la respuesta es no. Ninguna publicación podría presumir de ello. Ni colecciones enteras de discos podrían afirmar jamás algo semejante.

Si quiere entender completamente el blues y el rock tiene que sumergirse por completo en las culturas de estos estilos. Sucede lo mismo con cualquier género musical. Sin embargo, no necesita *vivir* el rock y el blues para disfrutarlo y para empezar a tocarlo.

Manual para tocar el piano rock y blues le hará empezar con buen pie al mostrarle las raíces históricas del blues, el cual es el padre del rock. A medida que avance, este libro le animará a educar su oído, a hacer crecer su mente creativa y a desarrollar sus propias preferencias musicales. También se espera que se sienta inspirado a medida que domine cada nuevo ejercicio y cada nuevo concepto.

La lista de contenidos revela los conceptos cubiertos en este libro. Sin embargo, el documento puede ser dividido en tres apartados básicos.

1. Guía práctica.
2. Información biográfica e histórica.
3. Fuentes.

Manual para tocar el piano rock y blues emplea partituras para principiantes y usuarios medios y conceptos musicales que van de lo básico a lo avanzado. En todo momento se ha intentado que el texto sea claro y fácil de entender y, cuando ha sido posible, escribir las instrucciones paso a paso.

En este libro el autor asume que usted no conoce el lenguaje musical, así que proporciona una guía rápida sobre las nociones básicas de la notación musical y de la técnica del piano. Sin embargo, en última instancia, este libro se centra en el rock y en el blues. Por tanto, no es un sustituto de un método de aprendizaje de piano para principiantes. Si nunca antes ha tocado un piano, le recomendamos que, antes de centrarse en el rock y en el blues, repase un libro de iniciación. ¿Por qué? Es importante empezar con los fundamentos y los conceptos básicos de la música. En este libro sólo se exponen brevemente. Tal y como dice el refrán: «Antes de andar, hay que aprender a gatear».

Hay otra expresión: «Nadie es una isla». Esta máxima quiere decir que nadie vive separado, solo o de un modo autónomo. En lugar de ello, la gente está ligada por lazos familiares, culturales, de identidad nacional u otros.

Lo mismo pasa con la música. En esa línea podría decirse: «Ninguna música es una isla». El rock y el blues existen como parte de la evolución de la música occidental, la cual tiene sus orígenes en la música clásica europea, el folk y la música tradicional de África occidental. Aunque el rock y el blues nacieron en Estados Unidos, en última instancia forman parte de un colectivo musical mayor. Por lo tanto, *Manual para tocar el piano rock y blues* examina el rock y el blues desde una perspectiva global. Esta perspectiva intenta ver la música mediante sus conexiones y asociaciones, sus sociedades y sus nexos.

Esperamos que usted examine el rock y el blues desde esa misma atalaya. Si lo hace, abrirá su mente al «gran tema» de la música y, a largo plazo, aprenderá no sólo sobre rock y sobre blues, sino también acerca de un amplio abanico de culturas musicales, estilos e ideas.

Durante el proceso, cuando toque los ejemplos musicales de este libro, tenga presente que el tempo (la velocidad) indicado no es obligatorio, es una mera recomendación. Mientras practica, tómese la libertad de tocar cualquiera de los ejercicios más despacio para adaptarlos a sus necesidades.

Capítulo 1

Introducción al rock y al blues

El blues y el rock están inextricablemente conectados, y es frecuente que los músicos se refieran al rock como el «hijo» o el «primo» del blues. En este capítulo explorará las raíces de ambos estilos y entenderá mejor la relación entre ellos. También aprenderá acerca de los principales innovadores de cada estilo.

Historia del blues

La mayoría de los géneros musicales derivan de una era o de un estilo anterior. El blues no es una excepción. Sin embargo, su evolución es única. El modelo europeo es usado a menudo para describir el progreso musical en Occidente. La música clásica tiene básicamente ocho fases: la medieval, la renacentista, la barroca, la del período clásico, la romántica, la posromántica, la moderna y la posmoderna. El período romántico la evolución directa del clásico, el barroco del renacentista, etc.

INFORMACIÓN

> El canto *griot* fue la principal influencia del blues. Los *griot* son poetas y narradores de historias. Normalmente no actúan en grupos sino en solitario. Suelen acompañarse de un instrumento de cuerda no muy distinto a la guitarra. En muchos aspectos, se asemejan a los primeros cantantes de blues.

Esto sugiere que la música occidental evolucionó de un modo lineal. Cada período surgió de uno anterior. Así ocurrió en Europa debido a la notación musical. La notación es un método para guardar ideas musicales mediante símbolos escritos. Estos símbolos forman un lenguaje que puede usarse para archivar, comunicar y procesar ideas musicales. En última instancia, la notación ha hecho posible que compositores de épocas distintas puedan interactuar y comunicarse de un modo específico e integrado.

Orígenes africanos

Al contrario que la música europea, el blues está enraizado en las tradiciones orales de África. Las tradiciones orales se basan en regiones, comunidades y tribus. Estos grupos no están siempre ligados. De hecho, a menudo son independientes e inconexos. Por ejemplo, sería extraño encontrar un cantante que estuviera directamente influenciado por una tribu que vive a 5.000 km de distancia. La interacción sólo sucedía mediante la migración. Sin embargo, éste era un proceso lento y gradual que implicaba a varias generaciones.

En su mayor parte, las sociedades orales son locales y su música proviene de las experiencias de su comunidad. Normalmente, tales sociedades intentan mantener vivas las tradiciones y las costumbres de su gente mediante historias que se cuentan una y otra vez. No cabe duda de que el blues nació de las historias tradicionales africanas. Aun así, el blues es completamente americano y no debería hacerse más énfasis de la cuenta en su relación con África. Esta música fue el resultado directo del colonialismo y nació en las costas del Nuevo Mundo.

ESENCIAL

> En sus orígenes, el blues era el sonido de la depresión, el desasosiego, la pena, la soledad, la discriminación y el pesar. Ese surgir de un sentimiento de sufrimiento tan personal e interno queda claramente reflejado. Gracias a que trata temas universales como el amor y el tormento, y gracias a su falta de pretensiones y a su contagioso uso del ritmo, el blues es atractivo para mucha gente.

Las melodías blues, el estilo de su canto, las estructuras y el ritmo tienen sus raíces en la música tribal africana. Allá en el siglo XVI, la música de las regiones del Congo y Angola, Nigeria, Mozambique, Madagascar, Senegal y Gambia llegaron al Nuevo Mundo mediante la trata de esclavos.

Blues americano

Para entender el blues, tendrá que remontarse a la esclavitud y a la desesperación vital de los negros americanos después de la guerra civil. La promesa de libertad (que se garantizaba a toda la comunidad negra en la declaración de independencia) quedó menoscabada por la dura realidad de tener que encontrar un trabajo y alimentar una familia. El blues nació en ese contexto. Es una historia de cadenas, de ataduras, de abusos y de falta de humanidad. Surge de las abrumadoras condiciones de trabajo de las plantaciones de algodón y tabaco, de las serrerías y de los canales del Sur profundo. Es una historia de depravación, frustración, desespero y un racismo despiadado.

Los antecedentes del blues son las canciones de los campos de cultivo, canciones de trabajo, cantos espirituales y *jump-ups*. Éstas se cantaban en las plantaciones mientras se araba o se recogía el algodón. Las canciones de trabajo eran canciones en grupo estructuradas que se cantaban también mientras se trabajaba en el campo. Los cantos espirituales eran primitivas melodías góspel, y los *jump-up* eran canciones de una estrofa para bailar. Todas estas melodías se utilizaban para combatir la soledad, para comunicarse con el resto y para divertirse. Durante el siglo XIX, estos estilos fueron emulados en los espectáculos de los minstrels, aunque en tono de burla, y en vodeviles.

Primeros innovadores

El delta del Mississippi es considerado la cuna del blues, ya que fue ahí donde el blues se documentó por primera vez, hacia el 1900. Los académicos del blues citan a Charley Patton (1891-1934) como un personaje vital en su evolución. Algunos incluso dicen que es su fundador. Está claro que Patton influenció a leyendas del blues como Son House, Robert Johnson, Howlin' Wolf, John Lee Hooker y muchos otros. En los sesenta, el cantante folk Bob Dylan también emularía el estilo de Patton.

INFORMACIÓN

El ragtime es un estilo de música que utiliza técnicas de piano stride y ritmos sincopados. Es compuesto, no improvisado. El ragtime estaba influenciado por la música clásica europea. Sin embargo, desempeñó un papel en la evolución del jazz. Scott Joplin es el compositor de ragtime más famoso. Su obra «Maple Leaf Rag» fue publicada en 1899.

A pesar de su legado musical, Patton no fue el inventor del blues. Los historiadores creen que Patton estaba fuertemente influenciado por un hombre llamado Henry Sloan. Poco se sabe de Sloan, excepto que probablemente enseñó a Patton a tocar la guitarra. Se estima que Sloan tocaba blues tan pronto como en 1897, lo que lo convierte en uno de los primeros músicos de blues conocidos. El blues quedó confinado al Sur profundo hasta la llegada de W.C. Handy (1873-1958). Handy transformó él solo el blues de un estilo campestre a un nuevo tipo de entretenimiento que podía ser comprado y vendido. El blues de Handy estaba influenciado por el Delta, pero de modo muy indirecto. Canciones como «Memphis Blues», «St. Louis Blues» y «Beale Street Blues» tenían más influencia del ragtime que de cualquier otro estilo.

Incluso aunque la música de Handy no estaba puramente basada en el blues, fue transformada en blues por aquellos que interpretaron sus canciones. Lo más importante es que la música de Handy expuso el blues a la luz pública en una época en que la identidad musical de América estaba cambiando. En los años veinte, músicos de todas las razas estaban interpretando y grabando blues. Podía escucharse en los escenarios y en discos de 78 revoluciones de discográficas como Victor, Okeh, la American Record Corporation y Paramount. El blues fue creado por hombres del sur de Estados Unidos. Sin embargo, lo dieron a conocer mejor las cantantes de las dos primeras décadas del siglo XX. Cantantes de blues como Mamie Smith, Gertrude «Ma» Rainey, Bessie Smith, Alberta Hunter, Ethel Waters y Victoria Spivey contribuyeron a llevar el blues a la conciencia musical americana.

Estilos de blues

Hay muchos estilos de blues, y éstos se entienden mejor desde un punto de vista geográfico. Como explicamos antes, el blues nació en el Sur rural, pero se transformó rápidamente en un estilo musical urbano. Ciudades como Chicago, Detroit, Memphis, San Luis, Kansas City, Dallas, Austin, Houston, Louisville, Los Ángeles, Nueva York y Nueva Orleans ayudaron a que el blues evolucionara.

Después de la Primera y de la Segunda Guerra Mundial, los músicos negros del Delta y de Memphis se trasladaron a las ciudades del norte, como Detroit y Chicago. Se denominó «la gran migración». A menudo, esta migración implicaba recorrer la autopista 51, una carretera de más de 1.500 kilómetros que conecta La Place, en Louisiana, con Hurley, en Wisconsin. Cuando los músicos del Delta llegaron a Chicago, empezaron a usar amplificadores y pronto nació el estilo de Chicago. Este sonido era más contundente y denso, aunque todavía estaba basado en las técnicas del Delta, como la estructura de pregunta y respuesta (véase el capítulo 10).

A mediados de los cuarenta, tuvo lugar otra migración en Texas. Decenas de músicos de blues dejaron el Estado para tocar en la Costa Oeste. Muchos de estos intérpretes acabaron en Los Ángeles, aunque posteriores migraciones los llevaron a menudo a Berkeley y a San Francisco. Entre los importantes pianistas texanos que se adentraron en el oeste estaban Willie Littlefield y Floyd Dixon. Pronto, el famoso estilo texano de blues se mezcló con el blues de la Costa Oeste. Este estilo era más suave y parecido al jazz y provocó la aparición de los *crooners* negros estadounidenses.

Aparecieron otros estilos importantes en las ciudades estadounidenses, tal y como leerá en el capítulo 11. Poco antes, Beale Street, en Memphis, se había convertido en un caldo de cultivo para el blues. En 1977, esta calle fue declarada la cuna del blues por el Congreso de Estados Unidos. En Nueva Orleans están la mayoría de los pianistas importantes de blues, como Jelly Roll Morton, Professor Longhair, Dr. John y Harry Connick Jr.; San Luis fue idealizada en el homónimo «St. Louis Blues», del compositor W.C. Handy. Fue también el hogar del pianista de barrelhouse Roosevelt Sykes y del inteligente Peetie Wheatstraw, quien era su propio agente.

INFORMACIÓN

El piano *barrelhouse* era común en los rudos bares del sur. Incluía una intensa y percutora actividad con la mano izquierda y estaba pensado para que la gente bailara. El barrelhouse (bautizado en honor a las whiskerías que servían directamente del barril) fue el precursor del boogie-woogie.

En las salas de baile y los salones de Kansas City, el swing era el estilo predilecto de pianistas y directores de banda como Jay McShann y Count Basie. Nueva York era el hogar de un elegante estilo de jazz con fuertes influencias blues. Probablemente esto quedaba ilustrado por la música de big band de Duke Ellington y por el virtuoso estilo stride de Fats Waller, Willie «The Lion» Smith y James P. Johnson. Más adelante leerá más acerca de estos músicos y tendrá la oportunidad de ensayar algunos fraseos y técnicas que ellos emplearon en su música.

Historia del rock

El rock 'n' roll ganó popularidad a mediados de los cincuenta gracias a, en gran medida, la evolución de la guitarra eléctrica, las jukebox y la televisión, y al disco de 45 revoluciones. Personajes clave como Alan Freed, Sam Phillips, Jerry Leiber, Mike Stoller y otros aprovecharon esta tecnología y cautivaron a músicos y audiencias con su nuevo sonido.

Sun Records, la discográfica de Sam Phillips, tuvo un gran impacto en el auge del rock 'n' roll al contratar a Elvis Presley y al formar lo que sería conocido después como el Million Dollar Quartet, en el que estaban Jerry Lee Lewis, Carl Perkins, Johnny Cash y el mismo Presley. En 1954, «That's Alright Mama» tuvo éxito entre la audiencia y, en 1956, «Heartbreak Hotel» se convirtió en número uno. Al final le llamaron «el Rey del rock 'n' roll».

En los cincuenta, Fats Domino, Little Richard y Jerry Lee Lewis se transformaron rápidamente en los reyes del piano rock. Éstos estaban influenciados por el boogie-woogie y por anteriores estilos de piano blues. Sin embargo, todos tuvieron una formación musical diferente, lo que explica sus distintos y característicos estilos. Por ejemplo, Fats Domino estaba influenciado por el stride del jazz dixieland, Little Richard estaba enamorado del góspel y Jerry Lee Lewis bebía de las fuentes del country y del western. Fats Domino era divertido en el escenario. Little Richard y Jerry Lee Lewis eran intérpretes animados, incluso escandalosos.

ESENCIAL

En el fondo, el rock 'n' roll es una combinación de rhythm and blues (cultura negra) y de country y folk (cultura blanca). El rock nació de los «race records» de tres estilos clave en el blues: el blues del Delta, el blues de Chicago y el jump blues. También combinó elementos del country y del blues de los años treinta y cuarenta y del folk.

En 1964, los Beatles llegaron a las costas americanas y dejaron una huella indeleble en la conciencia colectiva de la cultura popular. Su influencia todavía es poderosa hoy día. Los cuatro de Liverpool hicieron sombra incluso a la obra de Elvis Presley. En su primera época, los Beatles se inspiraron en el rock 'n' roll de los cincuenta, particularmente en el trabajo de Chuck Berry, Eddie Cochran, Carl Perkins, Little Richard, los Everly Brothers y el mismo Presley.

Los Beatles acabarían dominando los sesenta con algunos álbumes revolucionarios como *Revolver*, *Sgt. Pepper's Lonely Hearts Club Band*, *The White Album* y *Abbey Road*. Aunque continuaron inspirándose en la obra de Bob Dylan y de los Beach Boys, eran los Beatles los que, claramente, estaban influenciando al resto. Sin duda alguna, la beatlemanía cambió la historia del pop, y los Beatles se han convertido en algo parecido a una institución.

Avances tecnológicos

A finales de los sesenta, los avances en la tecnología de los sintetizadores cambiaron el rol de los pianistas y de los organistas, los cuales acogieron rápidamente las nuevas posibilidades. Intérpretes como Rick Waleman (Yes) y Keith Emerson (Emerson, Lake, and Palmer) emplearon de modo bastante efectivo sintetizadores Moog analógicos en su obra. A principios de los ochenta, bandas como Rush, Police y U2 empezaron a usar pedaleras sintetizadoras de bajo Moog Taurus para dar cuerpo a su sonido. Hacia esa época, la mayoría de los artistas pop empezaron a experimentar con secuenciadores digitales, los más populares eran el Fairlight y el Synclavier.

En el último cuarto del siglo XX, los teclados fueron importantes en la obra de Stevie Wonder, Genesis, Peter Gabriel, Pink Floyd, Talking Heads, Cars, Roxy Music, Depeche Mode, Duran Duran, The Cure, Nine Inch Nails, y muchos, muchos otros. Sin embargo, ningún grupo es el epítome de la era tecnológica como lo es la formación alemana Kraftwerk, de cuyo trabajo leerá en el capítulo 14.

¿Preguntas?

¿Qué es Kraftwerk?

Las vidas reclusas e incluso secretas de los miembros de esta formación han sido siempre parte de su atractivo. Kraftwerk está liderada por Florian Schneider-Esleben y Ralf Hütter, de Düsseldorf, Alemania. Desde 1970, este grupo ha allanado el camino a los DJ, a los artistas sonoros y a los pioneros de las remezclas.

En los noventa, los avances en la tecnología del sampleo impulsaron un gran uso de los pianos digitales, los cuales podían simular el sonido de un piano acústico de un modo muy fidedigno. Hoy, muchos pianistas sólo usan teclados. Leerá todo acerca de los sintetizadores digitales y analógicos, los samplers, los pianos digitales y demás en el capítulo 16.

Estilos de rock

Hay muchos estilos de rock, y la lista sigue creciendo a medida que aparecen nuevos híbridos. Casi desde su concepción, el rock 'n' roll ha mutado en variantes y subgéneros. Es difícil incluso estar al día de los nuevos estilos que emergen y que se volatilizan en cada nueva década. Algunos de estos movimientos son regionales y en realidad nunca despegan. Otros son retro y, por tanto, desaparecen cuando llega una nueva moda.

Algunos estilos de rock dignos de mención son el rockabilly, el folk rock, el country rock, el rock latino, el rock cristiano, el rock sureño, el rock psicodélico, el stoner rock, el rock progresivo, el hard rock, el heavy metal, el punk, el new wave, el garage rock, el grunge, el rock alternativo, el death metal y el indie rock. Algunos dirían que el rock engendró también el tecno, la música electrónica, el rap y el hip-hop.

En este libro veremos los principales movimientos del rock:

- R&B y el primer rock 'n' roll (años cincuenta).
- La invasión británica y el rock psicodélico (años sesenta).
- El rock progresivo y el hard rock (años setenta).
- La segunda invasión británica, el new wave y el pop sintetizado (años ochenta).
- Híbridos contemporáneos (años noventa y después).

Como este libro trata del piano, aprenderá también cosas sobre pianistas y compositores de pop como Elton John, Billy Joel, Randy Newman y, en menor medida, sobre rostros nuevos como Tori Amos, Ben Folds, Rufus Wainwright y otros. Puede agruparlos bajo el epígrafe «piano rock» o «piano pop». Diferenciar ambos términos es algo que también hay que aprender, y se harán distinciones entre las a menudo vagas diferencias entre el pop y el rock en el capítulo 12.

El rock reinó virtualmente en la música popular hasta que el rap y el hip-hop llegaron y lideraron las ventas de CD en los noventa. Sin embargo, el rock sigue teniendo un enorme impacto en la música popular. Cada vez más, está siendo revitalizado y reorganizado por músicos que combinan el rap y el hip-hop con los atronadores ritmos del rock y su presencia sonora. Instrumentos de rock como las guitarras eléctricas y las baterías acústicas están siendo incorporados más y más en el R&B (en oposición a las cajas de ritmos y a otros acompañamientos computerizados). Esto apunta a la obstinación del rock en una era en que la tecnología informática podría dejar a cualquier instrumentista sin trabajo.

ESENCIAL

En 1999, los ficheros compartidos en la red ganaron popularidad gracias a los avances en la tecnología de internet y a una compañía llamada Napster. Hoy día, los ficheros compartidos, los CD grabados y las descargas ilegales siguen siendo motivo de disputa en la industria musical. Las discusiones a favor y en contra de la música compartida tienen visos de seguir mientras los derechos de propiedad intelectual son reclamados en la red y en los juzgados de todo el mundo.

Una cosa está clara: podemos afirmar con seguridad que los teclados van a seguir teniendo su lugar. Artistas de todos los géneros y subgéneros están dispuestos a utilizar teclados y sintetizadores tanto en el estudio como sobre el escenario. Además, fraseos de piano de blues y de rock de anteriores generaciones están siendo redescubiertos mientras nuevos artistas basan sus melodías en estilos más antiguos y tradicionales.

Capítulo 2

Conceptos generales del piano

Este capítulo está compuesto por dos secciones. En primer lugar, aprenderá la disposición del teclado junto a algo de teoría musical básica. En segundo lugar, aprenderá la postura y la posición de los dedos y de las manos adecuadas. Este capítulo debería servir sólo como un tutorial breve. Si es un auténtico novato con el instrumento, podría serle útil solicitar información adicional a un instructor cualificado. Todo lo que aquí explico se aplica tanto al piano como al teclado electrónico.

Disposición de las teclas

El teclado del piano está bien distribuido. Las notas se repiten cada doce teclas. Cuando pulsamos una tecla, un percutor golpea una serie de cuerdas y suena una nota. Las notas van de grave a agudo, de izquierda a derecha. En otras palabras, cuando se sienta ante un piano, las notas más graves estarán a su izquierda y las más agudas, a su derecha. Si está sentado ante un piano, pulse ahora la nota más grave y la más aguda. Notará la diferencia. Los pianos modernos y la mayoría de los teclados digitales profesionales tienen 88 teclas.

INFORMACIÓN

El tono es la frecuencia de la nota, la cual se mide en ciclos por segundo. En la era moderna, el la de referencia (situado una sexta mayor por encima del do central) está fijado en 440 hercios (Hz). Éste es el tono de referencia que las orquestas usan para afinar sus instrumentos. En la música occidental hay doce notas en el sistema temperado.

Las teclas del piano son blancas y negras, y cada una corresponde a una nota. Las teclas blancas son do, re, mi, fa, sol, la y si. Estos tonos son los llamados «naturales». Después de si, volvemos a tener do. Esta secuencia de do a si se repite siete veces en un piano de 88 teclas. La primera nota del piano es la. Después de siete repeticiones quedan tres notas adicionales: la, si y so.

Cada nota del teclado recibe también un número. Estos números corresponden con la situación de la nota en el piano. El sistema de numeración empieza con el cero. La primera nota, o la más grave del teclado es la_0. La nota más aguda es do_8, ya que es el octavo do que aparece en el teclado. La vigesimocuarta nota desde el principio del teclado, si se cuentan sólo las teclas blancas, es el do central. Se le llama do_4 ya que es el cuarto do del teclado. En otras palabras, hay tres do que preceden al do central a medida que nos desplazamos por el teclado de izquierda a derecha.

Notas accidentales

Una nota accidental es cualquier nota que no se halla en la tonalidad (vea el capítulo 4). Normalmente nos referimos a las teclas negras del piano como notas accidentales, pero las letras blancas pueden ser también llamadas accidentales en determinados contextos musicales. Tal y como aprenderá en el capítulo 4, algunas tonalidades son escritas con sostenidos ♯; otras, con bemoles ♭. En ambos casos, tanto los naturales como las notas accidentales tienen dos nombres. Por ejemplo, do sostenido puede llamarse también re bemol; si bemol puede llamarse también la sostenido; si, puede llamarse también do bemol; fa puede llamarse también mi sostenido, etc.

ESENCIAL

Como las notas, las tonalidades pueden llamarse también de varios modos. Por ejemplo, la tonalidad de fa sostenido puede llamarse también de sol bemol, la de la bemol puede llamarse de sol sostenido, etc. Afortunadamente, las convenciones musicales le ahorran la horrible tarea de tener que leer música en tonalidades tan extrañas como sol sostenido. Esta clave contendría un fa doble sostenido (sol) y un si sostenido (do).

Sólo el contexto le puede ayudar a elegir el nombre correcto de la nota. Normalmente, la tonalidad dictamina el nombre de la nota. Además, el acorde puede determinar también el nombre de un cromático o de una nota alterada.

Visualizar el teclado

El teclado puede visualizarse en dos grupos distintos. El primer grupo está formado por do, do sostenido (también llamado re bemol), re, re sostenido (también llamado mi bemol) y mi: un total de cinco teclas. Esta configuración aparece siete veces completas en un teclado de 88 teclas. La mostramos en la **FIGURA 2-1**.

El siguiente grupo de notas está formado por fa, fa sostenido (También llamado sol bemol), sol, sol sostenido (también llamado la bemol), La, la sostenido (también llamado si bemol) y si: un total de siete teclas. Como el anterior grupo de notas, esta configuración aparece siete veces completas en un teclado de 88 teclas. Se la mostramos en la **FIGURA 2-2**.

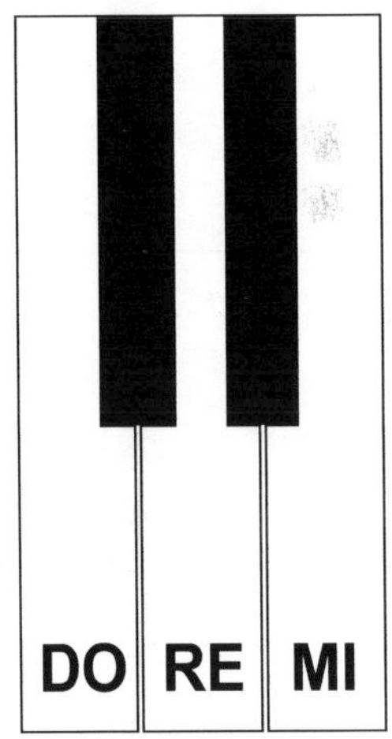

FIGURA 2-1: Distribución del teclado de do a mi.

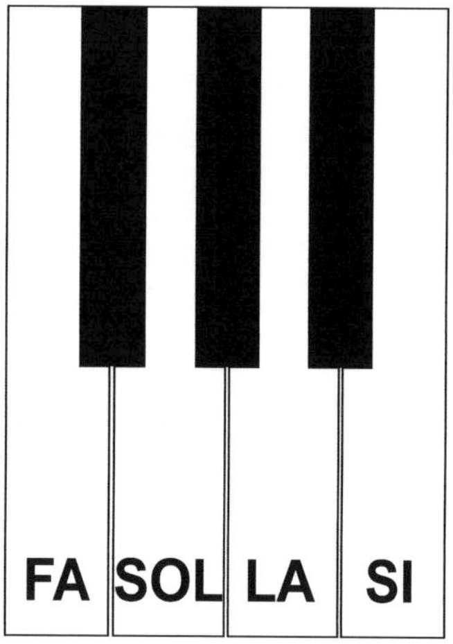

FIGURA 2-2: Distribución del teclado de fa a si.

Cuando juntamos estos dos grupos obtenemos un total de doce teclas (cinco y siete). Si incluye una nota más (un do) el ciclo queda completo. Ese mismo do marca además el inicio de un nuevo ciclo. Le mostramos un ciclo completo de do a do en la **FIGURA 2-3**. Más adelante llamaremos a este ciclo una octava.

Intervalos de tono y de semitono

Un intervalo es la distancia entre dos notas. En la música occidental, los intervalos se miden en tonos. Un intervalo melódico o lineal se refiere a dos notas que son tocadas secuencialmente. Un intervalo armónico o vertical se refiere a dos notas que son tocadas simultáneamente. Cuando suenan dos notas juntas crean un acorde que se llama díada. Un tono se compone de dos semitonos. Los semitonos son movimientos cromáticos en el teclado. Cuando cuente semitonos contará todas las teclas consecutivas, negras y blancas que hay entre dos notas. Nunca se salte una nota cuando cuente semitonos.

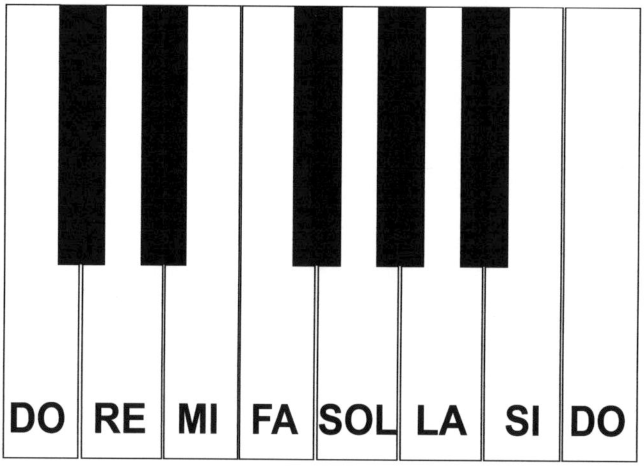

FIGURA 2-3: Distribución del teclado de do a do.

Considere el intervalo entre do y re. Si cuenta el teclado cromáticamente, se dará cuenta de que hay dos semitonos entre do y re. Estos son los existentes entre do y do sostenido y entre do sostenido y re.

Al juntarlos, forman un tono completo. De nuevo, un tono equivale a dos semitonos. Veamos otro ejemplo. Fíjese en el do de su piano. Imagine que do es la nota más grave, su base. Ahora cuente siete semitonos hasta sol. Los semitonos son los siguientes.

1. De do a do sostenido.
2. De do sostenido a re.
3. De re a re sostenido.
4. De re sostenido a mi.
5. De mi a fa.
6- De fa a fa sostenido.
7. De fa sostenido a sol.

Recuerde que cuando cuenta semitonos, está desplazándose cromáticamente por el teclado.

¿Preguntas?

¿Hay un modo sencillo de ver la diferencia entre un tono y un semitono en el piano?

Compare dos teclas blancas adyacentes. Si hay una tecla negra entre ellas, el intervalo es un tono. Por ejemplo, sol y la están separadas por la bemol (o sol sostenido). La teclas adyacentes mi y fa, y si y do, no tienen teclas negras entre ellas. Por tanto, las separa un semitono.

Entender las octavas

Tal y como se ha insinuado antes, las octavas son intervalos de 12 semitonos. Cuando toca octavas, la nota más grave se llama igual que la más aguda (por ejemplo, do-do, re-re, mi-mi). Elija una nota y tóquela en el piano. Ahora cuente 12 semitonos hacia arriba o hacia abajo. Si ha contado bien, la nota en la que acabe será la misma que la inicial, una octava por encima o por debajo. Usemos mi como ejemplo. Ahora contemos semitonos de modo ascendente.

1. Fa.
2. Fa sostenido.
3. Sol.
4. Sol Sostenido.
5. La.
6. La sostenido.
7. Si.
8. Do.
9. Do sostenido.
10. Re.
11. Re sostenido.
12. Fa (una octava justa).

Las octavas tienen una relación de dos a uno. Por ejemplo, el la de referencia son 440 Hz. El siguiente la por encima de esta frecuencia son 880 Hz, exactamente el doble de frecuencia. El la inmediatamente más grave son 220 Hz, exactamente la mitad que los del la de referencia.

Grados de la escala

Tal y como ha aprendido antes en este capítulo, es importante saber contar intervalos en semitonos. Sin embargo, los intervalos son contados más a menudos en grados. Aprenderá más sobre los grados en el capítulo cuatro. De momento, haga acto de fe y acepte que la escala de do mayor usa todas las teclas blancas. La siguiente lista le muestra cómo contar intervalos escalares (diatónicos). Estos intervalos son llamados *mayores* o *justos*.

- De do a do (no nos movemos) hay un unísono justo.
- De do a re una segunda mayor.
- De do a mi una tercera mayor.
- De do a fa una cuarta justa.
- De do a sol una quinta justa.
- De do a la una sexta mayor.
- De do a si una séptima mayor.
- De do a do (doce semitonos más agudo) una octava justa.

FIGURA 2-4: Intervalos diatónicos.

Estos intervalos diatónicos son mostrados en la **FIGURA 2-4**.

Cuando añadimos las notas accidentales, contar intervalos se vuelve más complejo. Además estos intervalos pueden recibir ahora una variedad de nombres en función del contexto musical. He aquí una lista de intervalos que usan do como la nota más grave y una nota accidental como la más aguda. Los intervalos con un asterisco son los más usados en la notación musical; los otros son más o menos académicos.

- De do a do sostenido, un unísono aumentado.
- De do a re bemol, una segunda menor.*
- De do a re sostenido, una segunda aumentada.
- De do a mi bemol, una tercera menor.*
- De do a mi sostenido (fa), una tercera aumentada.
- De do a fa bemol (mi), una cuarta disminuida.
- De do a fa sostenido, una cuarta aumentada (también llamado tritono).*

- De do a sol bemol, una quinta disminuida (también llamado tritono).*
- De do a sol sostenido, una quinta aumentada.
- De do a la bemol, una sexta menor.*
- De do a la sostenido, una sexta aumentada.
- De do a si bemol, una séptima menor.
- De do a do bemol, una octava disminuida.

En este libro nos referiremos a menudo al intervalo entre do y si bemol como a la séptima dominante, debido a su relación con el acorde de séptima dominante en la música blues. Sin embargo, técnicamente, este intervalo es una séptima menor, porque incluye el bemol del grado séptimo.

Una vez pasamos de la octava, aparecen otros intervalos importantes, como las novenas, las décimas, las decimoprimeras y las decimoterceras. En este libro también veremos novenas sostenidas, novenas bemol, decimoprimeras sostenidas y decimoterceras bemol.

Definiremos en el siguiente capítulo los términos *escala*, *escala mayor*, *menor*, *aumentada* y *disminuida*. De momento asegúrese de que entiende los tonos y los semitonos.

Sentarse ante el piano o teclado

Aunque algunos pianistas se sientan de un modo nada ortodoxo ante el piano, debería intentar adoptar una postura correcta. ¿Cuál es la postura correcta? Esto es objeto de debate, y compositores clásicos como Carl Philipp Emanuel Bach, Muzio Clementi, Johann Nepomuk Hummel, Carl Czerny y otros han opinado sobre el tema en ensayos y en otros escritos. A medida que su técnica evolucione, debería continuar depurando su postura al sentarse. De momento, pruebe los consejos mostrados aquí. Esta postura le ayudará a reducir la carga sobre la zona lumbar de su espalda. También facilitará la relajación de las extremidades superiores e inferiores.

Primero, ponga el taburete frente a las teclas del piano. Asegúrese de que queda en medio de las teclas. Si queda hacia un lado, tendrá que estirarse para llegar a algunas notas. Después siéntese en el centro del taburete. De nuevo, si se sienta en un lado, su música se resentirá.

Asegúrese de que el taburete no queda demasiado cerca de las teclas. Debería poder desplazarse con facilidad entre el teclado y el taburete para poder sentarse. Una vez sentado, sitúe su pie derecho sobre el pedal de resonancia. ¿Está cómodo? Si el taburete está correctamente situado, su talón descansará sobre el suelo y su pierna se doblará en un ángulo ligeramente obtuso. Si el taburete está demasiado cerca del teclado, su pie se doblará hacia arriba. La posición correcta de su pierna debería ser de unos 90 grados (un ángulo recto).

¡ALERTA!

Fíjese en cómo se sienta en el taburete. Debería sentarse en el borde del mismo. Esto significa que la parte superior de sus muslos no debería tocar el taburete. No se apoltrone en el taburete. No cruce nunca las piernas, no se siente de medio lado ni ose desplace hacia los lados del mismo mientras toca.

Siéntese recto. Asegúrese de que la parte superior de su cuerpo está erguida. Su espalda no debería curvarse ni sus hombros estar echados hacia delante. Piense en un soldado cuando está firme. Una vez sentado adecuadamente, incline la parte superior de su cuerpo ligeramente hacia delante. Si está sentado correctamente debería sentirse seguro y cómodo, no falto de equilibrio e incómodo.

Tenga cuidado y no se siente de modo que sus músculos estén tensos. No debería estar rígido. La parte superior de su cuerpo debería mecerse ligeramente mientras crea las notas. En otras palabras, para tener expresión y sentimiento necesitará desplazar su peso de tanto en tanto. Eso significa que podrá inclinarse un poco para tocar un acento o un pasaje más fuerte o echarse hacia atrás para tocar una línea *pianissimo* (suave). Sin embargo, nunca deslice sus posaderas sobre el taburete. Permanezca siempre firmemente sentado sobre él, incluso cuando esté tocando las notas más graves o más agudas del teclado. Si el taburete no se ajusta a su talla, tómese la libertad de utilizar mantas o alfombras para estar más alto. No se siente sobre libros; se mueven y son incómodos, especialmente si va a tocar durante un largo período de tiempo.

Posición de la mano y de los dedos

Situar las manos y los dedos correctamente sobre el teclado es fundamental. Como su pierna derecha, sus hombros deberían formar un ángulo obtuso. Además, sus antebrazos deberían estar paralelos al suelo. Ajuste la altura del taburete para que no tenga que levantar los hombros inconscientemente. No dude en usar mantas o alfombras para aumentar su altura si es necesario.

Sus muñecas deberían estar en una postura ligeramente flexionada. Las teclas deberían quedar inmediatamente bajo las yemas de sus dedos. Del mismo modo, no permita que sus muñecas se desplacen hacia abajo de tal modo que sus dedos queden rígidos. Sus dedos, muñecas, brazos y hombros deberían estar siempre relajados y libres de tensión alguna.

La posición de los dedos es vital. Toque siempre con la yema de los mismos. La mejor manera de aprender la posición básica de los dedos es imaginar que está sosteniendo una pelota. Cuando lo haga, sus dedos tomarán la posición correcta de modo natural y podrá presionar las teclas con la yema de los mismos. Si estira los dedos hacia fuera de modo que queden tiesos se pondrá las cosas muy difíciles y no será capaz de maniobrar por el teclado. Cuando toque, debería usar los nudillos. Su mano no debería estar nunca plana.

ESENCIAL

Uno de los mejores modos de aprender la técnica correcta con los dedos es fijarse en cómo tocan los intérpretes clásicos. Los músicos clásicos usan una técnica muy depurada y unos movimientos extremadamente gráciles y eficientes. Cuando los observe, verá que parecen desplazarse sin esfuerzo por el teclado y que siempre tocan con la yema de los dedos.

La buena noticia es que cuando sitúe su mano sobre el teclado, sus dedos probablemente adoptarán la postura adecuada de un modo automático. La posición de los dedos raramente suele ser un problema para los estudiantes. Cuando toque las teclas negras puede que sus dedos se extiendan un poco para alcanzarlas. Eso no es un problema, especialmente si tiene las manos pequeñas.

También es importante saber dónde presionar las teclas del piano. Cuando toque las notas blancas, los dedos índice y medio deberían presionar ligeramente por encima de la sección central de la parte gruesa de la tecla.

El anular debería presionar el centro de la tecla y el meñique ligeramente por debajo del centro de la misma. Debido a la posición del pulgar en la mano, este dedo debería presionar el borde de la tecla. Cuando toque acordes o melodías con muchas teclas negras debería adaptar la posición básica de su mano a las mismas. En este caso, utilice la misma técnica para situar los dedos: el índice y el medio deberían presionar el centro de la tecla, el anular ligeramente por debajo del mismo, y el pulgar en el borde de la tecla. Cuando esté en esta posición presionará las notas blancas con la yema de los dedos sobre la parte más delgada de la tecla. Su mano debería adoptar la misma forma cóncava. La **FIGURA 2-5** le muestra la postura correcta del cuerpo y la posición correcta de los brazos, las manos y los dedos sobre el piano.

Digitación de las manos izquierda y derecha

La digitación es uno de los aspectos más fundamentales a la hora de tocar el piano. Si no presta atención y medita su digitación, tocará de modo torpe. Ya que éste no es un libro para aprender a tocar el piano, se asume que sabe algo sobre la digitación correcta en un piano. Por lo tanto, no se explican

FIGURA 2-5: Postura correcta: posición de los brazos, manos y dedos sobre el piano.

todos y cada uno de los ejercicios de digitación. En los ejercicios musicales particularmente «serpenteantes», se incluirá la digitación. También se incluirá la digitación básica de la mayoría de los arpegios y escalas.

Sin embargo, muchos de los ejercicios y estudios que encontrará más adelante pueden ser interpretados de varios modos. No siempre hay un único modo de tocar una frase o un pasaje musical. A menudo es un asunto de preferencias personales, algo que depende de su habilidad y del tamaño de su mano. Consciente de ello, deberá buscar su propia digitación para determinados ejemplos musicales. Tómese su tiempo para hacer esto. Para la mayoría de los intérpretes más o menos avezados es importante considerar distintas opciones de digitación antes de intentar tocar una pieza.

Si es usted autodidacto puede que no conozca la nomenclatura de los dedos utilizada en la notación musical. En ambas manos, los pulgares son el dedo uno, los índices son el dedo dos, los medios el dedo tres, los anulares el dedo cuatro y los meñiques el dedo cinco. Vea la **FIGURA 2-6**.

Cada dedo tiene sus puntos fuertes y sus debilidades. Como el pulgar está situado a un lado de la mano, debe desplazarse por debajo del resto de los dedos para maniobrar por el teclado. Esto requiere algo de práctica. El dedo anular es el que tiene menos coordinación y el meñique el más débil.
Ya toque blues, rock o cualquier otro estilo, es importante que practique ejercicios técnicos para desarrollar fuerza y resistencia en todos sus dedos.

FIGURA 2-6: Numeración de los dedos.

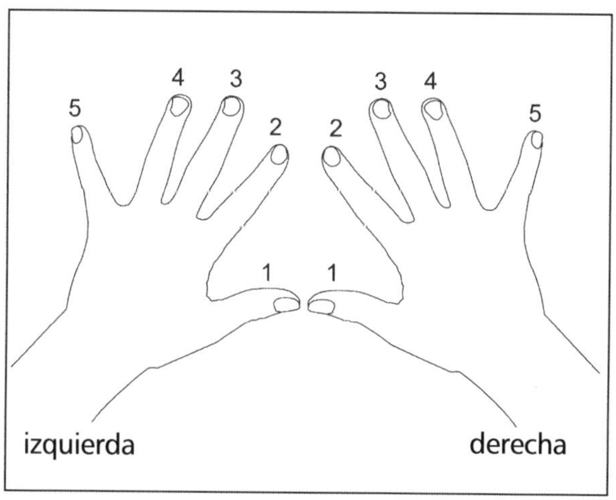

Capítulo 3

La notación como herramienta

Los músicos utilizan la notación musical para comunicar ideas musicales. En este capítulo aprenderá los rudimentos de la notación musical. En este tutorial incluiremos información sobre las notas, los espacios, las tonalidades, los tonos, los compases y muchas otras cosas. Se dará cuenta de que ser capaz de leer música le facilitará mucho las cosas como músico y de que es muy gratificante. La notación le ayudará a descubrir los secretos del rock y del blues.

Conceptos generales sobre notación

¿Por qué debería aprender a leer música? Por la misma razón por la que aprende a leer palabras. Si tiene usted formación musical, sus oportunidades de sobrevivir en el mundo de la música aumentarán en gran medida. Al poder leer música será capaz de visualizar la música mucho mejor, y, por tanto, de concebir música de un modo mucho más claro. El conocimiento musical hará crecer su vocabulario música y su capacidad de comunicación, y le permitirá archivar mejor ideas musicales.

¡ALERTA!

> Tocar sólo de oído tiene limitaciones, especialmente cuando intenta aprender con un libro. El CD que este libro incluye es un añadido genial, pero no puede reemplazar la notación que encontrará en cada capítulo. Por lo tanto, para poder sacar el máximo partido a este documento, cerciórese de que aprende a leer música.

Toda música puede dividirse en dos partes: silencio y sonido. Las notas representan los sonidos que hacen los músicos. Los silencios indican… silencios. Ambos se escriben sobre un pentagrama. Un pentagrama consiste en cinco líneas paralelas sobre las que los músicos escriben notas, silencios y otros símbolos musicales. Vea la **FIGURA 3-1**.

Las líneas y los espacios entre ellas representan tonos distintos; se utiliza una clave para indicar qué nota corresponde a cada uno. La claves más comunes son la clave de sol, o de agudos, y la de fa, o de graves, aunque también existen otras claves. Como pianista, utilizarás sólo las claves de sol y fa.

Claves de sol y de fa

Salvo el arpa y otros instrumentos con teclado, ningún otro instrumento utiliza dos claves a la vez. Como pianista, se espera de usted que lea música en dos claves por una razón muy importante: el rango. Si se fija en la **FIGURA 2-3**, la cual muestra la disposición de un teclado, verá que el rango de un piano son más de ocho octavas. No hay clave que acomode semejante abanico, y es ésa la razón por la que se usan las claves de fa (para el registro bajo) y de sol (para registros agudos).

El rango de octavas que tiene un piano es muy inusual en los instrumentos musicales. Por ejemplo, un tenor típico sólo puede cantar algo más de dos octavas y media (de si_2 a sol_4). La trompeta solo cubre tres octavas y media (fa_3 sostenido a fa_6 sostenido). Ésta es la belleza del piano: puede crear toda una sinfonía.

FIGURA 3-1: Pentagrama en blanco.

FIGURA 3-2: Clave de sol.

FIGURA 3-3: Clave de fa.

Deberá memorizar la forma tanto de la clave de agudos, o de sol, como la de la clave de bajo, o de fa, para poder leer música. La **FIGURA 3-2** le muestra la clave de sol (usada para los agudos). La **FIGURA 3-3** la de fa (utilizada para los tonos bajos).

Notas y claves

En la **FIGURA 3-4** verá los dos pentagramas que se usan para la música de piano. Juntos, forman lo que se denomina *sistema*.

Las notas se escriben tanto sobre las líneas como sobre los espacios de cada pentagrama. Para designar cada tono se usa una clave; la clave define cada espacio y cada línea. La mejor manera de entender esto es con un ejemplo. El primer espacio de la parte inferior en clave de sol es fa. El primer espacio de la parte inferior en clave de fa es la. Los espacios parecen iguales, pero representan notas distintas (e incluso octavas distintas). Esto queda ilustrado en la **FIGURA 3-5**.

FIGURA 3-4: Sistema.

FIGURA 3-5: Comparar claves.

En las siguientes figuras, cada símbolo representa una nota. Más adelante en este capítulo explicaremos los tiempos y los ritmos. Las **FIGURAS 3-6** a **3-9** le muestran todas las notas en cada clave. Lea las notas de abajo a arriba.

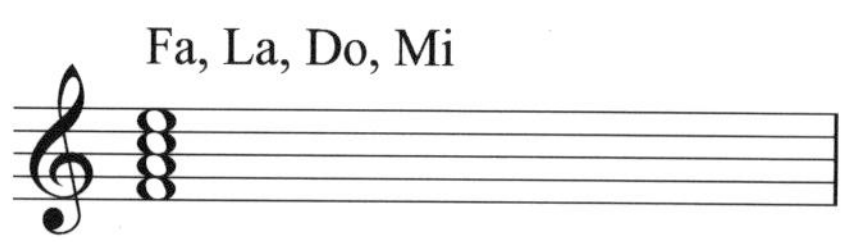

FIGURA 3-6: Fa, la, do, mi en clave de sol (agudos).

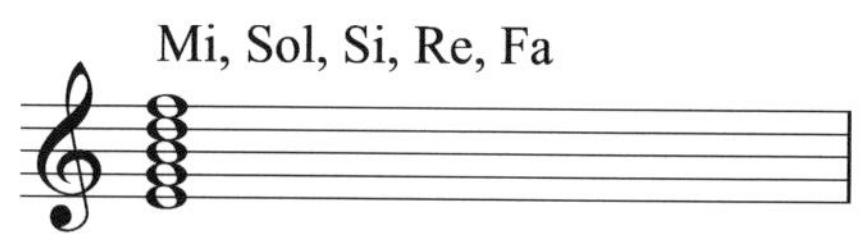

FIGURA 3-7: Mi, sol, si, re, fa en clave de sol (agudos).

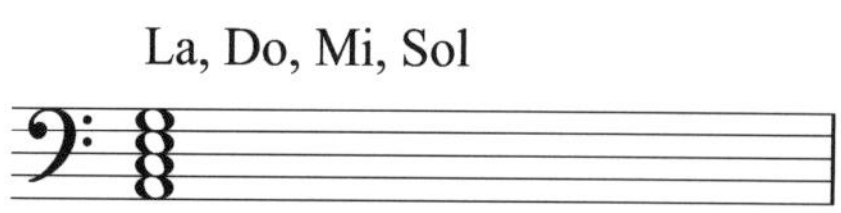

FIGURA 3-8: Fa, la, do, mi en clave de fa (graves).

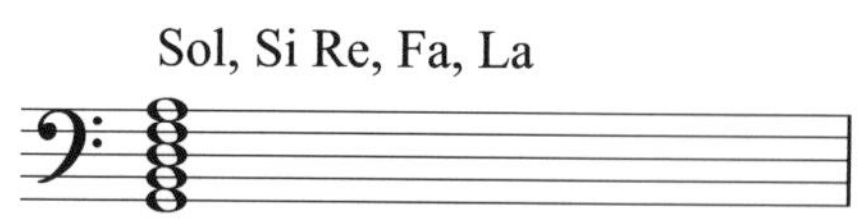

FIGURA 3-9: Sol, si, re, fa, la en clave de fa (graves).

Pentagrama y octavas

Por encima o por debajo del pentagrama se utilizan líneas horizontales adicionales. Como en el pentagrama sólo caben nueve intervalos, hacen falta estas líneas para documentar las notas existentes en los registros superior e inferior del piano. Cuando es necesario escribir notas extremadamente agudas o graves, se utiliza la nomenclatura *8va* u *8vb* por encima o por debajo de la nota, respectivamente. Vea la **FIGURA 3-10**. Por ejemplo, 8va le dice al pianista que debe tocar (o trasladar) la música exactamente una octava por encima de lo que está escrito, mientras que 8vb le dice al pianista que debe tocar una octava más grave que lo que está escrito. Esto facilita mucho la lectura al pianista.

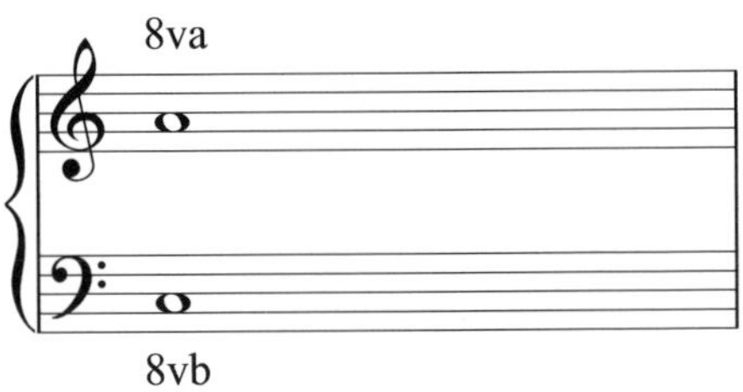

FIGURA 3-10: 8va y 8vb.

Las líneas adicionales son importantes, especialmente las utilizadas para representar el do central. En la **FIGURA 2-3**, que muestra la disposición del teclado, ha aprendido dónde está el do central en el teclado. Ahora fijémonos en el do central en las claves de sol y de fa. Vea las **FIGURAS 3-11** y **3-12**. Fíjese en que el do central queda debajo del pentagrama en la clave de sol y por encima en la de fa.

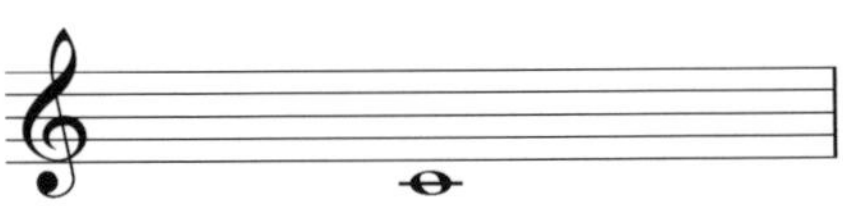

FIGURA 3-11: Do central en la clave de sol (agudos).

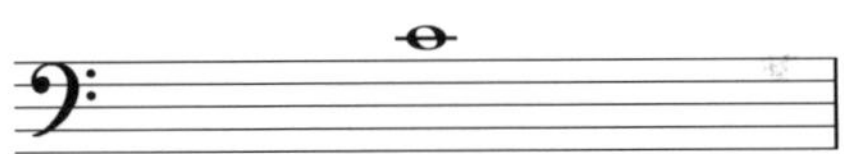

FIGURA 3-12: Do central en la clave de fa (graves).

También podemos usar líneas adicionales para notas más graves o más agudas. La **FIGURA 3-13** muestra un pentagrama de piano con tres líneas adicionales por encima y por debajo de cada clave. Si quiere escribir notas todavía más altas o más graves es mejor que utilice 8va u 8vb.

FIGURA 3-13: Líneas adicionales.

Nombre y duración de las notas

El ritmo es, junto a la melodía y la armonía, uno de los elementos más importantes de la música. Una nota se dibuja con un círculo y una línea vertical: la cabeza y la plica. La única excepción es la redonda, que no tiene plica. La cabeza puede aparecer vacía (una redonda o una blanca) o en negro (todas las demás). Junto a la cabeza hay una línea vertical, la plica. Si ve una única plica junto a una cabeza negra está viendo una negra. Algunas veces las notas están unidas por una única barra horizontal; esta notación se utiliza para indicar corcheas. Puede que vea también dos líneas horizontales; esto se utiliza para indicar las semicorcheas. Otras notas tienen una línea ondeante que sale de la plica: el neuma. Se usa un único neuma para indicar una corchea. Se utilizan dos neumas para indicar una semicorchea. Vea la **FIGURA 3-14**.

FIGURA 3-14: Valor de las notas.

Fíjese en que una corchea individual tiene el mismo aspecto que una negra pero con una bandera o neuma. Una semicorchea individual tiene el mismo aspecto que una negra pero con dos neumas.

Relación de las notas

La notación musical se basa en las matemáticas. La notación sigue las mismas reglas que las fracciones. La **FIGURA 3-15** le muestra la división de las notas.

FIGURA 3-15: Relación del valor de las notas.

Como puede ver, las notas se dividen de dos en dos. Una redonda se divide en dos blancas, un blanca en dos negras, una negra en dos corcheas y una corchea en dos semicorcheas. La relación es siempre de uno a dos entre la redonda y la blanca, la blanca y negra, la negra y la corchea, y la corchea y la semicorchea. El diagrama en la **FIGURA 3-16** debería ayudarle a ver el concepto con claridad.

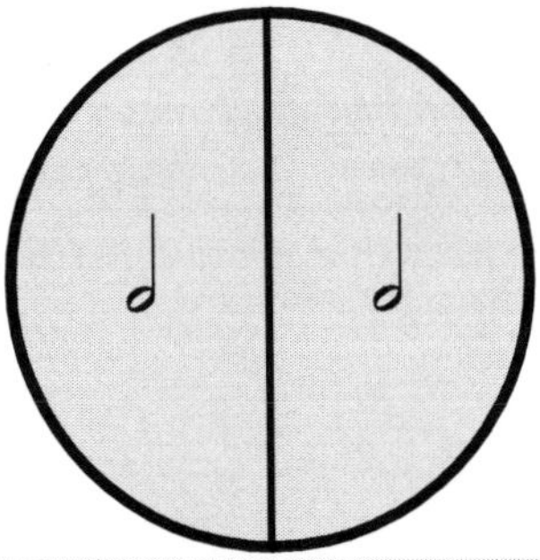

FIGURA 3-16: División de las notas: blanca.

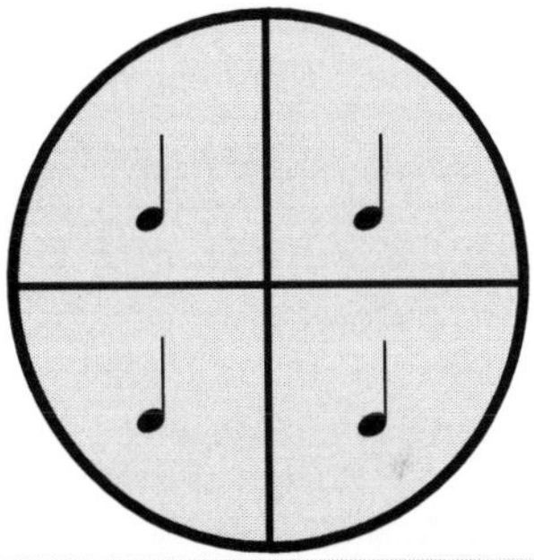

FIGURA 3-17: División de las notas: negra.

FIGURA 3-18: División de las notas: corchea.

FIGURA 3-19: División de las notas: semicorchea.

Puede fijarse en cómo dos blancas forman una redonda, cuatro negras una redonda, ocho corcheas una redonda y dieciséis semicorcheas una redonda. Éstas son las relaciones matemáticas en las que se fundamenta la notación.

Silencios

Los silencios funcionan exactamente igual que las notas excepto por una diferencia fundamental. Así como una nota significa sonido, un silencio representa… silencio. Un silencio no representa una pausa. La música continúa haya o no haya un silencio. Piense en un silencio como en una nota silenciosa.

Cuando vea un silencio, siga la música como si estuviera tocando. Cada nota tiene un silencio correspondiente y los silencios guardan la misma relación entre sí que las notas. La **FIGURA 3-20** le muestra las divisiones de los silencios.

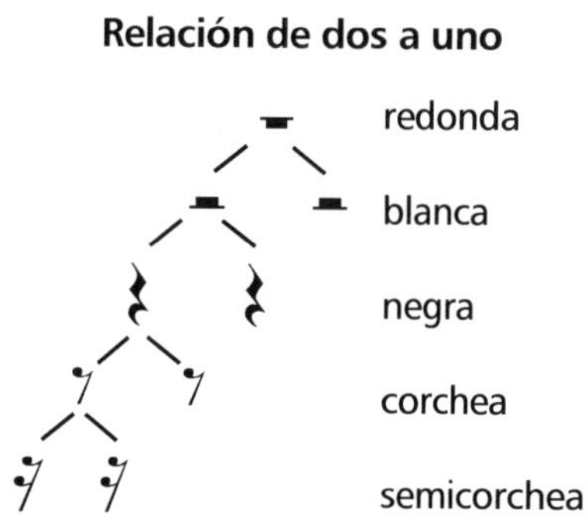

FIGURA 3-20: Relación del valor de los silencios.

Compases

Ahora que ya se ha familiarizado con las notas y con los silencios, debe unirlos para formar frases rítmicas. Para conseguirlo, primero debe aprender qué son los compases.

En la música se utilizan muchos compases. Por ejemplo, se usa el 3/4 para los valses, y el 2/2 y el 6/8 son utilizados normalmente por las bandas en los desfiles. Como la mayoría de los temas de rock y de blues utilizan el 4/4, en este libro nos fijaremos exclusivamente en este compás.

Analizar el 4/4

Todos los compases utilizan dos números. Estos números le dicen al músico dos cosas importantes: el primero, cuántos tiempos tiene el compás, y el segundo qué nota equivale a un tiempo.

Esta definición requiere que entendamos algo más de la jerga: qué son un compás y un tiempo. La mayoría de la música se toca con cierto ritmo; tiene un pulso que, una vez iniciado, continúa hasta que la composición llega a su final. Este pulso se llama tiempo.

Las notas y los silencios están segmentados en pequeños compartimentos de tiempo. Estas unidades de tiempo se llaman compases. Las notas y los silencios quedan contenidos dentro de estos compases, y se utilizan barras de compás para indicar los límites de cada compás. Como verá en la **FIGURA 3-21**, las barras de compás son sencillamente líneas verticales que se utilizan para separar compases.

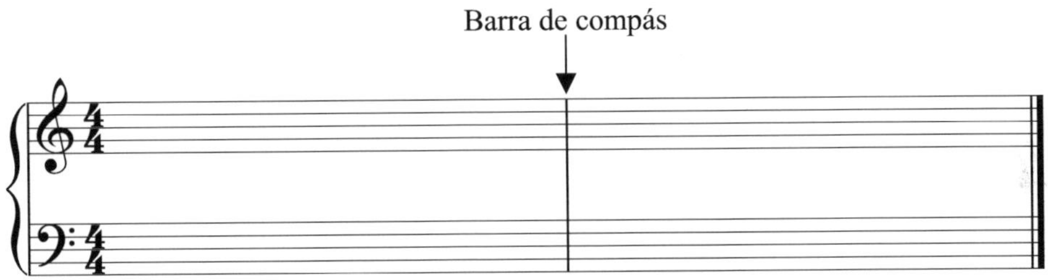

FIGURA 3-21: Sistema con barra de compás.

Piense en 4/4 como en una fracción, incluso aunque técnicamente no es así. Más adelante en el libro verá ejemplos en los que no hay ninguna línea que divida los dos números cuatro. Los dos números quedan sencillamente uno encima del otro.

De todos modos, por motivos didácticos, entienda de momento 4/4 como una fracción. Todas las fracciones tienen el numerador en la parte superior y el denominador en la inferior. El numerador le dirá cuántos tiempos tiene un compás. El denominador le dirá cuánto vale cada tiempo. Para hacer esto piense en una fracción de una redonda. Así pues un denominador de 4, un cuarto, equivaldría a la cuarta parte de una redonda, es decir, una negra.

INFORMACIÓN

Otra nombre para el 4/4 es el de compás común. Si enciende la radio y va cambiando de emisora, escuchará este compás en la mayoría de las canciones. No hay otro compás que se utilice tan a menudo en la música. Esto se debe en parte a que, debido a su naturaleza simétrica, el 4/4 (2+2) es fácilmente bailable.

Como tenemos un cuatro en el numerador hay cuatro pulsos en cada compás. Si reemplaza este cuatro temporalmente por un uno, le queda 1/4. Esto le indica que un cuarto de blanca equivale a un tiempo. Así pues, en un compás de 4/4, tiene cuatro tiempos y una negra equivale a un tiempo.

Negras y corcheas

Las negras sirven de pulso o de tiempo en la mayoría de la música que tocará. El 99% de la música que escuchará utiliza la negra como tiempo de referencia. Cuando ubica cuatro negras en un compás de 4/4, se cuenta como en la **FIGURA 3-22**.

FIGURA 3-22: Cuatro negras.

Cada negra representa un tiempo. En el 4/4, los tiempos se numeran como uno, dos tres y cuatro. Si divide las negras en corcheas, le cabrán ocho en un compás. Fíjese en la **FIGURA 3-23**.

La **FIGURA 3-23** divide cada tiempo en dos partes. Debería contarse como «1 y, 2 y, 3 y, 4 y». Los «y» se llaman contratiempos. Los contratiempos representan la segunda mitad de un tiempo. En este esquema se usa un «+», y así haremos a lo largo del libro para indicar los contratiempos.

FIGURA 3-23: Compás de corcheas.

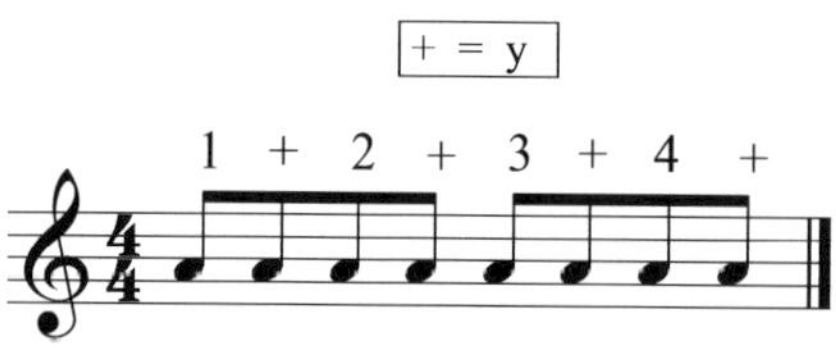

Corcheas normales y corcheas de swing

En este libro tocará las corcheas de dos modos distintos. Las tocará normal o estilo swing. Cuando las toque normalmente las tocará exactamente como hemos descrito anteriormente. Sin embargo, cuando toque al estilo swing lo hará prácticamente como tresillos. Para entender mejor esto, fíjese en la **FIGURA 3-24**. Esta figura le mostrará un compás de tresillos. Tenga en mente que éstas no son todavía corcheas swing, sino más bien su base rítmica.

Las corcheas normales dividen un tiempo en dos partes. Como puede ver en la **FIGURA 3-25**, los tresillos dividen un tiempo en tres partes equivalentes. El paso final para crear corcheas de swing es eliminar la corchea de en medio y dejar un silencio. Cuando hace esto, aparecen las corcheas de swing.

Fíjese en la **FIGURA 3-26**, y toque las corcheas usando el ritmo que ha aprendido en la **FIGURA 3-25**. Cuando haga esto, interpretará las corcheas como corcheas de swing. ¿Por qué hacer esto?

Como los tresillos son de difícil lectura, los copistas usan ♫ para decir ♩ 𝄾 ♩ (3). Esto es sencillamente una abreviatura. En este libro, si no se le indica lo contrario, interprete *siempre* las corcheas y los tresillos normalmente.

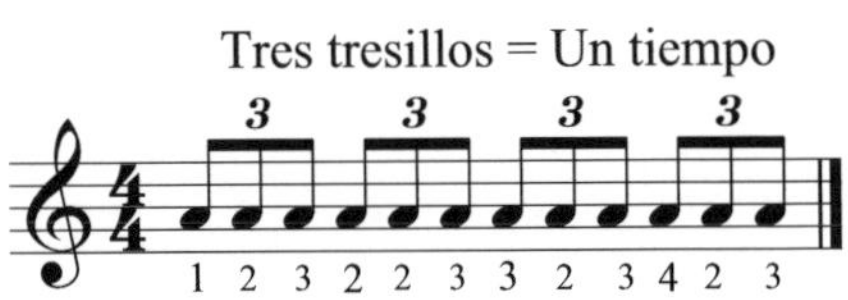

FIGURA 3-24: Tresillos.

FIGURA 3-25: Corcheas de swing escritas como tresillos.

Llevar el ritmo y contar en voz alta

Una de las facetas más importantes de la música es llevar el ritmo. Sin un buen reloj interno, su capacidad para tocar con otros músicos quedará limitada. Como hemos explicado anteriormente, la música existe en el tiempo y en el espacio. El tiempo se refiera al pulso de la música, mientras que el espacio se refiere a los componentes rítmicos (notas y silencios) que existen dentro de un período de tiempo.

FIGURA 3-26: Corcheas de swing.

La mayoría de la música que interpretará con este libro está contenida en estrictas unidades de tiempo. Sin embargo, no sucede así con toda la música. La música clásica, por ejemplo, se toca a menudo *rubato*, o sin tiempo. El rubato es también usado por los artistas de blues cuyo trabajo tiene que ver con contar historias o con la narrativa oral.

Sin embargo, como estudiante de música, debería prestar atención a llevar el ritmo. Si no lo hace, su comprensión de los ritmos se resentirá. Definitivamente, no le conviene practicar sin seguir un ritmo (rubato) o si no se marca un ritmo mental antes de tocar.

Tal y como hemos afirmado anteriormente, cuando vea cuatro negras debería contar cuatro tiempos: 1, 2, 3, 4. Contar divisiones y subdivisiones es útil también.

No importa lo que cuente, siempre debe contar un compás antes de empezar a tocar. Esto sirve tanto a principiantes como a profesionales. Debe establecerse un tempo para tocar música. Contar solidifica el tempo y ayuda a evitar los descarrilamientos musicales.

FIGURA 3-27: Contar semicorcheas.

Capítulo 4

Tonalidades, escalas, uso del pedal y técnica

En este capítulo aprenderá más teoría musical. En particular le presentaremos las tonalidades y las escalas, los fundamentos de la música occidental. Ya toque blues o rock, asegúrese de que entiende estos conceptos. En realidad, no será capaz de tocar ninguno de estos estilos sin este conocimiento. Después encontrará información sobre el uso del pedal. El capítulo se cierra con ejercicios cuya finalidad es desarrollar el control y la fuerza de los dedos.

Tonalidades

Hay 15 tonalidades en la música occidental. Salvo la de do mayor y su relativa menor (la menor), cada tonalidad queda identificada por una serie de bemoles o sostenidos. Los bemoles y los sostenidos se escriben en el pentagrama en un orden específico; nunca se combinan. En una tonalidad, el conjunto de bemoles o sostenidos se escribe tras el símbolo de la clave y antes de especificar el compás. Todas las notas del cuerpo de la pieza quedan definidas por la tonalidad. Por ejemplo, si la tonalidad indica la presencia de un fa sostenido, todos los fa de la composición serán sostenidos. Si el compositor quiere que el intérprete toque un fa natural, escribirá un becuadro ♮ al lado de la nota.

ESENCIAL

Para el oído educado, cada tonalidad tiene un «color» o una «personalidad» en particular. Por tanto, los compositores y los autores en general algunas veces prefieren ciertas tonalidades. Las tonalidades tienen un sentido práctico. Se utilizan para ahorrarse escribir muchos sostenidos y bemoles en una canción. Demasiadas notas accidentales hacen que una pieza de música parezca demasiado complicada.

Además, las tonalidades identifican la base de una pieza musical. Muchas canciones contienen resoluciones o períodos musicales. La conclusión de una canción normalmente está acorde con la tonalidad. Por ejemplo, si está en tonalidad de do mayor, seguramente la canción termine con un acorde de do mayor. Es más, las tonalidades definen la escala principal o el modo de una canción. A su vez, este modo define el nombre específico de los acordes usados. A medida que la música se vuelve más y más compleja, aparecen excepciones a estas reglas. Cada tonalidad implica dos tonalidades: una tonalidad mayor y una tonalidad menor relativa.
La tonalidad menor relativa usa el mismo conjunto de notas que su mayor relativa. La tonalidad menor queda definida por tres escalas que empiezan y terminan una tercera menor por debajo (o una sexta mayor por encima) de la relativa mayor. La relativa menor usa también su propio conjunto de cadencias (véase el capítulo 6).

FIGURA 4-1: Tonalidades sostenidas mayores y menores.

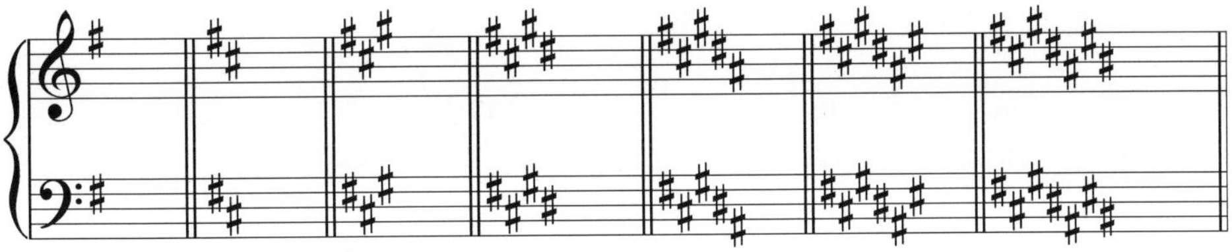

Sol Mayor	Re Mayor	La Mayor	Mi Mayor	Si Mayor	Fa♯ Mayor	Do♯ Mayor
mi menor	si menor	fa♯ menor	do♯ menor	sol♯ menor	re♯ menor	la♯ menor

La **FIGURA 4-1** le muestra todas las tonalidades sostenidas. Para identificar tonalidades sostenidas, fíjese en el último sostenido y después suba medio tono. Por ejemplo, la tonalidad de la mayor tiene tres sostenidos (fa sostenido, do sostenido y sol sostenido). Medio tono después de sol sostenido está La.

La **FIGURA 4-2** muestra todas las tonalidades bemoles. Para identificar tonalidades bemoles, fíjese en el penúltimo bemol. Ese bemol indica la tonalidad. Por ejemplo, la tonalidad de la bemol tiene cuatro bemoles. El penúltimo bemol es la bemol. Por tanto, la tonalidad es la bemol. Tendrá que memorizar las tonalidades mayor y menor con un único bemol. Son fa mayor y re menor, respectivamente.

FIGURA 4-2: Tonalidades bemoles mayores y menores.

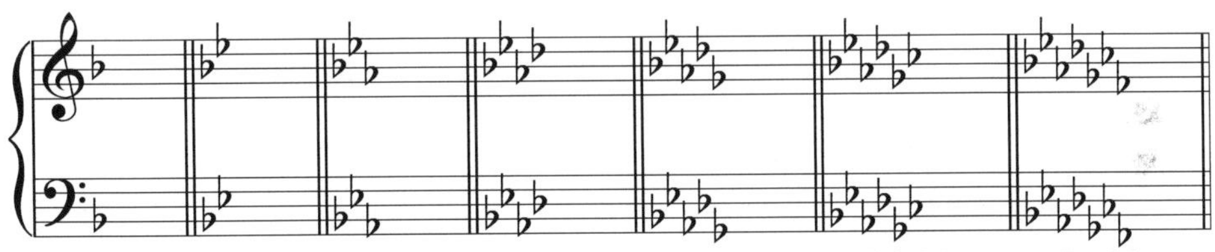

Fa mayor	Si♭ Mayor	Mi♭ Mayor	La♭ Mayor	Re♭ Mayor	Sol♭ Mayor	Do♭ Mayor
re menor	sol menor	do menor	fa menor	si♭ menor	mi♭ menor	la♭ menor

INFORMACIÓN

Do mayor y la menor usan todas las notas naturales (ni sostenidos ni bemoles) en sus tonalidades. Por tanto, estas tonalidades no han sido incluidas en las figuras 4-1 y 4-2. Sin embargo, como aprenderá más tarde, la escala armónica de la menor y la escala melódica de la menor usan notas accidentales.

Escalas mayores

Las escalas de la música occidental derivan de los antiguos modos griegos. Una escala es en realidad un conjunto predeterminado de intervalos. Las escalas son con lo que se construye la música, incluidos el rock y el blues. La escala mayor, llamada también modo jónico, usa los siguientes intervalos: completo, completo, medio, completo, completo, completo, medio. Si se sienta ante el teclado y empieza desde cualquier nota arbitraria, al usar esta serie de intervalos siempre tocará una escala mayor.

Por ejemplo, la escala de do mayor consiste en las siguientes notas: do, re, mi, fa, sol, la si, do. El intervalo entre do y re es un tono. El intervalo entre re y mi es un tono. El intervalo entre mi y fa es medio tono. El intervalo entre fa y sol es un tono. El intervalo entre sol y la es un tono. El intervalo entre la y si es un tono. El intervalo entre si y do es medio tono.

Tal y como leyó en el capítulo 2, los intervalos se cuentan normalmente usando grados de escalas. He aquí los nombres de los siete grados de una escala:

1. Primer grado: tónica.
2. Segundo grado: supertónica.
3. Tercer grado: mediante.
4. Cuarto grado: subdominante.
5. Quinto grado: dominante.
6. Sexto grado: superdominante.
7. Séptimo grado: sensible si está a medio tono (semitono) de la tónica (I grado) o subtónica si está a un tono.

Le mostramos la escala de do mayor de modo ascendente en la **FIGURA 4-3**. También indicamos los medios tonos, los tonos completos y los grados de la escala.

FIGURA 4-3: Escala de do mayor ascendente.

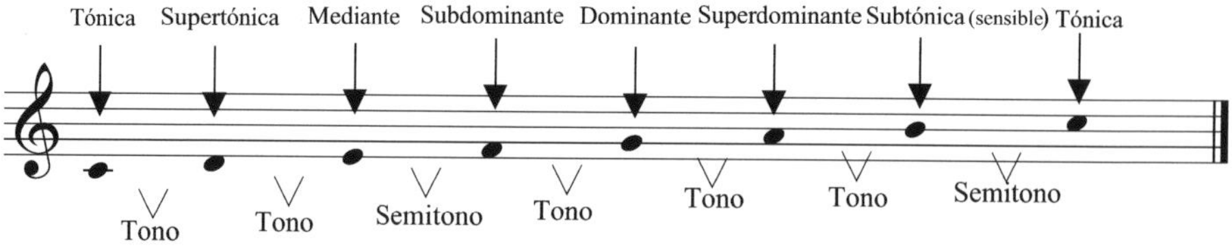

La **FIGURA 4-4** le muestra la escala de do mayor, además de siete escalas mayores sostenidas. Estas escalas están escritas para ambas manos en octavas. Cuando toque esta figura, tenga presente las tonalidades. Recuerde, si una tonalidad tiene sostenidos o bemoles, estas éstos ser observados. Asegúrese también de seguir la digitación.

FIGURA 4-4: Do mayor y escalas mayores sostenidas.

PISTA 1

Do Mayor (ni bemoles ni sostenidos)

Sol Mayor

Re Mayor

La Mayor

A medida que toca, sus dos manos deberían estar perfectamente sincronizadas. Intente crear unas líneas melódicas agradables.

FIGURA 4-4 *(continuación)*: Do mayor y escalas mayores sostenidas.

Mi Mayor

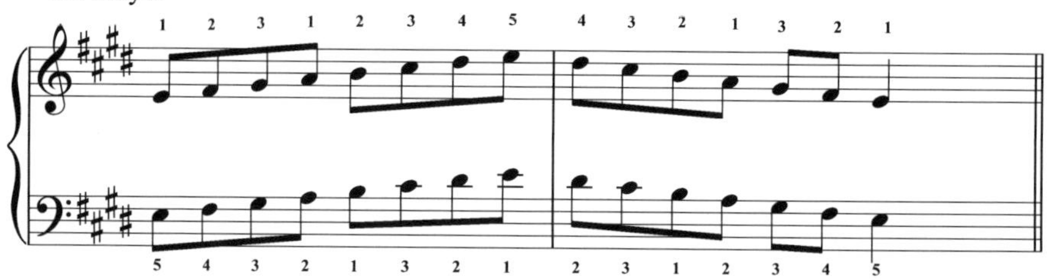

Si Mayor

Fa♯ Mayor

Do♯ Mayor

La **FIGURA 4-5** muestra todas las escalas mayores bemoles. No se olvide de la técnica correcta al progresar mientras toca las escalas. Asegúrese de que sus manos tienen una posición adecuada, como si sujetaran una pelota. Si es necesario, repase el capítulo 2 para ver la posición de los dedos y de la mano.

FIGURA 4-5: Escalas mayores bemoles.

PISTA 2

Fa Mayor

Si♭ Mayor

Mi♭ Mayor

La♭ Mayor

FIGURA 4-5 *(continuación)*: Escalas mayores bemoles.

Re♭ Mayor

Sol♭ Mayor

Do♭ Mayor

Escalas menores

La escala menor, llamada también modo eólico, está íntimamente relacionada con la escala mayor. Tal y como aprendió antes, las escalas mayores y menores son «relativas». La diferencia yace en dónde empiezan y acaban y en la posición de los grados de la escala. Por ejemplo, la nota mi en la tonalidad de do mayor es una tercera mayor. La nota mi en la tonalidad de la menor (la relativa menor de do mayor) es una quinta justa.

No confunda las relativas mayores y menores con las paralelas mayores y menores. Las paralelas se refieren a dos tonalidades que tienen la misma tónica o punto de partida (como do mayor y do menor). Sin embargo, las tonalidades paralelas mayor y menor no comparten la misma armadura. Por ejemplo, si comparamos do mayor y do menor, nos daremos cuenta de que do mayor no contiene ni sostenidos ni bemoles, mientras que do menor contiene tres bemoles.

Las escalas menores se subdividen en tres categorías: naturales, armónicas y melódicas.

Empecemos desde el principio: la escala menor natural consiste en los siguientes intervalos: completo, medio, completo, completo, medio, completo, completo. Fijémonos en la escala de la menor en el piano. Esta tonalidad usa todas las teclas blancas. De la a si tenemos un tono. De si a do, medio tono. De do a re un tono. De re a mi, un tono. De mi a fa medio tono. De fa a sol un tono. De sol a la un tono. Se lo mostramos en la **FIGURA 4-6**.

FIGURA 4-6: Escala de la menor ascendente.

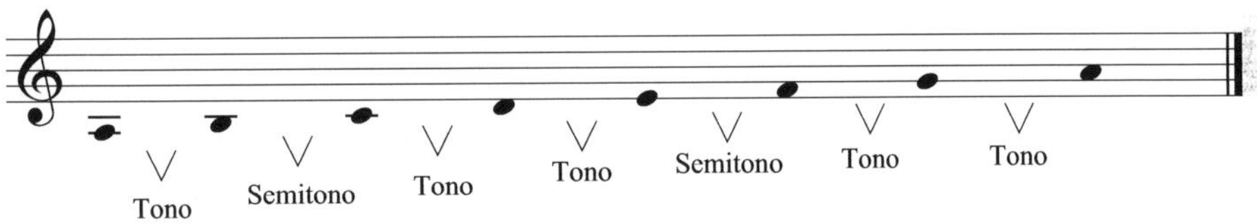

La menor armónica suena algo más exótica, pues incluye una nota accidental. En lugar de tocar la séptima menor, tocará una séptima mayor. En la tonalidad de la menor, la escala armónica incluye un sol sostenido.

FIGURA 4-7: Escala de la menor armónica ascendente.

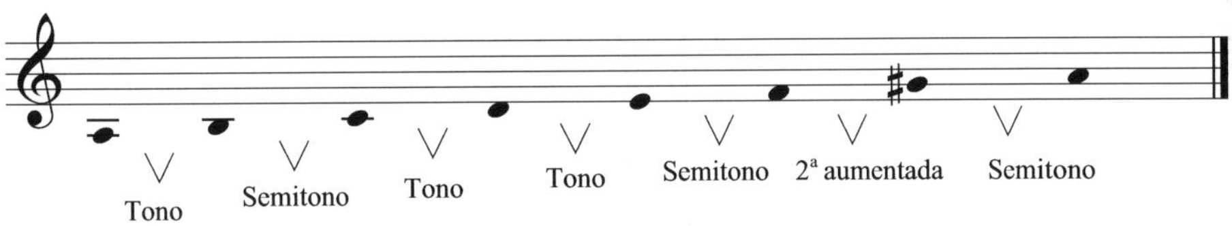

La escala menor melódica conserva el grado de tercera menor. Sin embargo, imita a la escala mayor en los grados sexto y séptimo. Tradicionalmente, esto ocurre cuando se asciende por la escala. En otras palabras, los grados sexto y séptimo de la escala sólo aparecen alterados cuando se desplaza hacia la derecha del teclado. Cuando lo hace hacia la izquierda, se usa la escala menor natural.

En la era moderna, la escala menor melódica puede usarse cuando se hace un solo sobre determinados tipos de acordes. En este contexto, puede ser usada cuando se asciende y cuando se desciende. La escala menor melódica es particularmente efectiva cuando se hacen solos sobre acordes de séptima menor quinta disminuida y otros.

INFORMACIÓN

> Las tonalidades menores se suelen asociar a canciones tristes y ominosas. Del mismo modo, las tonalidades mayores se suelen asociar a música luminosa y animada. Hay algo cierto en estas generalizaciones, aunque hay demasiadas excepciones como para catalogar todas las canciones en tonalidades menores como tristes y las que estén en tonalidades mayores como alegres.

Los acordes apropiados para esta escala son muy avanzados. De momento no se espera que conozca estos acordes ni cómo han de usarse. Por lo pronto, familiarícese con la escala menor melódica. La **FIGURA 4-8** le muestra una escala de la menor melódica tal y como se escribe tradicionalmente.

FIGURA 4-8: Escala menor melódica ascendente y descendente.

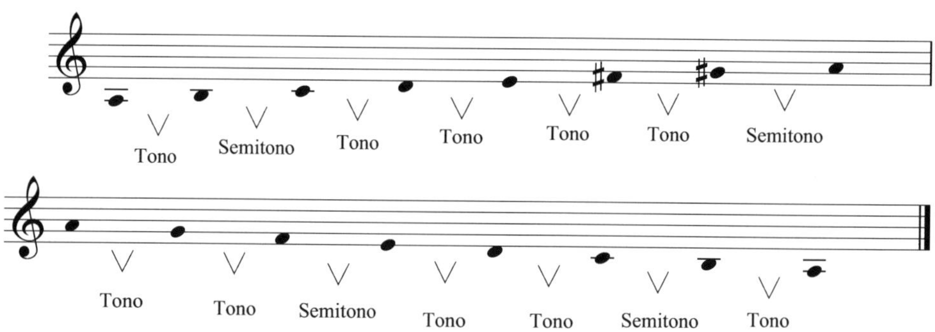

Debería conseguir fluidez con las escalas natural, armónica y melódica en todas las tonalidades. Sin embargo, para documentar las tres escalas para las quince tonalidades harían falta cuarenta y cinco escalas. Como esto va más allá de las pretensiones de este libro, la **FIGURA 4-9** le muestra la digitación y la notación de las escalas menores que usaremos después en este texto. Son, respectivamente, las de do menor y la menor.

FIGURA 4-9: Escalas de do menor y de la menor.

PISTA 3

Do menor

Do menor armónica

Do menor melódica

La menor

FIGURA 4-9 *(continuación)*: Escalas de do menor y de la menor.

La armónica menor

La melódica menor

Uso del pedal de resonancia

Los pianos de cola tienen tres pedales: el pedal celeste o *una corda*, el pedal tonal y el pedal de resonancia. El pedal tonal permite que resuenen sólo las notas seleccionadas. El pedal celeste cambia los martillos del piano para que sólo golpeen una de las tres cuerdas en lugar de las tres. El resultado es un sonido más apagado y más suave.

El pedal de resonancia, también llamado el *pedal forte*, es el que tiene más aplicaciones en la música. Este pedal crea un tono con cuerpo y permite a los pianistas tocar bellas frases en legato.

En un piano de cola, el pedal de resonancia es el que queda a la derecha. Debería ser operado con la planta del pie mientras el talón descansa cómodamente en el suelo. La **FIGURA 4-10** le muestra el orden de los tres pedales en un piano de cola.

Usar el pedal de resonancia se reduce a tres palabras: *antes*, *durante* y *después*. Algunas veces querrá accionar su pedal antes de presionar las teclas.

FIGURA 4-10: Pedales celeste, tonal y de resonancia.

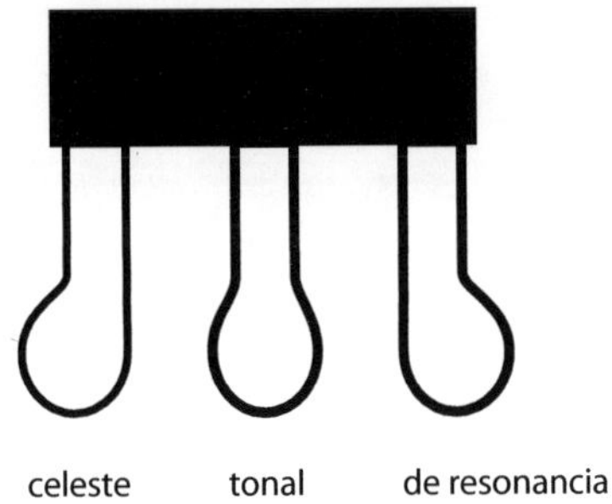

Otras veces querrá hacer ambas cosas al mismo tiempo. Finalmente, los pianistas frecuentemente atacan las teclas primero y accionan el pedal después; a eso se le llama usar el pedal de modo sincopado. ¿Cómo saber cuándo usar cada técnica? Depende del contexto, y, en algunos casos, de las instrucciones del compositor o del autor. El objetivo es la claridad. Intente siempre buscarla cuando toca.

¿Preguntas?

¿Cómo funciona el pedal de resonancia?

Cuando acciona el pedal, la sordina se separa de las cuerdas y éstas pueden vibrar con libertad. Por tanto, es importante que coordine manos y pies cuando toque. Si es torpe con el pedal, su música sonará torpe. Si no es cuidadoso, continuarán sonando notas no deseadas y se crearán disonancias desagradables.

En la música escrita, se indica cómo accionar el pedal debajo del sistema. Hay varios símbolos para indicar cuándo accionar el pedal. Algunas veces se usa la abreviación «Ped» para indicar que hay que usarlo. A ello le sigue un gran asterisco que indica cuándo dejar de hacerlo. El uso de «Ped» y de corchetes es también muy común. Cada vez más, los editores usan sencillamente corchetes sin la abreviación «Ped». Este libro usa casi exclusivamente corchetes. Cuando hay que hacer un uso del pedal más complicado se usa una notación más sofisticada, pero esto se explicará más adelante. La **FIGURA 4-11** la muestra cómo se indica el método básico.

FIGURA 4-11: Corchetes para indicar el uso del pedal.

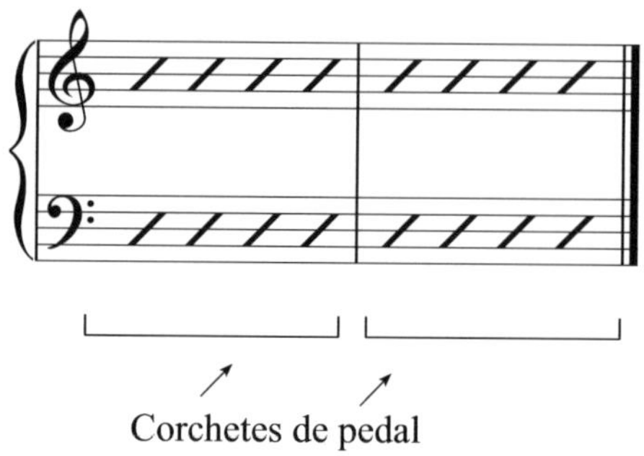

Los estilos de blues como el boogie-woogie y el rock 'n' roll de la primera época rara vez usan el pedal, porque su música es rítmica y rápida. Emplear el pedal de resonancia con ritmos rápidos normalmente da sensación de desorden. El pedal se usa principalmente para dar profundidad y melancolía a pasajes lentos o poco densos: los acordes, los arpegios y las melodías ganan si se usa el pedal de resonancia. Tenga cuidado de todos modos cuando use el pedal de resonancia con música que tiene fraseos rápidos o ritmos complejos. Puede utilizarse en estos contextos, pero, una vez más, lo primero es la claridad.

INFORMACIÓN

Los pianos de pared tienen normalmente pedal celeste y de resonancia, pero los fabricantes suelen omitir el pedal tonal. Los pianos digitales sólo utilizan el pedal de resonancia, aunque algunos sonidos programados incluyen el de «una corda». El pedal de resonancia es lo único que necesitará para tocar rock y blues.

En este libro, cuando se indica el uso del pedal para acordes, puede accionar el pedal justo antes de atacar las teclas, después o al mismo tiempo. Para líneas melódicas, puede accionar el pedal justo antes o al mismo tiempo que toca la primera nota. Es importante que se fije en cómo el pedal afecta a cómo fluye su música. El pedal debería servir para que cada frase suene rica y colorida. Si enfanga el sonido debe mejorar su uso o, sencillamente, prescindir de él.

Técnica

Practicar escalas es el mejor modo de mejorar su agilidad mecánica y, principalmente, su habilidad para maniobrar sobre el instrumento. Tanto el rock como el blues son estilos que requieren una buena técnica. Necesitará unos dedos ágiles, ya sea para tocar líneas de bajo de boogie-woogie (capítulo 9) o fraseos de rock progresivo (capítulo 14).

Uno de las maneras de reconocer a un pianista de calidad es que toque de modo claro y articulado en tempos rápidos. El mejor modo de adquirir una buena técnica de digitación son los ejercicios con escalas. Se pueden hacer miles de permutaciones con las escalas, y usted puede inventar fácilmente sus propios ejercicios para mejorar el control y la fuerza de sus dedos. Después de aprender los ejercicios de este capítulo, intente crear los suyos. Al hacerlo, piense en cuáles son sus puntos flacos o deficiencias. Por ejemplo, si le falta coordinación en su dedo anular, cree un ejercicio ideado para ejercitarlo. Asegúrese de que dedica el mismo tiempo a ambas manos.

La **FIGURA 4-12** le muestra un ejercicio común con una escala. Se trata sencillamente de la escala de do mayor tocada con corcheas consecutivas. Debido al número de notas que tiene la escala, debemos escribir este ejercicio en un compás mixto para mantener el ritmo. Use esta idea con todas las escalas mayores de las **FIGURAS 4-4** y **4-5**. También puede utilizar las escalas armónicas y melódicas menores.

FIGURA 4-12: Escala de do mayor con corcheas consecutivas.

La **FIGURA 4-13** es un ejemplo de los ejercicios motrices descritos antes. Aquí, las manos tocan octavas hacia arriba y hacia abajo del teclado. Éste es un modelo diatónico; en otras palabras, sigue la escala de do mayor y no utiliza notas accidentales. Asegúrese de que lo intenta con todas las tonalidades mayores y menores.

FIGURA 4-13: Ejercicio con escalas, número 1.

PISTA 4

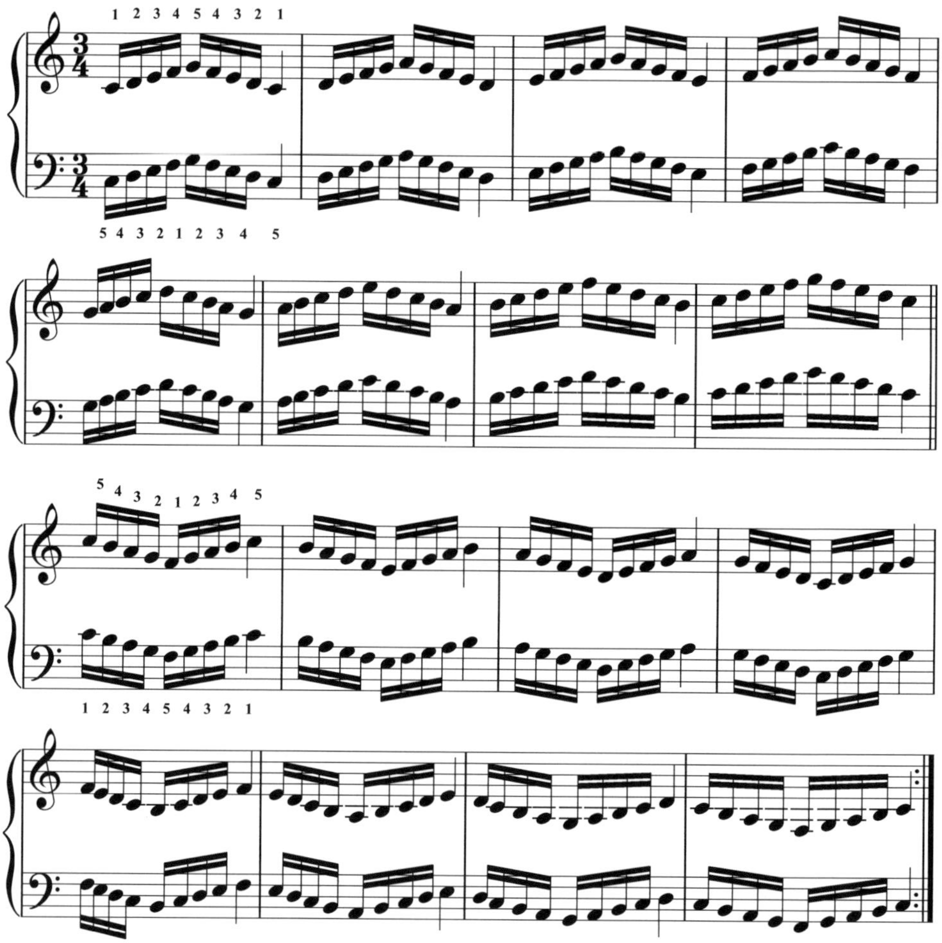

La **FIGURA 4-14** muestra un ejemplo más complejo. Como la **FIGURA 4-13**, este ejercicio está basado en la escala de do mayor. Como en el anterior ejercicio, este modelo se puede aplicar a todas las tonalidades mayores y menores.

FIGURA 4-14: Ejercicio con escalas, número 2.

PISTA 5

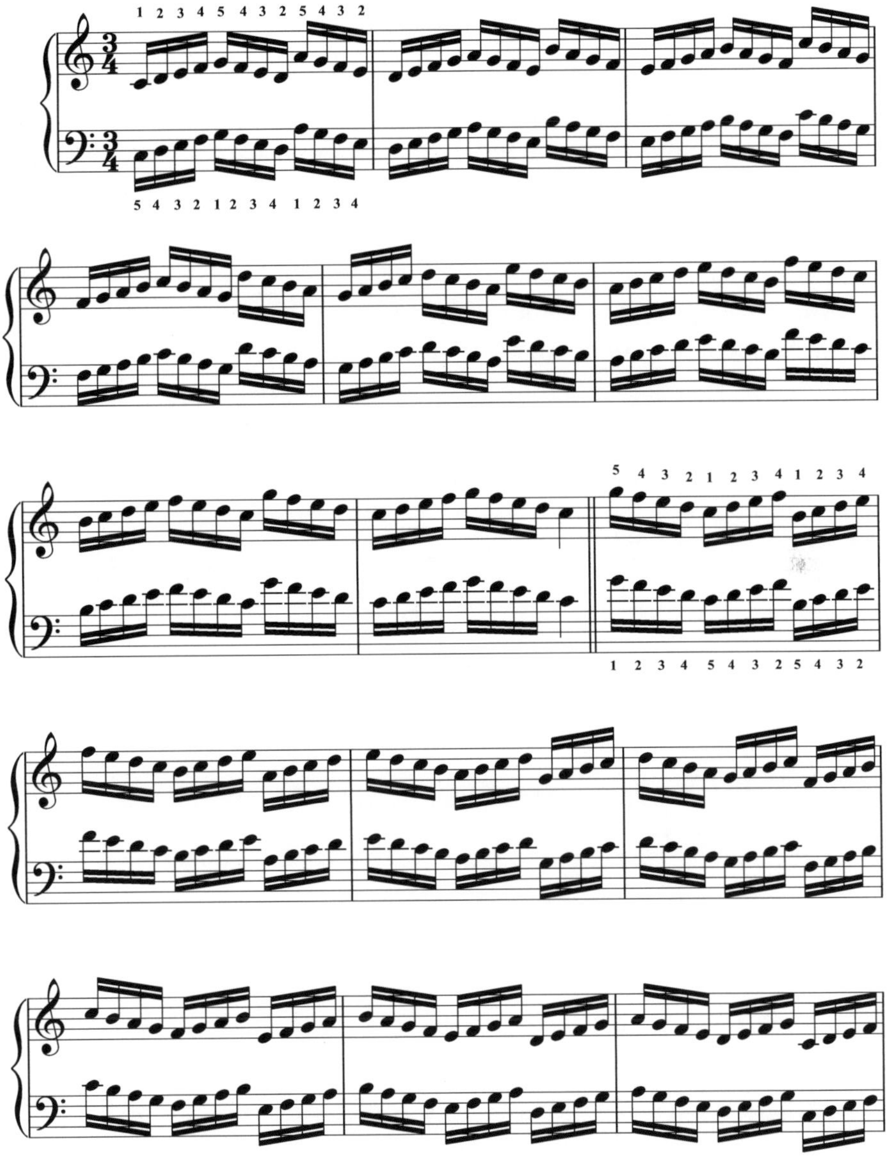

FIGURA 4-14 *(continuación)*: Ejercicio con escalas, número 2.

La **FIGURA 4-15** le muestra un ejercicio más estático que usa tonalidades mayores y menores (alterna do mayor con su paralela menor). Este modelo utiliza terceras y, de nuevo, sus manos tocan octavas distintas. Memorice estos ejercicios y utilícelos para calentar.

Profundice en los ejercicios e incorpore crescendos, diminuendos y acentos (vea el capítulo 10). No toque demasiado rápido. Toque a buen ritmo, pero nunca sacrifique la expresividad y la claridad por la velocidad. Si se le agarrotan los tendones, tómese un respiro.

FIGURA 4-15: Ejercicio con escalas, número 3.

PISTA 6

Vea los arpegios de la página 102 para encontrar más ejercicios con los que ejercitar su técnica. Para más permutaciones de escalas, hágase con el clásico *El pianista virtuoso*, de C.L. Hanon.

Capítulo 5

Escalas avanzadas

En este capítulo le presentamos algunas escalas prácticas que puede usar para tocar tanto rock como blues. En las páginas siguientes aprenderá las escalas de blues, las escalas pentatónicas, las escalas cromáticas y otros modos importantes. Todas estas escalas se utilizarán en ejercicios y en estudios que encontrará más adelante. Como las escalas y los acordes van unidos, quizás quiera consultar los capítulos 6 y 7 a medida que progresa por éste.

Escalas de blues

La escala de blues se centra en las blue notes. Las blue notes más importantes son la tercera bemol y la séptima bemol. Vea la **FIGURA 5-1**. En la tonalidad de do mayor, éstas serían mi bemol y si bemol respectivamente. En la tonalidad de do mayor, mi bemol es una tercera menor y si bemol es una séptima menor.

INFORMACIÓN

Los tritonos son muy disonantes. Debido a su escandaloso sonido, este intervalo era a menudo llamado *Diabolus in musica* («el acorde del Diablo») durante la Edad Media.

La otra blue note que encontramos a menudo en la escala de blues es la quinta bemol. En algunos contextos, este intervalo es escrito también como una cuarta aumentada o como una undécima sostenida. En la tonalidad de do mayor, la quinta bemol es un sol bemol. Cuando la yuxtaponemos con do, el intervalo se convierte en un tritono.

FIGURA 5-1: Blue notes.

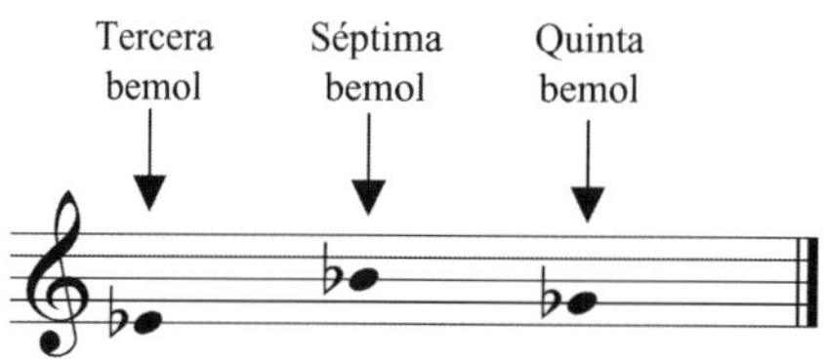

Los primeros blues no se centraban en la quinta bemol. Se usaba ocasionalmente como nota de paso entre una quinta justa y una cuarta justa, o viceversa, pero los músicos raramente se regodeaban en ella ni dejaban que sus frases acabaran ahí. Sin embargo, los músicos de jazz, particularmente los artistas de bebop, usaron mucho este intervalo a finales de los cuarenta y durante los cincuenta. Por ejemplo, pianistas como Thelonious Monk usaban habitualmente la quinta bemol. La **FIGURA 5-2** le muestra un fraseo de jazz con quintas bemoles. Este fraseo imita el estilo de Monk.

Las otras notas en una escala de blues básica son la tónica, la cuarta justa y la quinta justa. Si juntamos todos estos intervalos aparece la escala de blues. La **FIGURA 5-3** le muestra la escala de blues básica escrita en do mayor.

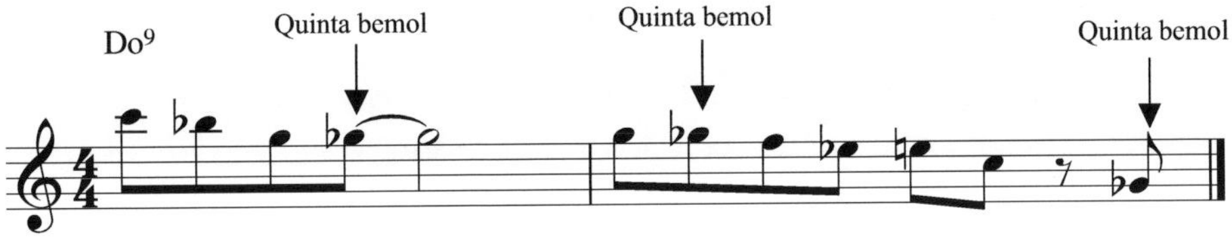

FIGURA 5-2: Empleo de quintas bemoles.

FIGURA 5-3: Escala básica de blues.

Aunque la escala básica de blues es útil, también tiene limitaciones. Por ejemplo, a menudo se utiliza una tercera mayor junto a la tercera bemol. La **FIGURA 5-4** le muestra este movimiento en la tonalidad de do mayor. Aquí, pasamos de mi bemol a un mi natural.

FIGURA 5-4: Lick tercera menor-tercera mayor

Debido a las limitaciones de la escala básica de blues, hace falta una escala de blues más completa para mostrar las relaciones entre las blue notes y otros acordes de tonos. En esta escala se han añadido la segunda mayor, la tercera mayor y la sexta mayor. Esto queda ilustrado en la **FIGURA 5-5**.

FIGURA 5-5: Escala de blues completa.

Memorice tanto la escala básica de blues como la completa. Estas escalas aparecerán una y otra vez en este libro. También las utilizará en los estudios que encontrará en el capítulo 15.

Escalas pentatónicas

Una escala pentatónica es una escala de cinco notas. Esta escala tiene muchas aplicaciones en el rock. Ya toque rock progresivo, pop sintetizado, new age o heavy metal, verá que esta escala es muy útil. Los músicos de blues, jazz y R&B también usan las pentatónicas de modo bastante efectivo. Esta escala ha visto de todo, desde el blues del Delta hasta el jazz de vanguardia. Si quiere escuchar aplicaciones ultramodernas de esta escala, fíjese en cómo tocan pianistas como McCoy Tyner y Mulgrew Miller.

ESENCIAL

> En la mayoría de los casos es fácil usar escalar pentatónicas porque contienen intervalos consonantes. La consonancia se refiere en la armonía a intervalos que son agradables al oído. La disonancia se refiere a intervalos armónicos que son musicalmente inestables o exigentes para el oído. La consonancia y la disonancia son términos relativos.

En lo que a este libro respecta, las líneas melódicas siempre se apoyan en acordes. Por esta razón, es importante saber qué intervalos encajan bien. Lo importante es que las pentatónicas le permitirán navegar por los cambios de acordes sin tenerse que preocupar demasiado. Son escalas conservadoras pero muy efectivas. Son un punto de partida excelente si está usted aprendiendo a improvisar.

La **FIGURA 5-6** le muestra una escala pentatónica básica escrita en clave de do mayor. Las notas de esta escala son do, re, mi, sol y la. En otras palabras, esta escala emplea una tónica, una segunda mayor, una tercera mayor, una quinta justa y una sexta mayor. Ésta es la pentatónica más común.

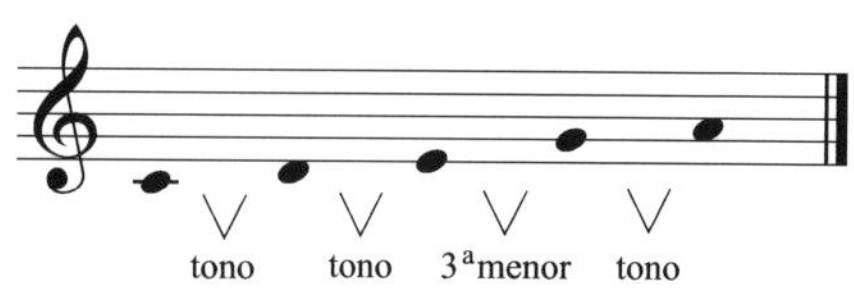

FIGURA 5-6: Escala pentatónica.

Existen cuatro variedades adicionales. Son las siguientes, sin ningún orden en particular:

- Tónica, segunda, cuarta, quinta y sexta (omitimos la tercera).
- Tónica, segunda, cuarta, quinta y séptima menor (omitimos la tercera y la sexta).
- Tónica, tercera menor, cuarta, quinta y séptima menor.
- Tónica, tercera menor, cuarta, sexta menor y séptima menor (omitimos la quinta).

Estas variaciones, incluidas las dos versiones en tonalidad menor, quedan representadas en la **FIGURA 5-6**. Después de aprender sobre armonía y acompañamiento (capítulos 6 y 7), intente combinar estas pentatónicas con distintos tipos de acordes. Recuerde sólo una cosa: nunca toque pentatónicas menores sobre acordes mayores y viceversa.

FIGURA 5-7: Variantes de pentatónica.

Las teclas negras del piano (sol bemol, la bemol, si bemol, re bemol y mi bemol) conforman una escala pentatónica. Una vez aprenda a tocar una progresión de blues (capítulo 9), intente hacer un solo sobre un blues en sol bemol mayor utilizando sólo las teclas negras. En este caso, use tríadas como acompañamiento (Capítulo 6).

Si busca algo un poco más complejo, intente tocar pentatónicas sobre un blues en do mayor. A medida que toca, cambie la escala pentatónica para que encaje con cada acorde. Esto queda reflejado en la **FIGURA 5-8**. En este ejemplo aparecen tres acordes, la tónica, la subdominante y la dominante, respectivamente, notados cono I, IV y V, en números romanos.

FIGURA 5-8: Pentatónica sobre los acordes I, IV y V.

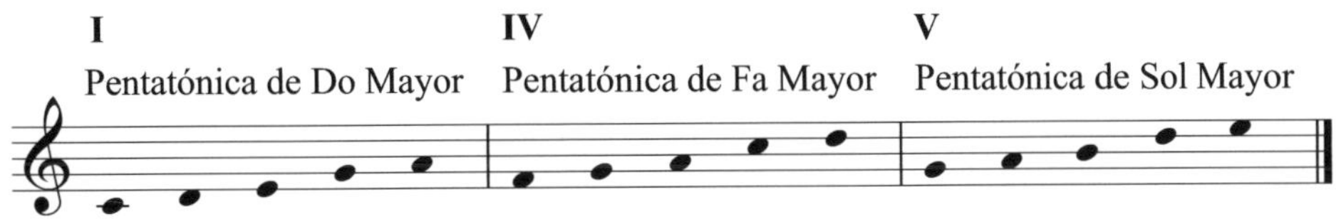

En general, las pentatónicas son estupendas para la improvisación. Cuando haga un solo utilizando pentatónicas o cualquier escala en general, mezcle el orden de las notas. No debería recorrer la escala de modo lineal; eso es demasiado mecánico y aburrido. En lugar de ello, salte intervalos para crear melodías memorables y fraseos con gancho.

Modo dórico

Se pueden construir modos con los siete tonos de una escala mayor. Tal y como se ha explicado antes en el libro, la escala de do mayor se conoce también como modo jónico. Este modo parte del primer grado de do mayor. Del mismo modo, si crea un modo que empiece en el sexto grado de do mayor, obtendrá una escala eólica, o una escala de la menor.

Si construye la escala a partir del segundo grado de do mayor descubrirá una escala versátil conocida como *modo dórico*. Los intervalos en el modo dórico son tono, semitono, tono, tono, tono, semitono, tono. En do mayor esto significa, de re a mi (tono), de mi a fa (semitono), de fa a sol (tono), de sol a la (tono), de la a si (tono), de si a do (semitono) y de do a re (tono). Esta escala está representada en la **FIGURA 5-9**.

FIGURA 5-9: El modo dórico.

Como las pentatónicas, el modo dórico es muy efectivo y fácil de usar. El modo dórico se usa casi siempre con acordes menores en el segundo grado. Si la tonalidad es do, esto sería un acorde de re menor. Como aprenderá en el capítulo 6, una tríada menor en re incluye las notas rc, fa y la. Estas notas, en particular la tercera menor, sirven para definir el modo dórico. Además, este modo contiene una sexta mayor. La sexta mayor es una característica fundamental del modo dórico. Cuando junte todas las piezas se dará cuenta de que el modo dórico es en realidad sencillamente una escala menor natural con una sexta mayor. De hecho, el modo dórico usa las mismas notas que la escala menor natural situada una cuarta justa por debajo o una quinta justa por encima de la tónica del modo. Por ejemplo, las notas de la escala de la menor (la, si, do, re, mi, fa, sol) coinciden con las del modo dórico de do (re, mi, fa, sol, la, si, do). La única diferencia son los tonos donde comienzan.

El modo dórico no queda limitado a los acordes menores. También puede utilizarse en el blues. En su forma más sencilla, el blues usa tríadas mayores en el primer, cuarto y quinto grado (vea el capítulo 9). El modo dórico puede usarse para hacer solos sobre estos acordes si presta atención y evita ciertos intervalos de cuarta justa.

Por ejemplo, en la tonalidad de do mayor, el acorde I es do mayor. Las notas de este acorde son do, mi y sol. Puede usarse la escala dórica de re para hacer solos sobre este acorde pero, en general, debería evitar el fa, ya que es la cuarta justa de do. En este contexto, es mejor evitar los intervalos de cuarta justa. El acorde IV es un fa mayor. Las notas del acorde son fa, la y do. Podemos usar de nuevo la escala dórica de re con este acorde. Aquí puede tocar un si natural, ya que la cuarta aumentada no es una cuarta justa (más adelante hablaremos de las cuartas aumentadas).
El acorde V está formado por sol, si y re. Aquí podría usar la dórica de re, pero debería evitar tocar el do, ya que es la cuarta justa de la tónica.
El modo dórico queda emparejado con los acordes I, IV y V en la **FIGURA 5-10**.

FIGURA 5-10: Modo dórico sobre los acordes I, IV y V.

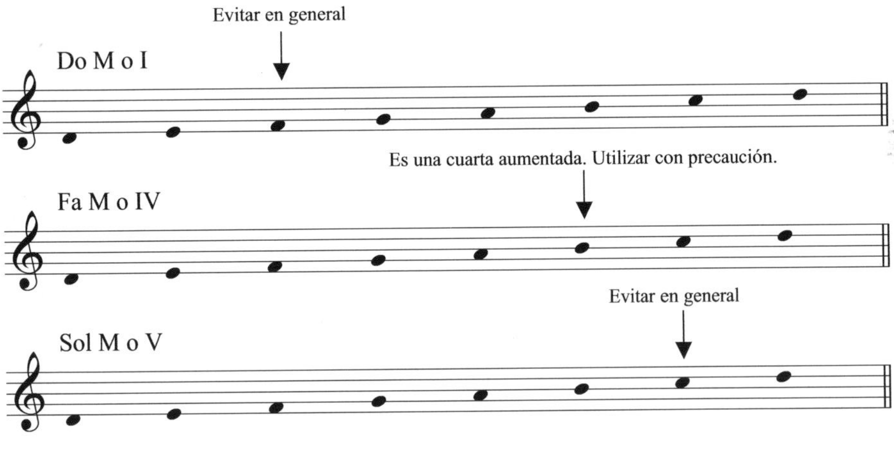

Una vez añadidas blue notes y notas alteradas a los acordes I, IV y V, la escala dórica es menos útil. En otras palabras, hay que evitar demasiadas notas para que pueda usarse. Afortunadamente disponemos de otros modos, como el mixolidio, la escala dominante y el modo lidio dominante. Como verá, todas estas escalas tienen grandes aplicaciones en el blues.

El modo dórico tiene otros usos, se puede usar libremente para improvisar en tonalidades menores. Vea la sección de «The Doors» en el capítulo 14 si busca un ejemplo. El modo dórico es muy usado por artistas cuyas canciones se basan en un único acorde menor o en una serie de acordes menores. «So What», de Miles Davis, es un ejemplo perfecto. Esta canción contiene sólo dos acordes menores: re séptima menor y mi bemol séptima menor. Progresiones como ésta son terreno fértil para experimentar con el modo dórico.

Modo mixolidio

El modo mixolidio usa los mismos intervalos que la escala mayor salvo por una excepción muy importante. El grado séptimo es bemol. Por ejemplo, el modo mixolidio en sol utiliza las notas sol, la, si, do, re, mi, fa, sol. No utiliza el fa sostenido. Esto queda representado en la **FIGURA 5-11**.

FIGURA 5-11: Modo mixolidio sobre sol.

Esta escala tiene grandes aplicaciones en el blues, ya que la mayoría de los acordes de blues usan séptimas menores o, como las llamamos en este libro a veces, séptimas dominantes. Los acordes utilizados en un blues en do sencillo son do mayor, fa mayor y sol mayor. Sin embargo, la mayoría de las veces, los pianistas añadirán séptimas bemoles para crear un acorde de séptima dominante. La escala mixolidia encaja bellamente con este tipo de acordes, ya que también utiliza una séptima bemol. Sin embargo, de nuevo, debe tener cuidado con el cuarto grado, ya que crea una suspensión. ¿Qué opciones tiene?

- Evitar definitivamente el cuarto grado.
- Transformar el cuarto grado en una tercera mayor cuando lo utilice.
- Usarlo sólo como nota de paso cuando recorra la escala rápidamente.

Una cosa está clara, no se recree nunca en una cuarta justa sobre un acorde de séptima dominante. La **FIGURA 5-12** le muestra una cuarta suspendida transformada en una tercera mayor. Para más información sobre suspensiones, incluida una definición del término, acuda al capítulo 7.

FIGURA 5-12: Cuarta suspendida transformada en tercera mayor.

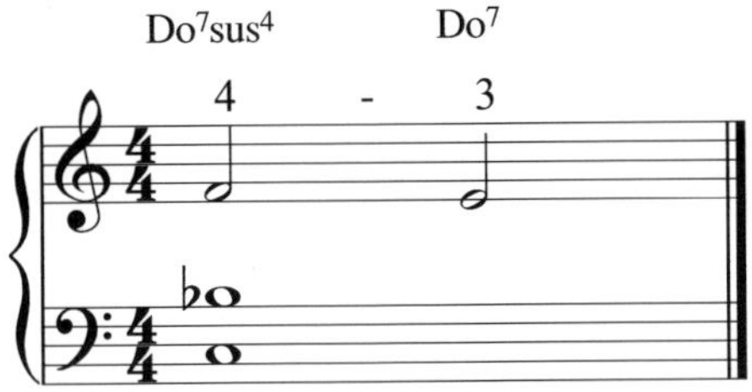

Intente tocar en modo mixolidio sobre los acorde I, IV y V en do mayor como preparación para tocar blues. Al contrario que con el cuarto grado, recréese en las séptimas bemoles. Ya que ésta es una blue note, la séptima bemol hará que su blues suene más auténtico e incluso más «tradicional». La **FIGURA 5-13** le muestra el modo mixolidio en do, fa y sol.

FIGURA 5-13: Modo mixolidio sobre los acordes I, IV y V.

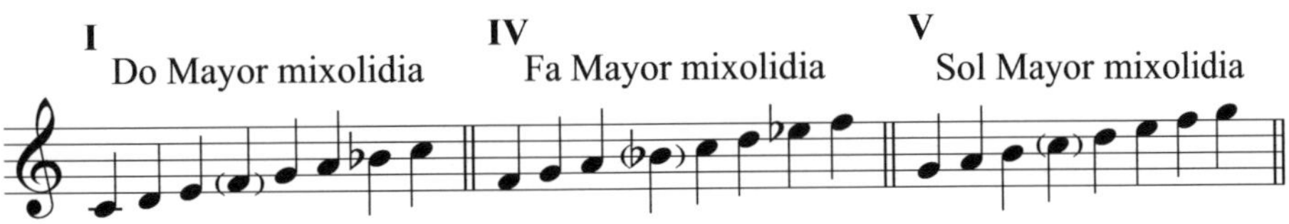

Tenga cuidado con las notas entre paréntesis. Vea el texto correspondiente.

Escala dominante y cromáticos

La escala dominante es básicamente el modo mixolidio. Sin embargo, se ha añadido un tono dominante. Esta escala es popular entre los músicos de blues contemporáneos, en particular entre aquellos que tocan jazz. El tono dominante completa un largo pasaje cromático entre las últimas cuatro notas de la escala. Los cromáticos dan inmediatamente un aire jazz a la música.

Los cromáticos son intervalos de un semitono. Al tocar cromáticamente, se tocan todas las notas del teclado (todas las teclas blancas y negras) mientras se desplaza por éste. Con la excepción de la escala de tonos completos, todas las escalas usan algún cromático. Sin embargo, la escala dominante usa una cantidad suficiente de cromáticos sucesivos como para que este modo tenga un

claro aire de jazz. De octava a octava, la escala dominante tiene nueve notas. Por ejemplo, una escala dominante de do estaría compuesta por do, re, mi, fa, sol, la, si bemol, si y do. La transición de la a do es cromática.
Este pasaje cromático está señalado con un corchete en la **FIGURA 5-14**.

FIGURA 5-14: Escala dominante.

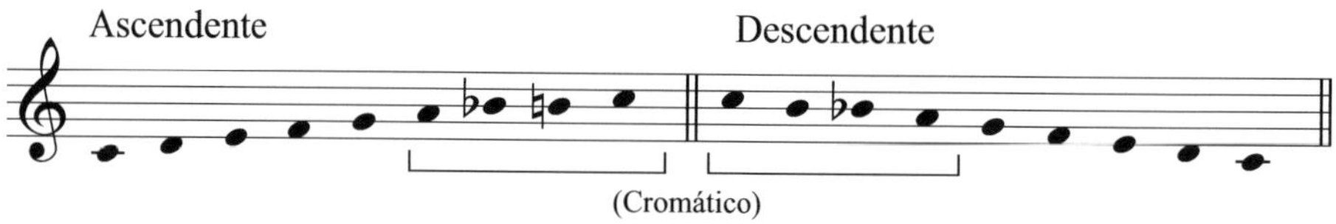

Es frecuente que los estudiantes pregunten: «¿Por qué añadir una dominante? ¿Qué sentido tiene?». Además del adorable movimiento cromático que se crea, el tono dominante le permite tocar tonos del acorde en cada tiempo. Cuando esté algo más familiarizado con las escalas y con el blues, toque los acordes I, IV y V con su mano izquierda mientras recorre escalas dominantes con la mano derecha. Cuando se sienta seguro al hacerlo, toque variaciones de la escala dominante al añadir notas de paso.

El primer paso es elegir un punto de partida. No empiece siempre con la tónica. Una vez ha elegido un punto de partida, toque corcheas subiendo o bajando por el teclado. Mientras lo hace, toque tonos del acorde en los tiempos y cromáticos que no pertenezcan a él en los contratiempos.

ESENCIAL

Las corcheas dividen el tiempo en dos partes: tiempo y contratiempo. Tiempo se refiere al ritmo en los números contados: 1, 2, 3 y 4. Contratiempo se refiere a los «y», y son la segunda parte del tiempo. Por tanto, un compás de corcheas se cuenta: 1-y, 2-y, 3-y, 4-y. Algunas veces se usa el símbolo «+» para indicar los «y».

El objetivo de este ejercicio es que encuentre tantos cromáticos «ocultos» como pueda. Es inevitable que acabe tocando algunos tonos del acorde en los «y». No pasa nada. Uno nunca siempre tiene a mano una nota alterada para cada contratiempo. Sin embargo, vaya despacio y aproveche tantas notas de paso como sea posible. Gracias a este ejercicio se asomará al complejo mundo de la improvisación jazz. En última instancia descubrirá combinaciones de escalas que no sabía que existían, y eso le llevará a la creación de fraseos y de solos que podrá aplicar al blues y al rock.

Para que empiece a practicar, la **FIGURA 5-15** le muestra las escalas dominantes para los acordes I, IV y V en do mayor.

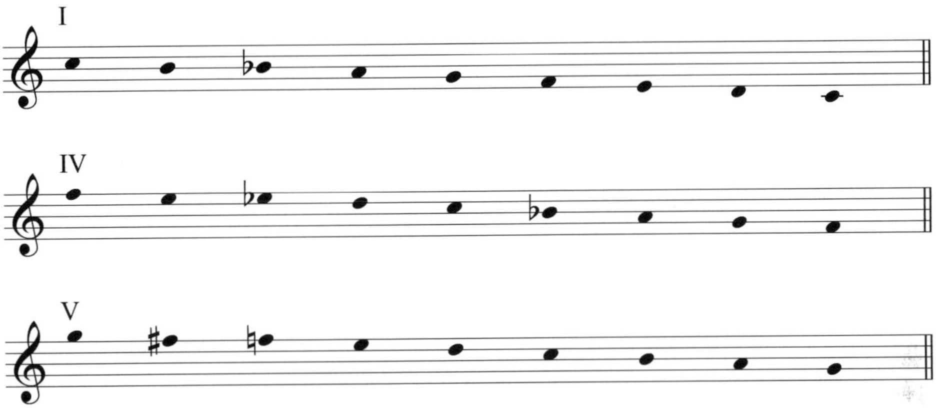

FIGURA 5-15: Escala dominante descendente sobre los acordes I, IV y V.

La **FIGURA 5-16** le muestra algunos errores comunes que pueden hacerse cuando busque cromáticos «ocultos». Este ejemplo se basa en el acorde IV. Como puede ver los mi naturales tocados en los tiempos son errores. Son errores porque no son tonos de un acorde de fa séptima. Siendo estricto, este acorde contiene las notas fa, la, do y mi bemol. En este contexto, un mi natural *sólo* puede tocarse en un contratiempo.

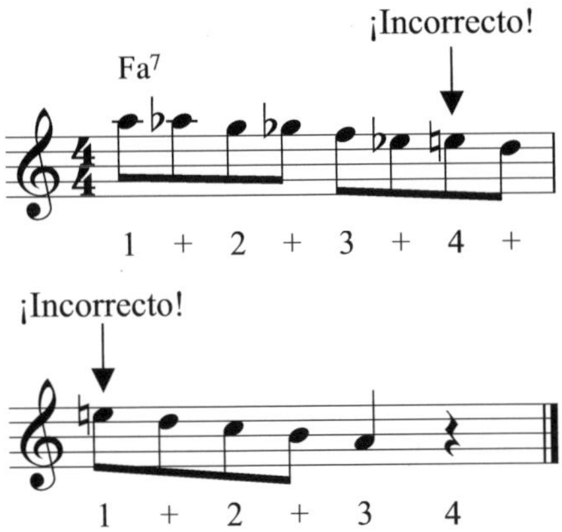

FIGURA 5-16: Pasaje incorrecto en una escala.

En la **FIGURA 5-17** vemos una versión corregida de la **FIGURA 5-16**. En esta versión mantenemos los tonos del acorde en todos los tiempos.

En el segundo compás de la **FIGURA 5-17**, hay un movimiento cromático que podría haberse hecho entre do y si bemol. Se ha elegido conscientemente no hacerlo porque, como sabe, es mejor omitir la cuarta justa sobre un acorde de séptima dominante. Tocar el si bemol en un contratiempo quita importancia a este intervalo. En este ejemplo, no sería un error tocar el si bemol en un tiempo (especialmente si el tempo es rápido). Sin embargo, es mejor tocarlo en un contratiempo cuando sea posible.

FIGURA 5-17: Pasaje corregido.

Por último, aunque también es importante, recuerde no pensar en el tono dominante de la escala dominante como en un tono del acorde, incluso aunque aparezca en la escala. En otras palabras, no toque un si natural en un tiempo sobre un do séptima. Siempre debería quedar relegado a los contratiempos, lo cual es el modo de usarlo en esta escala. Por supuesto, hay excepciones a esta regla de tiempo y contratiempo. Sin embargo, tales excepciones escapan al propósito de este libro. Para aprender más al respecto, debería estudiar teoría de jazz.

Lidia dominante

La escala lidia dominante es otro concepto avanzado usado por los músicos contemporáneos de blues. Esta escala es una combinación del modo lidio, el cual es una escala mayor con una cuarta aumentada, y de la escala dominante, la cual contiene una séptima bemol. Le mostramos esta escala híbrida en la **FIGURA 5-18**.

Como las otras escalas de este capítulo, la lidia dominante puede usarse sobre los acordes I, IV y V de una progresión de blues. La **FIGURA 5-18** le muestra la escala en orden ascendente y le indica la situación de la cuarta aumentada y la séptima disminuida.

FIGURA 5-18: Escala lidia dominante.

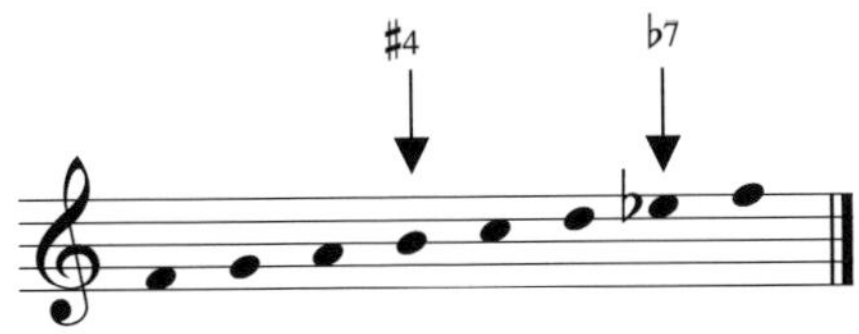

Como ya sabe, la cuarta justa no funciona demasiado bien con los acordes de séptima dominante. El modo lidio soluciona fácilmente el problema al usar una cuarta aumentada. El resultado es un tritono o, siendo más específicos, una cuarta aumentada. En el contexto de la música, este intervalo normalmente se llama una undécima sostenida, y es la característica más prominente de la lidia dominante. Cuando se usa apropiadamente, este intervalo da un interesante toque melódico a los fraseos de blues.

A menudo, los solos en lidia dominante se centran y acaban en el quinto grado. En un acorde de do séptima, éste punto final es sol. Los fraseos de lidia dominante suelen embellecer este grado de la escala de un modo bastante efectivo. La **FIGURA 5-19** le muestra un toque melódico habitual que utiliza la escala lidia dominante. En esta figura, una melodía descendente acaba en una undécima sostenida. La melodía salta entonces a una decimotercera antes de acabar en la quinta consonante.

FIGURA 5-19: Escalas lidias dominantes sobre los acordes I, IV y V.

Otra frase habitual en lidia dominante usa apoyaturas (vea el capítulo 10) para pasar a la undécima aumentada del acorde V. A partir de ahí, la línea vuelve a subir hasta que aterriza en la quinta del acorde I. Esto queda indicado en la **FIGURA 5-20**.

FIGURA 5-20: Toque melódico en una lidia dominante.

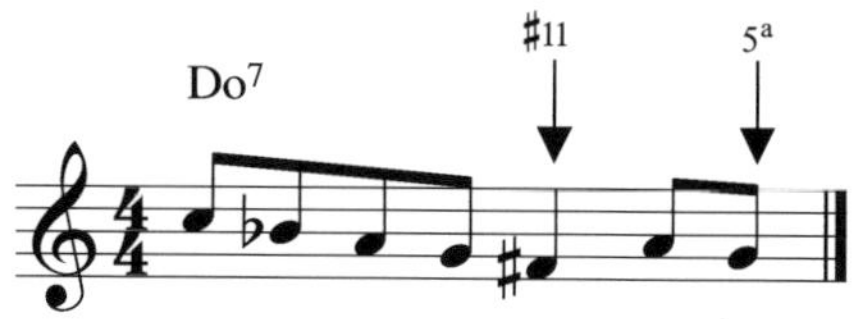

Las **FIGURAS 5-20** y **5-21** son dos fraseos que usan la lidia dominante. Para escuchar el modo lidio dominante en un contexto musical mayor, vea la **FIGURA 11-4**. Vea también la **FIGURA 10-8** referente a decoraciones que usan una cuarta aumentada.

FIGURA 5-21: Otro giro melódico habitual en una lidia dominante.

Capítulo 6

Armonía básica

La armonía son los cimientos de toda la música occidental, incluidos el rock y el blues. En este capítulo aprenderá armonía. Discutiremos las variedades de acordes, incluyendo tríadas mayores, menores, disminuidas y aumentadas. También le mostraremos el acorde de séptima dominante. El capítulo termina con una muy importante sección sobre las cadencias. Si está interesado en tocar música pop y rock, le interesa dedicar especial atención a esta parte.

Tríadas mayores y menores

Todos los acordes de este libro son acordes de terceras. Los acordes de terceras son básicamente una acumulación de terceras. Nada ejemplifica mejor esto que una tríada básica. Una tríada tiene tres notas: de ahí el prefijo, *tri*. Puede llamar tríada a cualquier acorde de tres notas. Sin embargo, en la música occidental, una tríada suele estar formada por un tono base, una tercera y una quinta. Las tríadas mayores y menores son el ejemplo más común, y comparten dos notas. Siendo específicos, el tono base y la quinta de una tríada mayor y menor son iguales. Por ejemplo, en la tonalidad de do mayor y de do menor, el tono fundamental, do, y el quinto grado, sol, definen a un acorde I; la diferencia entre mayor y menor reside en el tercer grado.

¿Preguntas?

¿Por qué describir una tríada de do menor con mi bemol en lugar de con re sostenido?

Mi bemol y re sostenido son la misma nota en el piano. Sin embargo, debe escribir mi bemol si quiere crear un intervalo de tercera menor. El intervalo entre do y re sostenido es una segunda aumentada.

Como puede que ya haya adivinado, una tríada mayor contiene una tercera mayor. Si cuenta semitonos, la tercera mayor está a cinco pasos de distancia del tono base. En do mayor estos pasos son do (1), do sostenido (2), re (3), re sostenido (4) y mi (5). Como ya ha aprendido en el capítulo 2, la relación entre do y mi es una tercera mayor. La tercera menor contiene solo cuatro pasos. Esto significa que el tercer grado está en bemol. En do mayor, estos pasos son do (1), do sostenido (2), re (3) y mi bemol (4).

La **FIGURA 6-1** le muestra una tríada de do mayor y una de do menor. De nuevo, la única diferencia entre estos acordes es la tercera. Verá que la tríada de do mayor tiene un mi natural y que la de do menor un mi bemol.

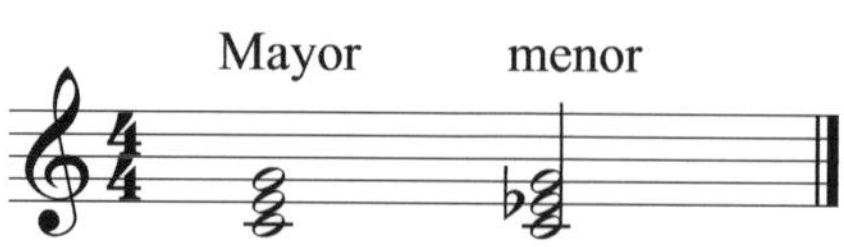

FIGURA 6-1: Tríadas de Do M y do m.

Como estos acordes contienen tres notas, pueden ser escritos con tres tonos base distintos. Cuando do está en lo más grave del acorde, éste está en estado fundamental. Cuando la tercera es la más grave, el acorde está en posición de primera inversión. Cuando la quinta es la nota más grave, tenemos la segunda inversión.

INFORMACIÓN

En música barroca, las inversiones se notaban usando un bajo de referencia. Éste era un sistema numeral utilizado para explicar a los músicos cómo formar el acorde en relación a una línea de bajo. Aunque este método de notación sigue siendo muy utilizado en clases teóricas, tiene pocas aplicaciones en la música pop, rock y blues.

La **FIGURA 6-2** le muestra inversiones de do mayor y menor. Es inevitable que se pregunte, cómo va a saber qué inversión usar en cada momento. Todo depende del contexto musical. Para más información vea el capítulo 12.

FIGURA 6-2: Inversiones de tríadas mayores y menores.

PISTA 7

Mayor **menor**

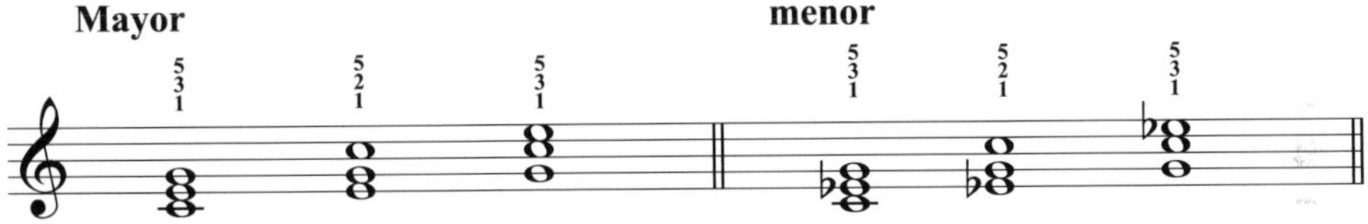

Posicion fundamental 1.ª inversión 2.ª inversión Posicion fundamental 1.ª inversión 2.ª inversión

Tríadas diatónicas de la escala mayor

Si construye una tríada con cada grado de una escala mayor, obtendrá tres tipos de acordes: mayores, menores y disminuidos. Encadene tres terceras para construir un acorde. La **FIGURA 6-3** lo muestra en la tonalidad de do mayor.

Los acordes de la figura están escritos en la posición no invertida (fundamental); los números romanos indican cada tipo de acorde. Fíjese en

FIGURA 6-3: Tríadas diatónicos sobre la escala mayor.

PISTA 8

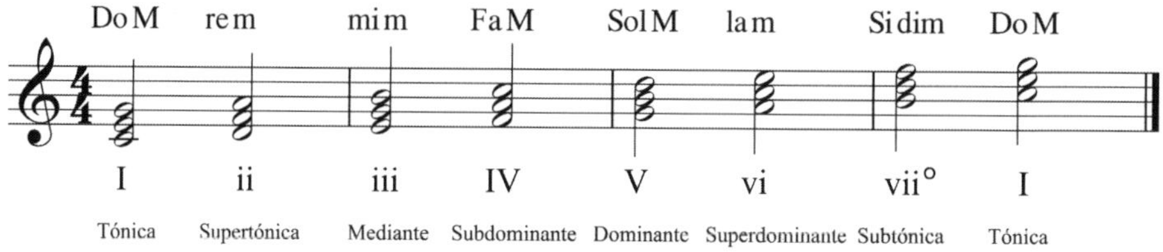

cómo los acordes menores y disminuidos están escritos utilizando números romanos en minúscula; esto es un convenio en la notación musical occidental.

Como todos los acordes, las tríadas de la escala mayor pueden invertirse. En todos los casos, el acorde se invierte exactamente como indica la **FIGURA 6-2**. Eso significa que existen dos inversiones para cada acorde. Por ejemplo, un acorde vi (la menor) puede ser invertido del modo siguiente:

FIGURA 6-4: Inversiones de un acorde.

De momento, su trabajo es familiarizarse con todas las tríadas diatónicas. Estos acordes son la base de miles de progresiones de acordes de miles de canciones. Una vez las haya aprendido en do mayor, intente hacerlo también en otras tonalidades. Al final de este capítulo, y en el capítulo 12, verá cómo estos acordes pueden combinarse para crear prácticas progresiones de acordes.

Acordes de séptima dominante

Los acordes de séptima dominante son muy utilizados en el rock y en el pop, y son los verdaderos cimientos del blues. Ello se debe a que el acorde de séptima dominante contiene una blue note. Tal y como aprendió en el capítulo cinco, la séptima bemol es un intervalo importante en la música blues. Cuando se escribe un acorde de séptima dominante, no se incluye la palabra *dominante*, o la abreviación *dom*. En lugar de ello, el acorde contendrá el nombre de una nota y el número 7. Por ejemplo, verá do7, sol7 o si7.

ESENCIAL

> Los instrumentistas expertos pueden tocar los acordes de séptima dominante de modos muy distintos. Ello implica normalmente omitir ciertas notas del acorde y añadir exóticas expresiones en el acorde. Sin embargo, como principiante, debería aprender primero a tocar estos acordes sin adorno alguno.

Todo lo que necesita recordar es que un acorde de séptima dominante contiene una tríada mayor y una séptima bemol al final. Una vez añadida la séptima bemol, le queda un acorde de cuatro notas y, por tanto, puede crear tres inversiones distintas. La **FIGURA 6-5** le muestra el acorde de do7 y sus inversiones.

FIGURA 6-5: El acorde y sus inversiones.

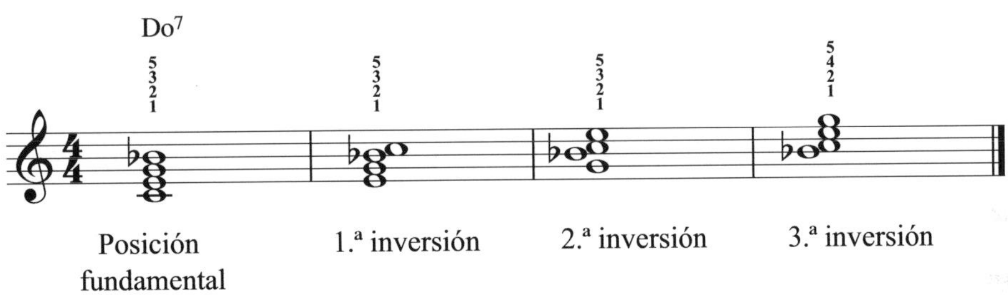

A menudo los pianistas tocan el tono fundamental del acorde con la mano izquierda (bajo) y las tres notas restantes del acorde con la mano derecha. Esto queda ilustrado en la **FIGURA 6-6**.

FIGURA 3-10: Acorde do7 interpretado en el piano.

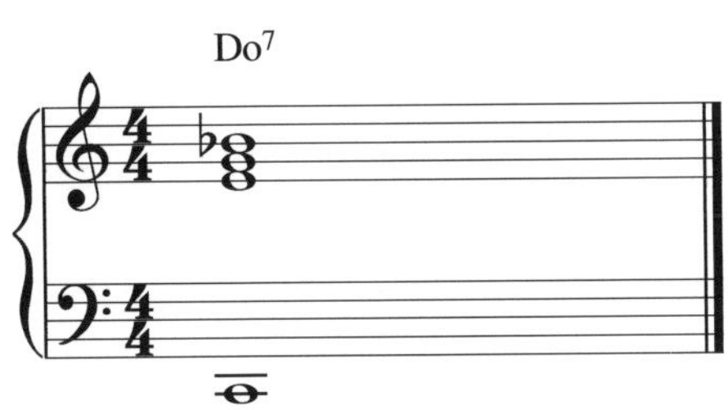

También puede repartir do7 o cualquier otro acorde entre ambas manos. Si lo hace, aparecerán nuevos ritmos. El método más sencillo para distribuir el acorde es usar negras o corcheas. La **FIGURA 6-7** se lo muestra. Tenga presente que pueden usarse muchos otros ritmos, como tresillos o corcheas swing.

FIGURA 6-7: do7 distribuido en ambas manos.

A veces no se toca el acorde completo, y se seleccionan sólo unas notas. Se esboza el acorde. Puede que se pregunte, «¿Si esbozamos el acorde, que notas omitimos?». Las omisiones se dejan a discreción del pianista y se hacen en base al contexto musical. Un modo habitual de hacer esto con un acorde de do7 contiene sólo las notas do y si bemol. Otro modo de hacerlo es sólo con las notas mi y si bemol. Se lo mostramos en la **FIGURA 6-8**. Discutiremos esto de nuevo en el capítulo 9.

FIGURA 6-8: Acordes incompletos.

Acordes aumentados, disminuidos y semidisminuidos

Los acordes disminuidos aparecen normalmente en la subtónica de una escala mayor. Por ejemplo, en do mayor, aparece un acorde disminuido en si, el séptimo grado de la escala. El acorde disminuido contiene dos terceras menores. En otras palabras, acumulamos dos terceras menores consecutivas para crear un acorde disminuido. Un acorde de si disminuido contiene los intervalos si a re (tercera menor) y re a fa (tercera menor). Si fuera un acorde menor, el fa sería un fa sostenido.

Le mostramos un acorde si disminuido en la **FIGURA 6-9**. Como verá, se usa un círculo para indicar que el acorde es disminuido.

FIGURA 6-9: Acorde de si disminuido.

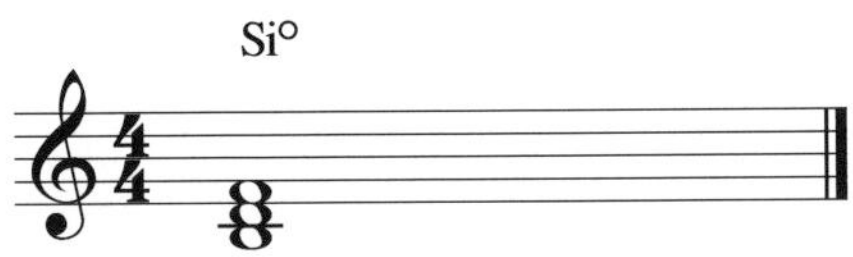

Los acordes de séptima disminuida son normalmente usados como sustitutos del acorde V. Como es un acorde inestable, normalmente tienden a la tónica. Una séptima disminuida acumula otro intervalo de tercera menor, con lo que el intervalo entre el tono base y la séptima es el equivalente de una sexta mayor. Por ejemplo, un acorde si dim7 contiene un la bemol al final. Si lo escribiéramos como un sol sostenido, el intervalo sería una sexta mayor.

INFORMACIÓN

> El acorde disminuido toma su nombre del intervalo que se crea entre el tono base y la quinta disminuida. Como habrá adivinado, el intervalo entre ambos grados de la escala es una quinta disminuida.

Que no le confunda la nomenclatura. Recuerde sencillamente que un acorde de séptima disminuida contiene tres intervalos de tercera menor consecutivos. Tenga también presente que si desea usar una tríada disminuida como acorde V, podría elegir también un acorde de séptima disminuida, ya que tiene más color. Le mostramos el acorde de séptima disminuida en la **FIGURA 6-10**.

FIGURA 6-10: Acorde de séptima disminuida.

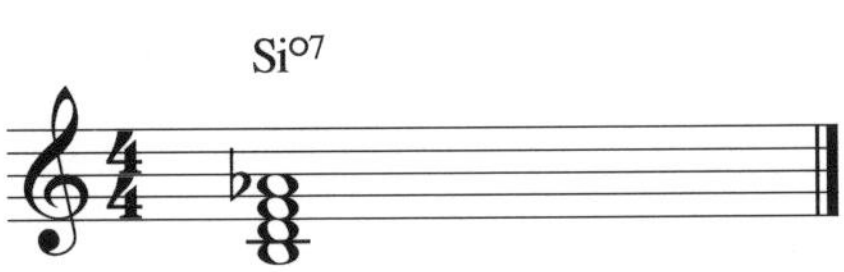

En la **FIGURA 6-11**, el acorde de séptima disminuida es utilizado en una progresión de acordes sencilla. En esta progresión, la séptima disminuida y una quinta bemol se utilizan para alterar lo que podría ser un acorde ii menor y transformarlo en un acorde de séptima disminuida. Al alterar la quinta justa y transformarla en una quinta bemol, aparece la tríada disminuida. El do bemol completa el cuadro al añadir una séptima disminuida.

FIGURA 6-11: Uso de un acorde de séptima disminuida.

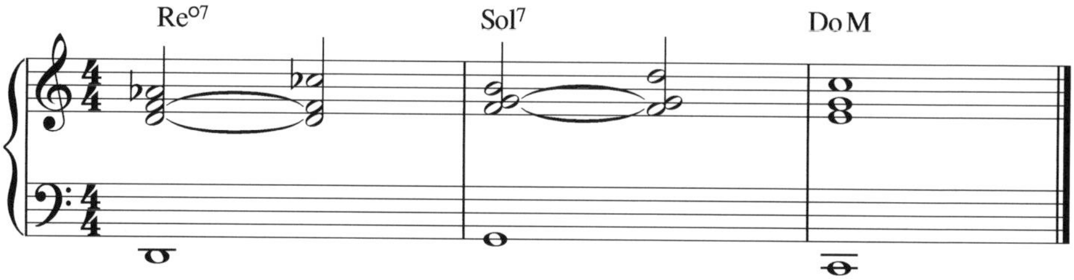

Acordes semidisminuidos

El acorde semidisminuido es bello y puede usarse de modos muy distintos. Se utiliza principalmente en el jazz moderno y en la música clásica (romanticismo tardío y siglo XX). Sin embargo, puede usarse en el rock y en el pop para dar brillo a progresiones de acordes de otro modo opacas. Por ejemplo, grupos de jazz rock como Steely Dan usan a veces estos acordes como un sofisticado ii menor. En estos casos, suelen ir seguidos de los acordes V y I.

A menudo se nombran como acordes de menor séptima quinta bemol. Un acorde semidisminuido contiene casi las mismas notas que un acorde de séptima disminuida. La excepción reside en esa misma séptima. En lugar de una sucesión de terceras menores, un acorde semidisminuido tiene una tercera mayor al final. Por ejemplo, un si semidisminuido contiene las notas si, re, fa y la. La relación entre fa y la es una tercera mayor. Vea la notación de un acorde semidisminuido en la **FIGURA 6-12**. Como verá, el símbolo para notar un acorde semidisminuido es un círculo barrado.

FIGURA 6-12: Acorde semidisminuido.

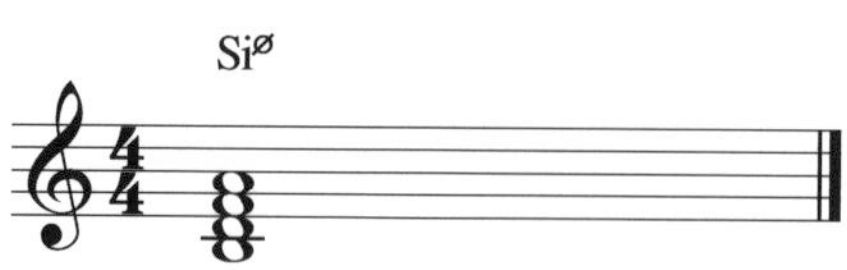

FIGURA 6-13: Empleo de un acorde semidisminuido.

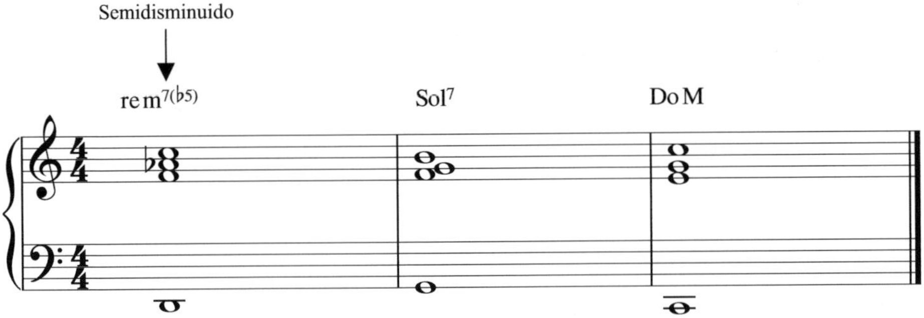

Si quiere crear una exótica variación de la progresión típica ii-V-I, puede alterar el acorde ii menor y transformarlo en un acorde semidisminuido. Este tipo de giro armónico es habitual en el jazz. La **FIGURA 6-13** muestra un ejemplo de cómo hacerlo.

Acordes aumentados

Un acorde aumentado es una tríada mayor con una quinta aumentada. Por ejemplo, un acorde de do aumentado contendría las notas do, mi y sol sostenido. Este sol sostenido es también un la bemol. Como la bemol, el intervalo sería una decimotercera bemol. Como los acordes semidisminuidos, los acordes aumentados se utilizan principalmente en el jazz y en la música clásica contemporánea, pero también tienen sus aplicaciones en el pop y en el rock. Definitivamente, los escuchará y verá su uso en los ejemplos de blues que encontrará más adelante en este libro. La **FIGURA 6-14** le muestra un acorde de do aumentado y un acorde de do 7.ª quinta aumentada.; este último acorde se escribiría normalmente como do7 ♯5 o do+7. El símbolo «+» indica la presencia de una quinta aumentada. Los acordes de séptima con quinta aumentada se usan normalmente para dar chispa a los acordes V.

FIGURA 6-14: Acordes de do aumentado y do 7.ª quinta aumentada.

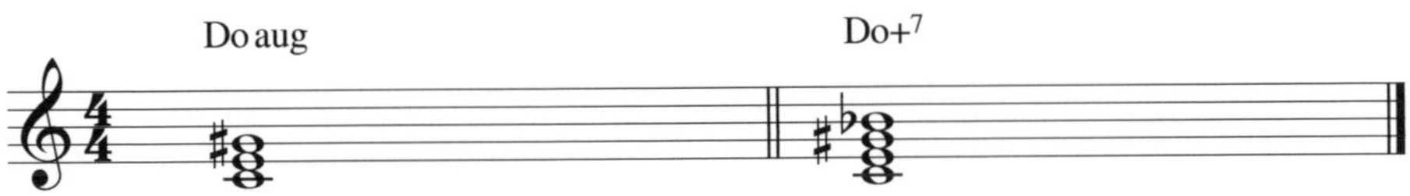

La **FIGURA 6-15** le muestra una curiosa versión de la habitual progresión ii-V-I. En esta figura, el acorde V ha sido alterado para convertirlo en un acorde de séptima con quinta aumentada. Fíjese en cómo el acorde aumentado cambia el color y el aire de esta típica progresión.

FIGURA 6-15: Empleo de un acorde de séptima aumentado.

Acordes de dominante secundaria

Los acordes de dominante secundaria son acordes que son «el grado quinto de...». Si usamos números romanos, las dominantes secundarias se escriben como fracciones. Por ejemplo, podría usted ver V/V. Eso le indicaría que debe tocar el acorde mayor que está cinco grados por encima del grado dominante de la escala. En tonalidad de do mayor, esto significaría re mayor y sol mayor respectivamente; re está una quinta justa por encima de sol.

¡ALERTA!

Los acordes de dominante secundaria no funcionan demasiado bien con el séptimo grado de la escala. Ello se debe a que el séptimo grado de la escala forma una tríada disminuida, la cual es muy inestable. La dominante secundaria nunca debería asociarse con un I o un acorde de tónica, ya que el V de I es un acorde principalmente dominante.

Los acordes de dominante secundaria no están limitados a los acordes V. La **FIGURA 6-16** le mostrará todos los acordes de dominante secundaria que puede usar para dar chispa a sus progresiones de acordes. Además de acordes V/V verá V/ii, V/iii, V/IV y V/vi. Para que estos acordes fluyan con facilidad se han utilizado inversiones.

FIGURA 6-16: Acordes de dominante secundaria.

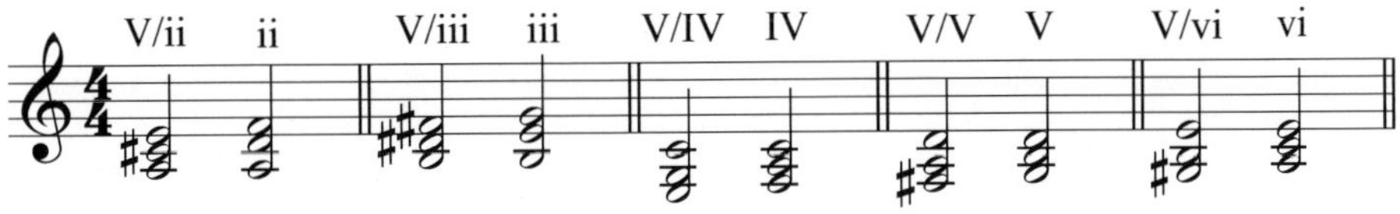

Las inversiones permiten un tránsito fácil entre acorde y acorde.

Las dominantes secundarias son puentes interesantes entre dos tríadas diatónicas. Esto queda ilustrado en la **FIGURA 6-17**. Aquí un V/ii da gracia a una sencilla progresión I-ii-V7-I.

FIGURA 6-17: Dominante secundaria en una progresión de acordes.

Acordes prestados

Los acordes prestados emplean acordes de una tonalidad paralela. Por ejemplo, si está usted en do mayor, la tonalidad paralela es do menor. No debe confundir esto con la *relativa menor*. Uno habla de tonalidades relativas cuando se refiere a tonalidades que comparten los mismos sostenidos y bemoles. Por ejemplo, do mayor y la menor son tonalidades relativas, no tonalidades paralelas.

ESENCIAL

Los acordes prestados pueden añadir emoción a cualquier progresión de acordes. Al contrario que algunos de los acordes descritos en este capítulo, los acordes compartidos no sólo embellecen un acorde. No son extensiones armónicas o alteraciones como séptimas o quintas sostenidas. En lugar de ello, los acordes compartidos llevan el sonido a una dirección armónica completamente nueva y sorprenden al oyente.

Los acordes VI bemol y VII bemol son ejemplos excelentes de acordes compartidos. La **FIGURA 6-15** le muestra cómo dirigirse al acorde de do mayor (acorde I) mediante un VI bemol y un VII bemol. En este ejemplo se usan los acordes diatónicos VI y VII de la tonalidad de do menor. Verá esta progresión de nuevo en la **FIGURA 15-7**, estudio pop: «For Kicks».

FIGURA 6-18: Acordes compartidos.

Los Beatles, entre otros, usaron acordes compartidos de modo efectivo. Canciones como «If I Fell» o «In My Life» usan constantemente acordes compartidos iv menor. En la **FIGURA 6-16** le mostramos dos progresiones de acordes que emplean el acorde compartido iv menor. De nuevo, el iv menor proviene de la tonalidad paralela, no de la tonalidad compartida. En este ejemplo se usan dos tonalidades, do mayor y do menor.

FIGURA 6-19: Acorde compartido iv menor.

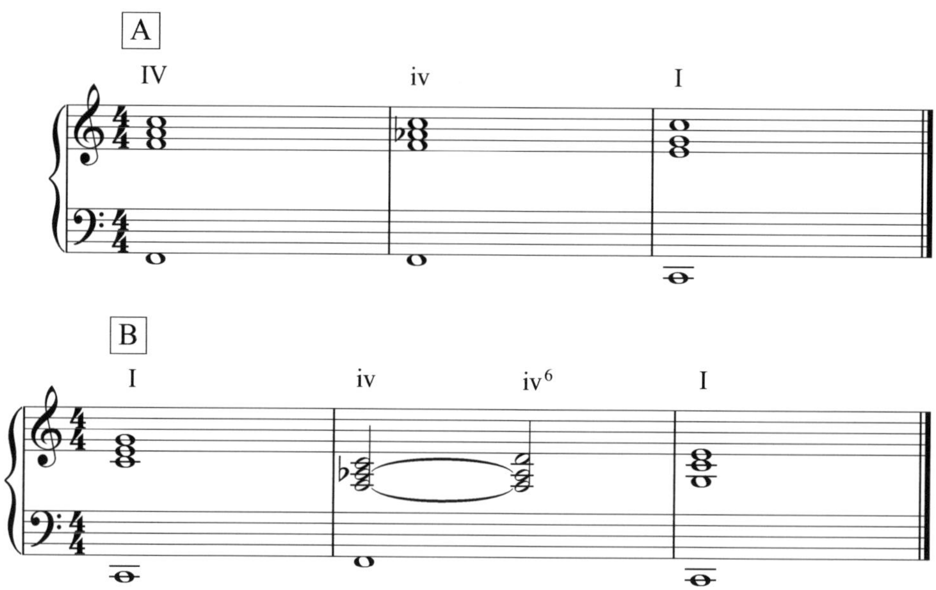

Tipos de cadencias

Una cadencia es una serie de acordes de que indica el fin o el cierre de una frase. También encontramos cadencias en la conclusión de una pieza musical. Algunas cadencias son obvias para los oyentes porque empiezan y acaban en acordes I. Sin embargo, las canciones no tienen por qué ceñirse siempre a ese modelo. De hecho, es interesante que una pieza de música no utilice las cadencias más obvias. Aun así, las cadencias son necesarias, ya que aportan una resolución necesaria. Sin cadencias, los acordes quedarían sencillamente flotando en el aire y no habría un cierre musical. El oído de la audiencia pide esa resolución y ese fin que la cadencia proporciona.

La **FIGURA 6-20** detalla las cuatro cadencias estándar. Sin embargo, en la música podemos encontrar muchísimas más cadencias. La siguiente lista no es, ni por asomo, definitiva. A medida que eduque su oído, escuche otras cadencias del rock y del blues (y de otros estilos musicales).

Las cadencias más importantes en la música moderna son la perfecta, la semicadencia, la plagal y la rota.

Las cadencias perfecta y plagal son las más comunes en la música occidental, seguidas por la cadencia rota, también bastante universal. Tal y como verá en el capítulo 9, el blues está construido a partir de las cadencias plagal y perfecta, ya que usa los acordes I, IV y V de un modo intensivo.

FIGURA 6-20: Cadencias estándar.

PISTA 9

También podría añadir séptimas a los acordes V en estas cadencias.

La cadencia perfecta es un sencillo movimiento de acordes de V a I. La semicadencia es una cadencia que nunca termina en el acorde I. En lugar de ello, se queda indefinidamente en el acorde V. Algunas veces escuchará canciones de pop que terminan en acordes V. Otro tipo de semicadencia es la cadencia frigia. Sin embargo, no incluimos aquí esta cadencia, ya que se utiliza básicamente en la música barroca.

La cadencia plagal pasa de IV a I. Esta cadencia se conoce también como la cadencia del «amén», ya que es la más usada para cantar «amén» en las iglesias. La cadencia rota es parecida a la cadencia perfecta. Sin embargo, en lugar de terminar en un acorde I, engaña al oído y termina en un vi menor.

La **FIGURA 6-21** le muestra algunos ejemplos de otras cadencias contemporáneas. En muchos casos, estas cadencias no tienen nombres oficiales. Aun así, aparecen en muchos estilos musicales, especialmente en el pop y en el rock.

La primera cadencia de la **FIGURA 6-21** es una típica cadencia disminuida. Ya que el acorde vii disminuido opera prácticamente igual que un acorde V7, puede sustituir estos acordes cuando toque una cadencia perfecta. Las cadencias napolitanas mayor y menor están más anticuadas, a pesar de lo cual tienen un color interesante, y las puede usar en la música pop y rock. Los acordes napolitanos son especialmente útiles en el rock progresivo, ya que este subgénero imita las épocas clásica y barroca.

Las cadencias 4 y 5 de la **FIGURA 6-21** utilizan acordes compartidos para dar un giro armónico a la cadencia plagal. Finalmente, las progresiones ilustradas en 7 y 8 utilizan acordes quebrados. Los acordes quebrados son en realidad sencillamente tríadas en las que se sustituye el tono base. Fíjese en cómo puede aplicar todas estas cadencias a las canciones que pueda estar escribiendo. Si las usa de modo inteligente, su música no quedará solo completa, sino que estará llena de colorido y de variedad.

FIGURA 6-21: Otras cadencias prácticas.

PISTA 9

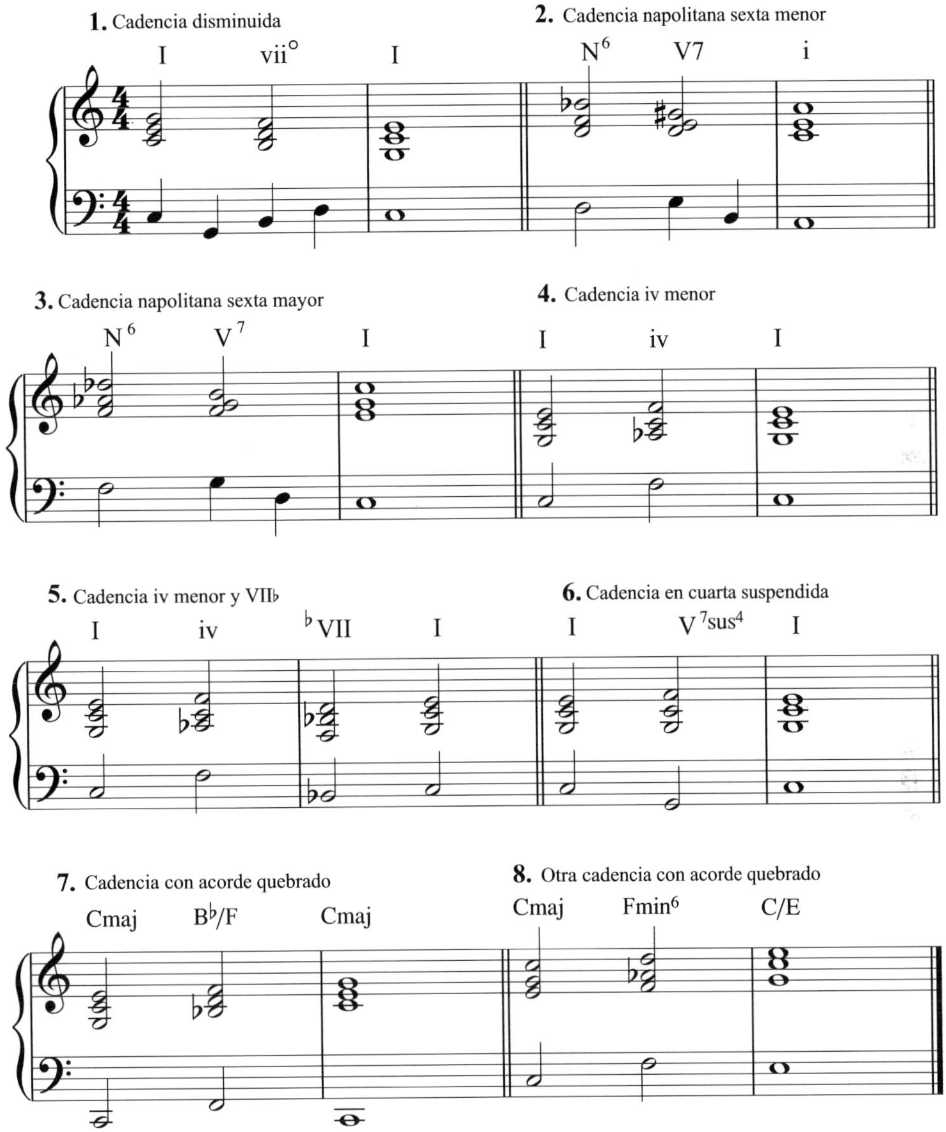

Nota: Esta figura no contempla las reglas de la composición coral.

Capítulo 7

Extensiones, suspensiones, acordes de transición y más

Este capítulo trata de extensiones armónicas como las séptimas mayores y menores, las novenas y las decimoterceras. También aprenderá acerca de los acordes suspendidos, frecuentes en la música pop. Finalmente, aprenderá sobre acordes cromáticos de transición. Estos acordes darán un aire jazz a cualquier blues de I, IV, V. Si quiere expandir sus horizontes armónicos, siga leyendo. Este capítulo está lleno de coloridos acordes. Tal y como dirían los músicos, aquí aprenderá todos los «cambios molones».

Acordes de séptima mayor y menor

Los acordes de séptima mayor y menor se pueden usar para añadir color a las tríadas básicas. En el capítulo 6 aprendió que añadir una séptima menor a una tríada mayor produce un acorde de séptima dominante. Ahora pruebe a añadir una séptima mayor a una tríada mayor. Producirá un acorde de séptima mayor.

Los acordes de séptima mayor dan un aire jazz a un pasaje musical. Un intervalo de séptima mayor solo puede sonar mal. Por ejemplo, pruebe a tocar un do central o do$_4$ seguido de un si$_4$ en el piano. Recuerde, si$_4$ está situado por encima de do$_4$ (no es el si adyacente a do$_4$). Cuando toca estas notas, el resultado es disonante e inestable. Sin embargo, cuando están presentes una tercera mayor y una quinta justa, la séptima mayor las corona bellamente. Esto sucede porque la séptima mayor es la extensión natural en la serie de tonos. La **FIGURA 7-1** le muestra tanto un intervalo de séptima mayor como un do séptima mayor en estado fundamental.

FIGURA 7-1: Intervalo y acorde de 7.ª mayor.

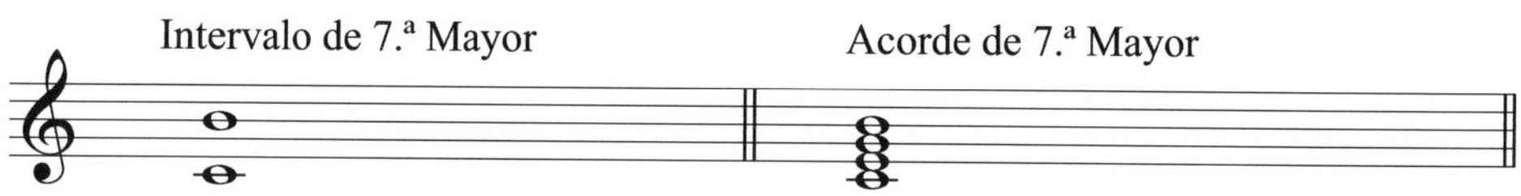

Como las tríadas y los acordes de séptima dominante, los acordes de séptima mayor pueden invertirse. La **FIGURA 7-2** le muestra un acorde de séptima mayor en estado fundamental seguido de sus tres inversiones. Está escrito en tonalidad de do mayor.

FIGURA 7-2: Do 7.ª mayor y sus inversiones.

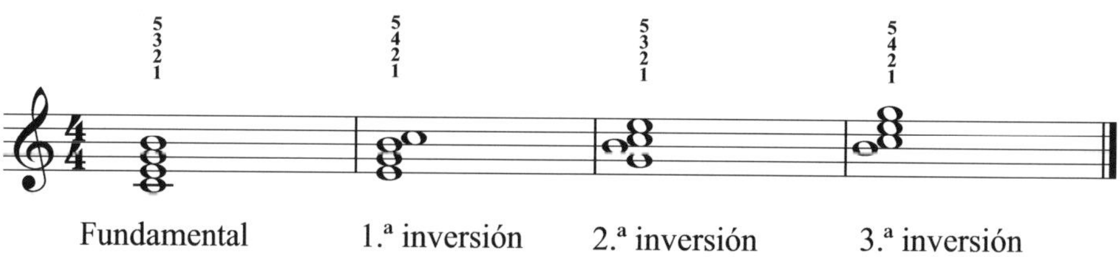

Al contrario que su contrapartida menor, los acordes de séptima mayor son cálidos y sonoros. Por tanto, el acorde de séptima mayor se usa de modo bastante efectivo en la música pop animada. La **FIGURA 7-3** muestra una progresión de dos acordes que utiliza séptimas mayores. Fíjese en que se usan los tonos base y las quintas en la línea de bajo; ésta es una práctica común.

FIGURA 7-3: Progresión pop de acordes de séptima mayor.

Los acordes de séptima menor tienen un sonido más oscuro. Gran parte de ello se debe al tercer intervalo bemol. Como el acorde de séptima mayor, el de séptima menor se basa en terceras consecutivas; como es un acorde de cuatro notas, tiene también tres inversiones. La **FIGURA 7-4** le muestra un intervalo de séptima menor con su base en do y un acorde de do séptima menor. Como verá, un intervalo de séptima menor también identifica a un acorde de séptima dominante. Sin embargo, una vez entra en juego la tercera menor, las cualidades del acorde quedan perfectamente definidas.

FIGURA 7-4: Intervalo de 7.ª menor y acorde.

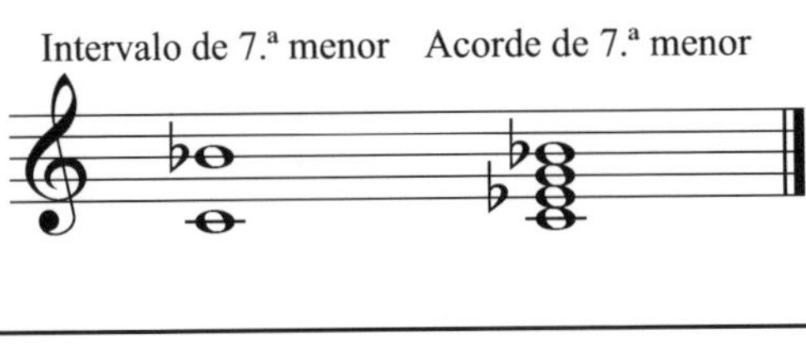

Como cualquier otro acorde, los acordes de séptima menor también pueden invertirse. La **FIGURA 7-5** le muestra este acorde en estado fundamental junto a sus inversiones, en tonalidad de do menor. Preste atención a la digitación, pero recuerde que ésta podría no servir para otras tonalidades.

FIGURA 7-5: Inversiones del acorde de do menor 7.ª

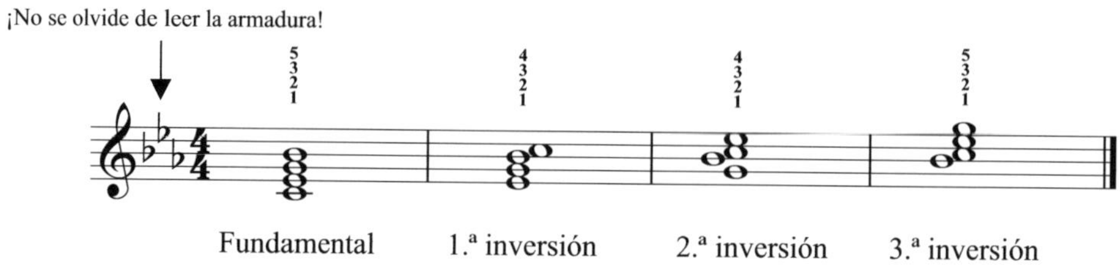

Los acordes de séptima menor son útiles cuando se toca un blues en menor. La **FIGURA 7-6** le muestra los primero ocho compases de un blues en do menor. La mano izquierda toca una línea de bajo, acerca de lo cual aprenderá más en el capítulo 9, y la mano derecha toca inversiones de do séptima menor y de fa séptima menor respectivamente. Estos acordes son los acordes i menor y iv menor de un blues en tono menor.

FIGURA 7-6: Empleo de los acordes de séptima menor en el blues.

PISTA 11

Acordes de novena mayor y menor

Las novenas también son extensiones armónicas frecuentes. Las novenas mayores y las menores son normalmente intercambiables con sus respectivas séptimas mayores y menores. En ambos casos, la novena sencillamente añade otro color o textura armónica por encima de la séptima. La **FIGURA 7-7** muestra un intervalo de novena mayor, un acorde de novena mayor y un acorde de novena menor.

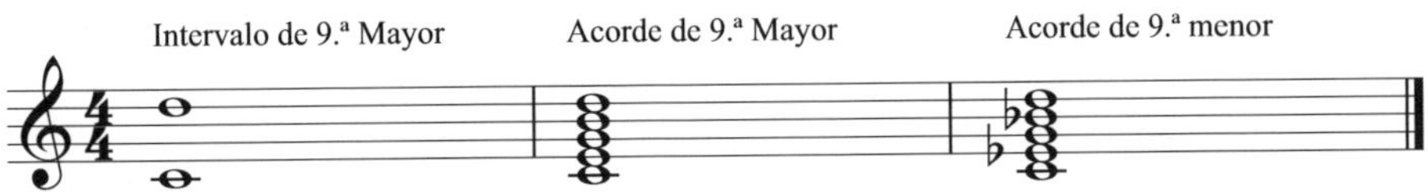

FIGURA 7-7: Intervalo de 9.ª mayor, acorde de 9.ª mayor y acorde de 9.ª menor.

Otra inversión común de una novena permite que haya medio tono entre el intervalo de segunda mayor (llamado normalmente novena mayor) y el de tercera menor. En esta posición, el intervalo de séptima menor está en lo más grave del acorde. Por ejemplo, de abajo a arriba, un sol novena menor aparecería como: fa, la, si bemol, re. Como puede ver, la séptima menor (fa) está en lo más grave. Además, la y si bemol crean un adorable intervalo de medio tono que dan al acorde el grado preciso de disonancia. ¿Y el tono base? El tono base (sol) no se toca con la mano derecha, sino con la izquierda.

ESENCIAL

Hoy día se están mezclando todos los estilos de música y aparecen nuevos híbridos. Por tanto, no tema usar elementos latinos (como la bossa nova brasileña) en sus canciones pop o rock. Por lo general, use acordes de novena menor cuando quiera dar a su música un toque clásico o elegante.

Cuando se interpreta de esta manera, el acorde de novena menor suena enérgico pero encantador. Debido a ello, el acorde de novena menor es perfecto para canciones románticas o para interludios con aire jazz.

Empareje el acorde de sol novena menor antes descrito con un si novena menor. Ahora intente añadir una marchosa y rítmica línea de bajo de bossa nova empleando los tonos fundamentales y las quintas. El resultado es sorprendente.

FIGURA 7-8: Empleo de acordes de novena menor invertidos.

PISTA 12

Los intervalos de 9.ª mayor son útiles cuando se toca blues, y se usan muy a menudo, tanto en tonalidades mayores como menores. Por ejemplo, vuelva a fijarse en el blues en tono menor de la **FIGURA 7-6**. Si añade un intervalo de novena mayor a los acordes I y IV (do menor y fa menor), la progresión ganará sofisticación y elegancia. La **FIGURA 7-7** le muestra cómo hacerlo.

FIGURA 7-9: Empleo de acordes de novena menor en el blues.

PISTA 13

Utilizar los intervalos de novena mayor en un blues en tono *mayor* es también algo frecuente. Sin embargo, se añade normalmente una decimotercera para dar cuerpo al acorde. La **FIGURA 7-10** le muestra una exótica progresión de acordes I, IV y V en do mayor. Tal y como aprenderá en al capítulo 9, los acordes I, IV y V son la piedra fundamental del blues. En la **FIGURA 7-10**, estos sofisticados acordes I, IV y V contienen lo siguiente:

- Tercera mayor.
- Sexta mayor (llamada normalmente decimotercera).
- Séptima menor (llamada a veces séptima «dominante»).
- Novena mayor.

Fíjese en que el tono base de cada acorde es tocado sólo con la izquierda. A medida que aprenda los elementos del blues en el capítulo 9, intente sustituir las tríadas y los acordes sencillos por los acordes más disonantes de la **FIGURA 7-10**. Cuando lo haga, escuche con atención para determinar cuándo funcionan estos acordes y cuándo parecen excesivos o demasiado duros. Normalmente depende del estilo de blues que toque. Estos acordes son particularmente efectivos en el jazz blues y en otros híbridos contemporáneos del blues.

FIGURA 7-10: Acordes de novena-decimotercera.

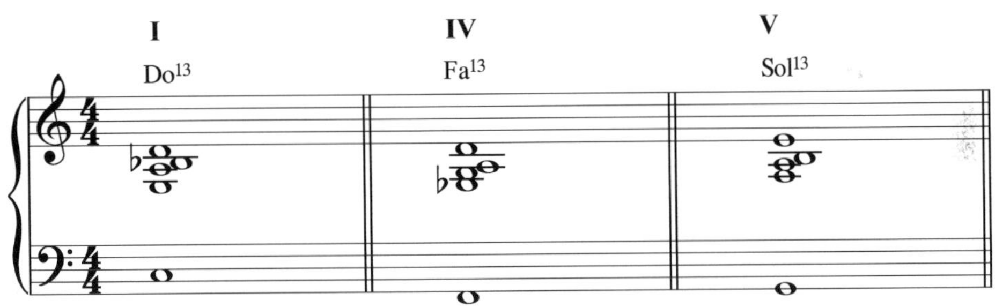

Aunque estos acordes tienen una novena, normalmente se escriben como 13 y la novena queda implícita.

Acordes suspendidos

Los acordes suspendidos son muy usados por los pianistas de jazz y pop. Estos acordes quedan… como suspendidos en el aire, y añaden una sutil tensión y una relajación posterior al pasaje musical. Los acordes suspendidos suelen durar un tiempo o dos. Cuando finalizan, este final es más pronunciado y perceptible. Bien usados, los acordes suspendidos hacen que una progresión de acordes sea más atractiva al oído. No hace falta decir que si planea tocar cualquier tipo de música popular los acordes suspendidos son obligatorios.

Hay dos tipos de acordes suspendidos.

1. Acordes de segunda suspendida (sus2).
2. Acordes de cuarta suspendida (sus4).

Esto significa que, en lugar de una tercera mayor o menor, un acorde contendrá el segundo grado o el cuarto grado. En ambos casos, el acorde parecerá quedar «suspendido» o congelado en el tiempo antes de terminar en la tónica o la tercera mayor. Es más común que los acordes suspendidos acaben con la tercera mayor debido al amplio uso de las cuartas suspendidas.

La **FIGURA 7-11** le muestra una variedad de acordes de segunda suspendida y de cuarta suspendida en do mayor. En el primer ejemplo pasamos de una segunda suspendida (re) a una tercera mayor (mi). En el segundo ejemplo pasamos de una segunda suspendida (re) a la tónica (do). Ni siquiera se usa el tercer grado de la escala en este ejemplo. En el siguiente ejemplo pasamos de una cuarta suspendida (fa) a una tercera mayor (mi), y en el cuarto ejemplo empleamos tanto una segunda suspendida (re) como una cuarta suspendida (fa). El acorde termina al final en una tercera mayor (mi).

FIGURA 7-11: Tipos de acordes suspendidos.

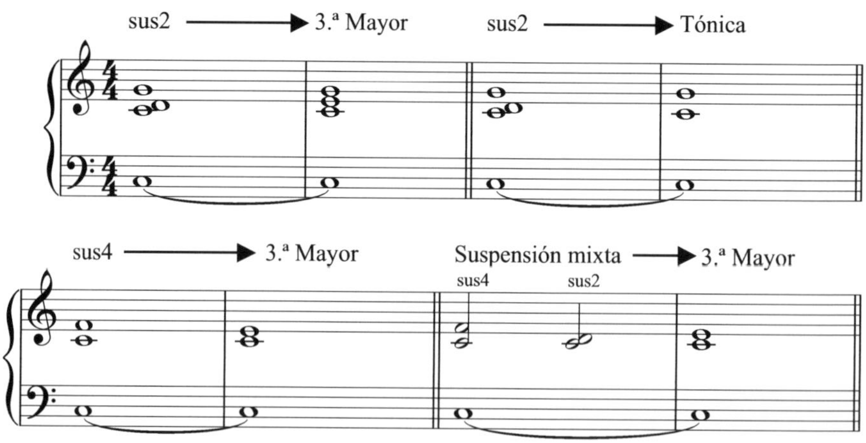

Tal y como hemos mencionado antes, algunas suspensiones no terminan nunca. En lugar de ello, se quedan flotando sencillamente en la música.

En este caso, puede que el compositor prefiera usar una serie de acordes suspendidos para que el aire y el carácter de la progresión de acordes sean consistentes. La **FIGURA 7-12** es un ciclo de dos acordes suspendidos. Ninguna de estas suspensiones termina. De hecho, suenan como si pudieran continuar eternamente. Las suspensiones sin resolver dan intriga y suspense a la música. Por tanto, las bandas sonoras de las películas suelen usarlas. Al mismo tiempo, si junta un ritmo electrónico y unos acordes suspendidos, un ritmo de baile ordinario se transformará inmediatamente en un elegante ritmo.

FIGURA 7-12: Suspensiones sin resolver.

PISTA 14

Los artistas de folk, pop, country y new age también usan mucho los acordes suspendidos. Sin embargo, suelen poner fin a cada suspensión. En la **FIGURA 7-13** verá una versión en miniatura de la típica balada pop. Como puede que haya adivinado, esta balada utiliza muchas suspensiones. Cuente el número de suspensiones de este ejemplo. Hay cuatro (una en el primer tiempo de cada compás).

FIGURA 7-13: Balada pop con suspensiones.

PISTA 15

¿Puede encontrar las suspensiones en este ejemplo?

En general, las suspensiones dan brillo a acordes anodinos. No tema experimentar con segundas y cuartas suspendidas en su propia música. Dan el toque justo a los ordinarios acordes de tríadas y séptimas.

INFORMACIÓN

En el jazz y la música clásica contemporánea, las suspensiones pueden no terminar nunca. En lugar de ello flotan por la música como un bello matiz musical. El rock, el folk, el country y el pop resuelven las suspensiones casi siempre. Sea como sea, las suspensiones son una bonita decoración musical que hace que las progresiones de acordes sean más atractivas y variadas.

Acordes dominantes alterados

Los acordes dominantes alterados se usan tanto en el rock como en el blues. Son particularmente efectivos para tocar blues en tonalidades mayores o menores. Tal y como sabe, el acorde dominante se construye a partir del quinto grado de la escala. Por tanto se llama acorde V. En lugar de tocar un acorde V (tríada) o un V7 (séptima dominante), intente añadir novenas bemoles y sostenidas. Cuando lo haga, su acorde tendrá una nota accidental. Por lo tanto, se transformará en una dominante alterada. La **FIGURA 7-14** le muestra una novena sostenida y una novena bemol junto a la nota sol. Se ha escogido esta nota porque, en la tonalidad de do mayor, sol es el tono base de un acorde V.

Otro tono alterado que se usa para dar chispa los acordes V es la 13.ª bemol. La **FIGURA 7-15** le muestra una 13.ª bemol junto a la nota sol.

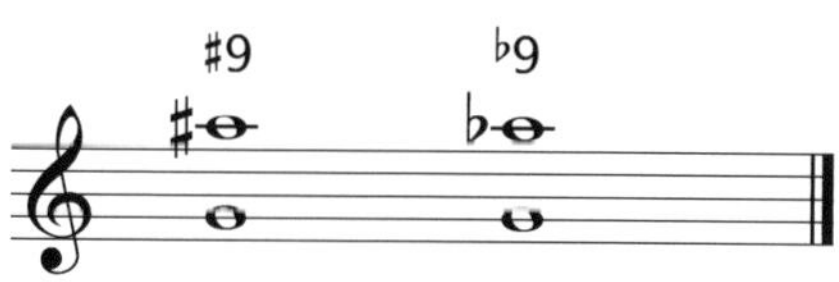

FIGURA 7-14: 9.ª sostenida y 9.ª bemol.

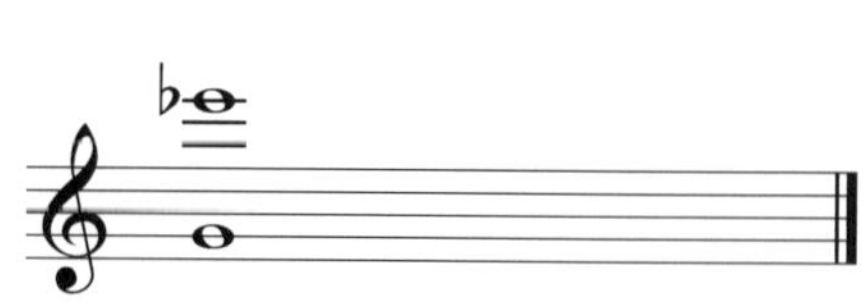

FIGURA 7-15: 13.ª bemol.

Además, podría transformar en bemol el quinto grado de la escala, como hemos discutido en el capítulo 5. Generalmente, cuando toca un acorde V, puede escoger entre cuatro tonos alterados: quinta bemol, novena sostenida, novena bemol y decimotercera bemol. La **FIGURA 7-16** le muestra algunos acordes alterados habituales. En términos literales de intervalos, la decimotercera bemol aparecerá a menudo como una sexta bemol. Sin embargo, las convenciones musicales dictan que uno se refiera a esta extensión normalmente como una decimotercera bemol.

FIGURA 7-16: Acordes dominantes alterados.

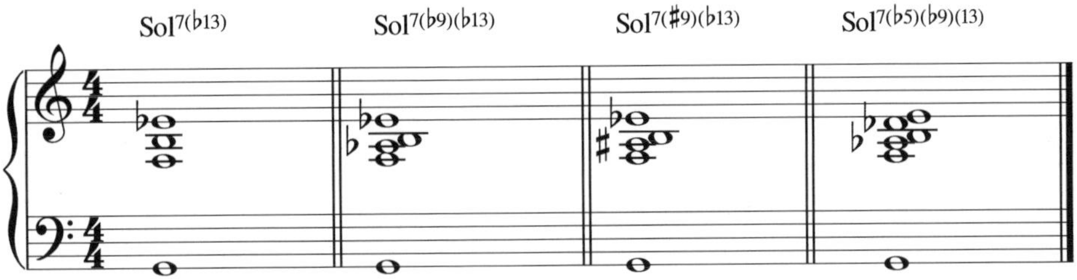

Cuando toque los acordes de la **FIGURA 7-16**, se dará cuenta de que son bastante disonantes. Por tanto, debe tener cuidado al emplearlos. Cuando toque jazz blues (en una tonalidad mayor), los dominantes alterados pueden añadir sofisticación a su paleta de acordes. Pero ¡tenga cuidado! Estos acordes no son apropiados para todos los tipos de blues. Por ejemplo, nunca (o muy rara vez) se emplearían acordes tan sofisticados para estilos de blues tradicionales como el blues del Delta o el de Chicago. Se trata en definitiva de ser comedido cuando utilice acordes tan exóticos en cualquier canción. Cuando lo haga, confíe en su oído. De todos modos, el primer acorde de la **FIGURA 7-16** es el más práctico. Los otros acordes son más excéntricos, aunque tienen cabida en entornos más sofisticados.

Novenas sostenidas y novenas bemoles

En un blues en tonalidad menor, es normal usar una novena sostenida en el acorde V. Por ejemplo, en la tonalidad de la menor, el acorde V es mi mayor. Sin embargo, en un blues en tonalidad menor, la tríada V y el acorde V7 pueden sonar melosos. Es más elocuente tocar el acorde de 13.ª que está situado tres tonos (cuarta aumentada o quinta disminuida) por encima del tono base del acorde V. En la tonalidad de la menor, esto significa tocar un acorde de si 13.ª bemol sobre un tono base en mi. El sol crea la novena sostenida.

Ésta es una práctica frecuente en el blues en tonalidad menor. Escuche por ejemplo al difunto y legendario guitarrista texano Stevie Ray Vaughan. Vaughan adoraba el blues en tonalidad menor. Cuando su banda lo interpretaba, tocaban novenas sostenidas sobre los acordes V casi constantemente.

ESENCIAL

Cuando toque líneas de bajo (vea el capítulo 9) sobre acordes de novena sostenida, dicha línea debe contener una quinta disminuida (no una quinta justa). Las quintas justas no suenan demasiado bien en este contexto. Por ejemplo, en un acorde V7♯9 en la menor, debería usar si bemol en su línea de bajo en lugar de si natural.

¿Cómo tocar los acordes de novena sostenida? Hay varias opciones, en función del contexto. Una es la siguiente: en la menor, el acorde V es mi7♯9, y debería contener las notas sol sostenido, re, y sol natural (el sol natural es la novena sostenida). Cuando toque este acorde, el tono base (mi), debería tocarse sólo en línea de bajo (mano izquierda). Al trabajar con este acorde es habitual pasar de la novena sostenida a la novena bemol (en este caso un fa) antes de terminar elegantemente en el acorde menor i9.

Se lo mostramos en la **FIGURA 7-17**. Fíjese en cómo la línea de bajo pasa de mi a si bemol (un tritono). Como el uso de los acordes V novena sostenida son tan comunes en los blues en tonalidad menor, le proporcionamos un blues en tonalidad menor completo en la **FIGURA 7-18**. Este blues utiliza novenas sostenidas y bemoles en todos los acordes V. Ya que el principal propósito de esta figura es presentarle el concepto, el acorde V es mantenido en los compases 9 y 10. Sin embargo, en el compás 10 podría tocarse también un acorde IV (re menor novena). Si no está usted familiarizado con la música blues, quizás le convenga saltarse esta figura y regresar cuando haya aprendido los rudimentos del blues en el capítulo 9. De lo contrario, procure recordar esta regla cuando le pidan que toque un blues en una tonalidad menor. Si lo hace, su música sonara mucho más elocuente y fluida.

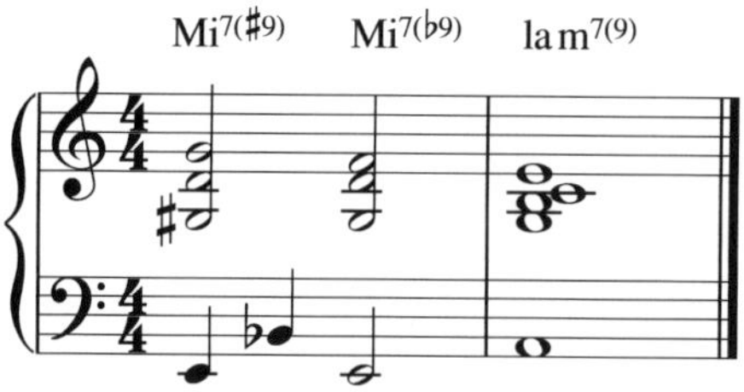

FIGURA 7-17: Uso de novenas sostenidas y bemoles.

FIGURA 7-18: Blues en tonalidad menor con novenas sostenidas y bemoles.

PISTA 16

Acordes cromáticos de transición

Los acordes cromáticos de transición siguen las mismas reglas básicas que las notas cromáticas de transición. En el capítulo 5 ha aprendido la escala dominante, la cual usa un movimiento cromático entre la tónica y la séptima menor. También ha aprendido que los tonos accidentales (o alterados) sólo debieran tocarse en los contratiempos.

Como los acordes rara vez se tocan en corcheas, tocará acordes cromáticos de transición en los tiempos dos y cuatro. Éstos son los tiempos débiles de un compás de 4/4.

En el blues tradicional, los acordes cromáticos de transición serán posiblemente tocados en orden descendente de V a IV o de II bemol a I.

Si se usan adecuadamente, los cromáticos de transición tienen un aire de «caída» característico. Nos permiten movernos suavemente entre acordes diatónicos y dan un aire aterciopelado a la música.

¡ALERTA!

A medida que aprende sobre los acordes cromáticos de transición, puede que quiera consultar el capítulo 9, en el cual hay información vital sobre la estructura del blues. No puede ponerse a usar acordes de transición hasta que conozca la estructura básica de los acordes y compases del blues.

La **FIGURA 7-19** le muestra un acorde cromático de transición entre los acordes V y IV en do mayor. Sólo hemos empleado tríadas en estado fundamental. Verá que el acorde de transición no es nada más que un acorde V bemol. En otras palabras, en este ejemplo, el acorde V contiene las notas sol, si y re. El acorde de transición contiene las notas sol bemol, si bemol y re bemol. Fíjese también en que este acorde se toca en el tiempo cuatro: un tiempo débil.

FIGURA 7-19: Movimiento cromático entre V y IV.

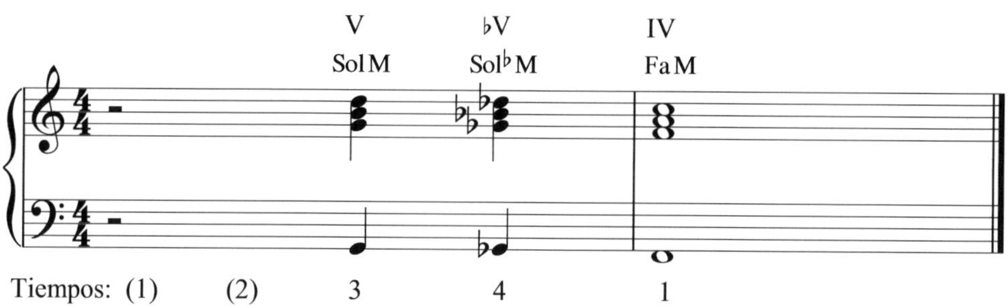

Ahora intente pasar cromáticamente de V a IV usando acordes de decimotercera. Vea la **FIGURA 7-20**. Estos acordes son muy efectivos en un contexto de jazz blues. Fíjese en que cada decimotercera contiene una tercera, una séptima y una novena. El tono base se toca sólo en el bajo.

Puede también moverse cromáticamente entre II bemol y I. Vea la **FIGURA 7-21**. Cuando esto sucede, estará en el final de un modelo de blues. En otras palabras, estará saliendo del acorde V e iniciando un nuevo estribillo. En esta situación, el acorde cromático de transición II bemol hace simplemente las veces de transición entre el acorde V y el I. Aquí, el movimiento cromático sucede entre las notas más agudas de cada acorde.

FIGURA 7-20: Movimiento cromático entre V y IV usando acordes de 13ª.

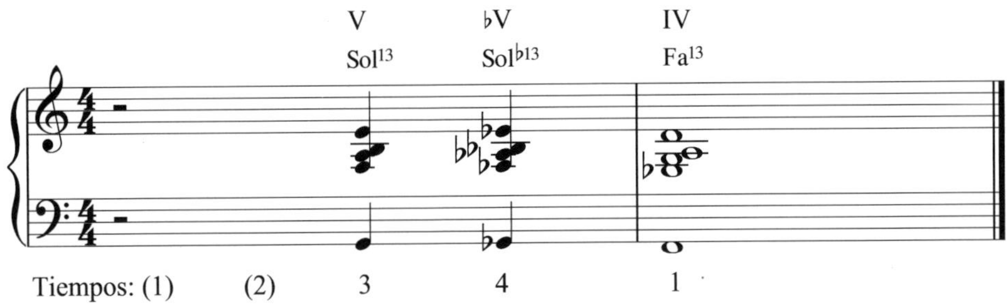

FIGURA 7-21: Movimiento cromático entre V, II bemol y I.

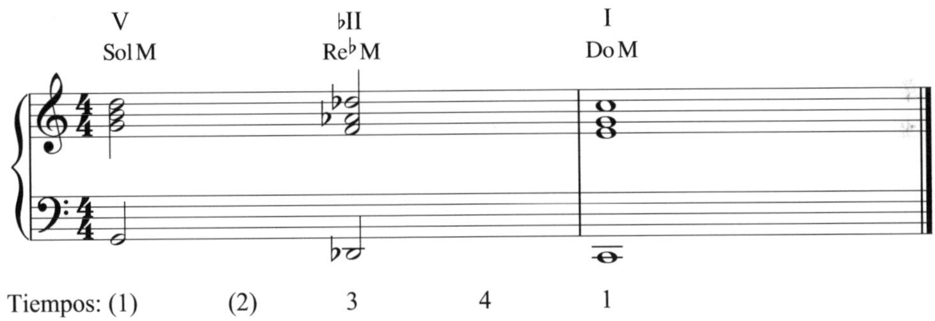

El movimiento entre V y II bemol es algo más fluido e interesante cuando añade extensiones y tonos alterados. Cerciórese de que las notas más agudas de cada acorde cambian cromáticamente. La **FIGURA 7-22** le muestra este tipo de movimiento cromático en las notas más agudas. Como puede ver, mi (decimotercera), mi bemol (novena) y re (novena) crean el deseado efecto cromático.

FIGURA 7-22: Movimiento cromático entre V, II bemol y I usando extensiones y tonos alterados.

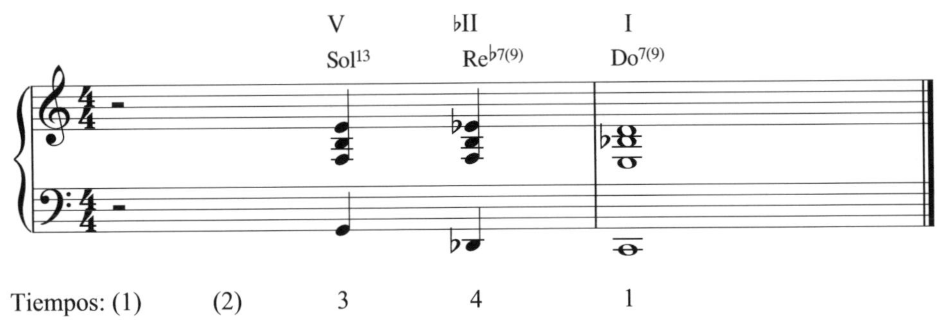

Finalmente, podría prescindir completamente del acorde V. En el último compás de un blues, los músicos tocan normalmente un acorde V y crean una cadencia perfecta entre I y V. Sin embargo, puede prescindir totalmente de este acorde y tocar un acorde II bemol tanto en el tiempo 3 como en el 4 del compás. Esto funciona mejor cuando se usan acordes invertidos o extensiones armónicas, ya que se busca un movimiento cromático entre las notas más agudas de los acordes.

FIGURA 7-23: Movimiento cromático entre I y II bemol.

Una vez esté más familiarizado con el blues gracias a los capítulos 9, 10 y 11, puede que quiera regresar a este capítulo para repasar algunas de las variedades de acordes aquí descritas. Emplee siempre su oído cuando experimente con acordes exóticos. Algunas veces las notas de la melodía no encajan con las de los acordes, así que debe ser cuidadoso y juicioso cuando utilice acordes disonantes.

Capítulo 8

Combinar acordes, escalas y arpegios

Llegó el momento de combinar escalas y acordes para prepararle para tocar solos y componer canciones. Para este capítulo debería consultar las escalas del capítulo 5, ya que está basado en la información que aprendió entonces. Emparejaremos la escala armónica menor, el modo dórico, las pentatónicas mayores y menores, las escalas de blues y los modos dominante y lidio dominante con acordes. También le enseñaremos los arpegios, que son en realidad acordes desmenuzados.

Combinar acordes y escalas

La melodía y la armonía son adorables de por sí. Sin embargo, son sólo componentes y, como tales, limitados. Para experimentar con plenitud la música tiene que combinar melodía y armonía. En particular tiene que saber qué escalas funcionan con qué acordes. Si no lo hace, nunca será capaz de hacer bueno solos o de componer canciones agradables al oído. Incluso los oyentes menos educados pueden darse cuenta cuando un músico toca notas obviamente «incorrectas». Puede que los oyentes no sepan explicar lo que no les gusta de un pianista, pero su subconsciente detectará que el intérprete sencillamente no sabe combinar melodía y armonía para crear frases musicales dulces y pegadizas.

Ciertamente, la melodía y la armonía no son los únicos elementos de la música. También puede jugar con la expresión, los matices y la variedad rítmica. A pesar de ello, este capítulo se centrará principalmente en la coexistencia de la armonía y la melodía. En otras palabras, en este capítulo hablaremos de los acordes y de las escalas y del único modo en que interactúan.

En las siguientes páginas encontrará los fundamentos de la improvisación y de la composición de canciones gracias a varios ejercicios cuya intención es ayudarle a entender qué notas funcionan juntas y cuáles no. Aunque esto ya se ha discutido en el capítulo 5, ahora profundizará en el tema al analizar los acordes de modo específico, y las notas y las líneas de bajo en relación a escalas específicas.

¡ALERTA!

Las melodías no deberían ser tan alocadas como los solos. Al contrario, deberían ser estructuradas e incluir repeticiones rítmicas y de intervalo obvias. Además, la transición entre frases melódicas debería ser fluida y las variaciones melódicas deberían evitar los cambios abruptos. Una regla: tendría que ser capaz de tararear una melodía. Si no puede, es demasiado compleja.

El título de cada una de las secciones siguientes empieza con la palabra «solos». Sin embargo, los conceptos que aquí le presentamos pueden utilizarse también para crear melodías para canciones. A menudo, los compositores y los escritores de canciones empiezan una nueva melodía improvisando con el piano. Improvisan, experimentan o, sencillamente, «van probando» saltos de intervalo y escalas hasta que su oído capta algo que les gusta. Cuando escuchan ese fragmento de música que creen que tiene potencial, empiezan a darle forma y a transformarlo en una melodía con acordes y una línea de bajo.

Los buenos compositores conocen la diferencia entre las canciones con calidad y las faltas de brillo. Puede que usted piense: «Pero la música es algo subjetivo, ¿no?». La respuesta es que sí. Sin embargo, es algo subjetivo hasta cierto punto. A menudo la calidad de una canción se juzga en base a la melodía. Los cambios de acorde siempre pueden amoldarse a la melodía. Sin embargo, la melodía es lo que vende en una canción. Si la melodía es pobre, la canción quedará relegada al ostracismo y puede que nunca sea escuchada.

Aunque este capítulo está dedicado a los solos con los modos, puede que le abra el camino a la composición. A medida que avanza con el libro, piense en cómo las notas (escalas y acordes) se relacionan entre sí. Piense también en el modo de tocar los acordes y su encaje con las melodías. El modo de tocarlos es algo vital, ya que se pone el énfasis en ciertas notas e intervalos y se evitan otros. Para más información a este respecto, vea el capítulo 12.

Solos con la escala armónica menor

Como vio en los capítulos 4 y 5, tanto el modo armónico menor como el dórico contienen terceras menores. Aun así, difieren en los grados sexto y séptimo de la escala. El modo armónico menor usa un intervalo de sexta menor y uno de séptima mayor; el dórico usa un intervalo de sexta mayor y uno de séptima menor. Así que, aunque estas escalas están emparentadas, de ningún modo son lo mismo. ¡Cerciórese de que no las confunde!

Hemos querido hablar más de la escala armónica menor en ese capítulo porque es muy útil cuando se quiere evocar un aire exótico o «extranjero». Esto es particularmente útil en el rock progresivo y en el art-rock. Primero intente tocar los tonos de la escala utilizando una tríada básica. La **FIGURA 8-1** le muestra esto en la escala de la menor. La armónica menor encaja perfectamente sobre un acorde de i menor en inversiones distintas.

Ahora haga un solo sobre los acordes i, iv y V. El resultado debería ser una interesante exploración modal con aires de música barroca y de música clásica.

FIGURA 8-1: Uso de la escala menor armónica.

PISTA 17

¿Por qué? Estos estilos de música clásica europeos son muy diatónicos. Al contrario que en el romanticismo tardío, durante el período barroco y clásico la música estaba anclada en los centros tonales. No fue hasta que llegaron compositores como Frederik Chopin (1801-1849) y Franz Liszt (1811-1886) cuando las armonías de piano empezaron a utilizar cromatismos, inesperadas modulaciones de tonalidad y extensiones armónicas disonantes.

La **FIGURA 8-2** le muestra una posible improvisación en modo armónico menor sobre los acordes i, iv y V.

Uso de los arpegios

Fíjese de nuevo en la **FIGURA 8-2**. En el tiempo tres del quinto compás verá las notas sol sostenido, si, re y fa. Por sí solas, estas notas forman un acorde de séptima disminuida. Sin embargo, al haber un mi en el bajo, el conjunto forma en realidad un acorde de mi novena. Piense en este pasaje como en un acorde desmenuzado. En el argot de los músicos, esto se llama un arpegio.

Los arpegios permiten a los pianistas tocar acordes de una forma distribuida. A menudo se usan para embellecer la música al tiempo que se mantiene la pureza de la progresión de acordes. Cuando se toca un arpegio no se hacen sonar las notas del acorde simultáneamente. En lugar de ello se toca cada nota por separado a medida que uno se desplaza hacia un lado u otro del teclado.

Si se toca muy rápido un arpegio suena como si pasáramos por encima del teclado. La manera más habitual de hacerlo es desde la nota más grave a la más aguda. Esto se indica con el símbolo de arpegio, que tiene este aspecto (⌇). Ocasionalmente, el autor le pedirá que haga el arpegio de la nota más aguda a la más grave. En este caso, se une una flecha hacia abajo al signo de arpegio, lo cual indica un arpegio descendente. No usaremos el símbolo de arpegio en este libro, pero lo verá en partituras, así que debería saber qué aspecto tiene y qué significa.

FIGURA 8-2: Uso de la armónica menor con los acordes i, iv y V.

PISTA 18

Al tocar arpegios, los pianistas accionan a menudo el pedal de resonancia. Al hacerlo, las notas del acorde suenan más conexas. Cuando conecta notas está tocando en legato. El legato permite que las notas se fundan unas con otras. Sin embargo, en determinadas condiciones puede no querer tocar los arpegios en legato. Puede que quiera que las notas suenen separadas o en staccato. Cuando los arpegios se tocan en staccato, pueden usarse con fines melódicos. J.S. Bach era un maestro al respecto. Si regresa al arpegio de la **FIGURA 8-2** verá que el acorde de mi novena descrito antes cumple funciones melódicas, ya que sus notas se tocan separadas.

ESENCIAL

Los arpegios permiten a los acordes «abrirse» o «respirar». A menudo se ha dicho que imitan el sonido del arpa, ya que realmente hacen que los acordes brillen. Además, cuando toque arpegios, sus acordes sonarán más densos y gruesos. Ejecutados adecuadamente, los arpegios pueden dar expresión y emoción a su música.

Fíjese en el arpegio básico de i menor en la **FIGURA 8-3**. Verá que los grados uno, tres y cinco de la escala se usan para crear un acorde roto de la menor. Tómese la libertad de utilizar el pedal de resonancia para mayor efecto. Cuando lo haga, accione el pedal antes de hacer sonar la primera nota y manténgalo apretado mientras dure el arpegio. Como todo lo que toca son notas de un acorde, el pedal no hará que su arpegio suene enfangado o incoherente.

FIGURA 8-3: Arpegio menor. (MI = mano izquierda; MD = mano derecha.)

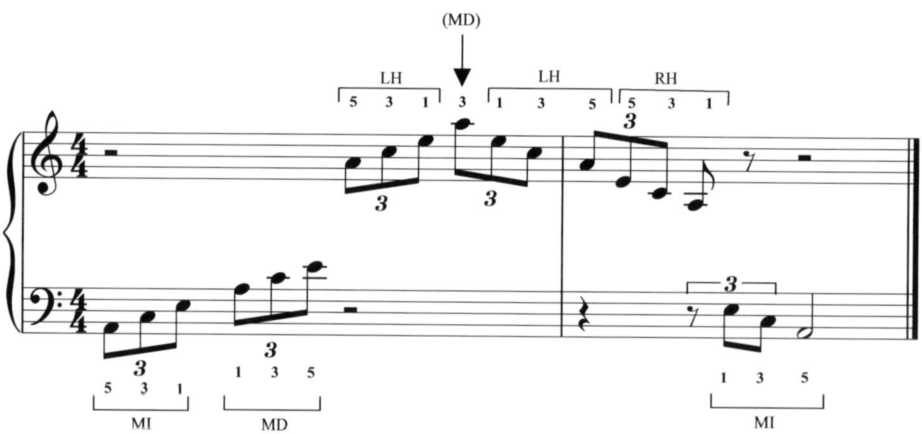

Preste atención a la digitación en este ejercicio (indicada en corchetes).

También verá arpegios mayores. La **FIGURA 8-4** muestra el mismo modelo que la **FIGURA 8-3**, pero con una diferencia importante: el empleo de terceras mayores en lugar de terceras menores. En otras palabras, este ejemplo está tocado en la mayor, no en la menor. Al contrario que la menor, la mayor tiene tres sostenidos: fa sostenido, do sostenido y sol sostenido.

FIGURA 8-4: Arpegio mayor.

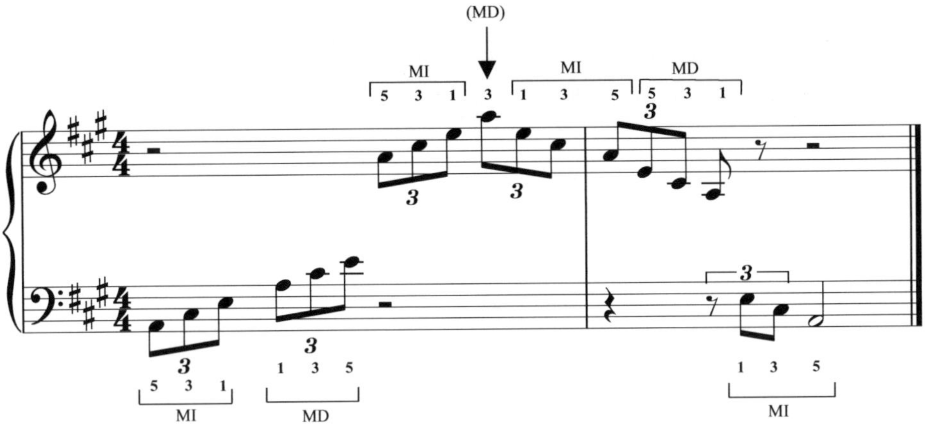

Como puede que ya haya adivinado, puede transformar cualquier acorde en un arpegio. Disminuido, semidisminuido, aumentado, séptimas mayores, novenas menores, todo puede transformarse en un arpegio. Piense en cómo puede utilizar los arpegios para añadir chispa a sus propias canciones.

Solos en modo dórico

El modo dórico es una divertida herramienta con la que improvisar. En el rock es genial para jams de un acorde. Por ejemplo, si está llevando el ritmo en un acorde de re séptima menor, una escala dórica de re es perfecta para un solo. La **FIGURA 8-5** le muestra unos experimentos sencillos en modo dórico. Uno no puede equivocarse si empareja una tríada menor en re con la escala dórica de re. De hecho, este acorde es el «mejor amigo» de la escala dórica de re. Se han añadido varias inversiones de re menor en este ejemplo para que vea lo bien que funcionan juntos esta escala y este acorde.

Cuando toque una melodía sobre acordes invertidos asegúrese de que sus manos no acaban juntas. A menudo, los novatos se encuentran con que su

FIGURA 8-5: Uso del modo dórico.

mano derecha está bajando por el teclado y la izquierda subiendo. Y el resultado es un lío. El mejor modo de evitar esto es estar listo para dejar que la mano izquierda baje para tocar las líneas de bajo cuando la derecha desciende hasta las octavas cuarta y tercera del piano.

Ahora intentemos algo más musical. La **FIGURA 8-6** usa tanto arpegios como otras herramientas musicales para crear una jam en miniatura en re menor usando el modo dórico en re.

FIGURA 8-6: Jam en re menor empleando el modo dórico.

PISTA 19

En este ejemplo se utilizan arpegios en los compases uno, cuatro y, en menor medida, seis. En estos compases está tocando los intervalos tónico, mediante y dominante, conocidos también como los grados de la escala primero, tercero y quinto. Tal y como aprendió en el capítulo 6, en la tonalidad de re menor, los grados primero, tercero y quinto crean una tríada menor en re (re, fa y la).

En la **FIGURA 8-6**, el resto de notas tocado con la mano derecha se mueve alrededor del acorde re menor con extensiones. Por ejemplo, en el compás cinco, se pone el énfasis en un intervalo de novena mayor (mi). Las novenas mayores siempre dan gracia a los acordes menores. Tenga cuidado al tocar la línea de bajo de los compases cinco a ocho con la izquierda. Intente tocar esos intervalos de quinta justa (re y la) suavemente, y que queden diferenciados. Experimente con sus propias innovaciones usando el modo dórico en re. Es un modo fácil sobre el que trabajar, ya que sólo utiliza teclas blancas.

ESENCIAL

Generalmente, los pianistas tocan acordes con la mano izquierda y melodías o solos con la derecha. Sin embargo, no tiene por qué hacerlo siempre así. Cambie e intente tocar acordes con la mano derecha mientras hace un solo con la izquierda. Esto hará que sus manos se desarrollen por igual. También le ayudará con el control de sus manos y de sus dedos.

Solos con la escala pentatónica mayor y menor

Las pentatónicas encajan bien tanto con acordes mayores como menores. Por ejemplo, intente utilizarlas sobre un «vamp» en un acorde I mayor. ¿Qué es un vamp? Un vamp es una sección en una pieza de música que se repite cíclicamente. Normalmente se compone de un único acorde.

Algunas veces aparecen vamps al final de una canción. Otras veces se usan como interludios. Además, los vamps se pueden emplear para fundir el final de una canción con el principio de otra.

En la música popular, los pianistas improvisan a menudo sobre los vamps. Como los vamps utilizan normalmente una progresión de acordes estática, las pentatónicas son una buena elección para hacer un solo. La **FIGURA 8-7** le muestra un ejemplo de un vamp en do mayor. Fíjese en cómo se usan los acordes de cuarta suspendida del compás seis al compás nueve. No se olvide de usar el pedal como se le indica en el compás cinco.

Como ya sabe, las pentatónicas también pueden usarse con escalas menores. En la **FIGURA 8-8** se usan pentatónicas menores sobre un acorde i menor. En este caso, el acorde i menor es un do menor. Aquí, la mano

FIGURA 8-7: Vamp en do mayor empleando pentatónicas.

PISTA 20

derecha toca un motivo repetitivo que emplea las notas si bemol, sol, fa, mi bemol y do. La mano izquierda toca sólo do y sol, que son quintas justas. Sin la presencia de una tercera mayor o menor en el bajo podría no distinguir la tonalidad y el acorde. Sin embargo, una tercera en el bajo sonaría no sólo enfangada, sino superflua. La mano derecha sitúa con firmeza esta música en una tonalidad menor con su uso de la pentatónica menor, en particular con la nota mi bemol. Por tanto, la mano izquierda tiene libertad para tocar acordes incompletos. El intervalo de quinta justa en el bajo añade también poder a la música.

Más adelante puede transformar este solo en un blues en tonalidad menor. Una vez haya aprendido los acordes y la estructura de un blues, puede intentar este fraseo.

FIGURA 8-8: Do menor pentatónica sobre un acorde i.

¡No olvide usar la pentatónica para el rock! Es posiblemente el tipo de escala más empleado en este estilo de música. Por ejemplo, un teclista de rock podría tocar una pentatónica mayor sobre unos cambios de acorde diatónicos. A menudo, estos acordes están formados sólo por el tono base y la quinta (power chords). Se lo mostramos en la **FIGURA 8-9**.

El tipo de fraseo repetitivo empleado en la **FIGURA 8-9** suele emocionar a las audiencias a las que gusta la velocidad e hipnotiza la repetición. Para bien o para mal, los solos espectaculares son inherentes al rock moderno. Afortunadamente, las pentatónicas repetitivas como la mostrada en la **FIGURA 8-9** son más fáciles de tocar de lo que parecen y suenan. Cuidado con la dramática octava con la que termina la figura. Vaya despacio en los últimos dos compases y cerciórese de que toca cada par de notas con limpieza y precisión.

FIGURA 8-9: Escalas pentatónicas mayores en un rock.

PISTA 21

Solos con escalas de blues

Como puede imaginar, las escalas de blues son el pan nuestro de la improvisación en el blues. Sin embargo, deben usarse de modo lógico y con sentido común. No se dedique a recorrer el teclado arriba y abajo siguiendo la escala de blues. Si lo hace, su música sonará mecánica y vulgar.

La **FIGURA 8-10** muestra un fraseo de blues con toques jazz que utiliza sólo notas de la escala de blues básica. En los dos últimos compases se emplea un tritono entre do y sol bemol. Este tritono esboza un acorde de do novena que

FIGURA 8-10: Uso de la escala básica de blues.

PISTA 22

fue empleado por instrumentistas como Duke Ellington, Thelonious Monk y otros pianistas de blues jazz. Con el fraseo y los saltos de intervalos adecuados, esta sencilla escala de blues cobra vida inmediatamente y evoca los elegantes fraseos empleados por los pianistas del Harlem de finales de los cuarenta.

¡ALERTA!

Las escalas de blues son discutidas aquí sólo brevemente, así que cerciórese de que visita los capítulos posteriores, en particular el capítulo 10, para aprender más cosas sobre aplicaciones de la escala de blues. Al mismo tiempo, no dude en repasar el capítulo 5 si busca una información más completa sobre la escala de blues.

Como puede imaginar, las escalas de blues evocan la esencia y el aroma del blues de un modo que ninguna otra escala puede. Por tanto, las usará con frecuencia. Sin embargo, no las use sólo para el blues. Las escalas de blues tienen muchas aplicaciones en el rock y en el pop moderno. Por ejemplo, si escucha a pianistas como Keith Emerson (ELP) y John Lord (Deep Purple) o a pianistas pop como Billy Joel o Joe Jackson, escuchará cómo emplean las escalas de blues constantemente.

Solos con las escalas dominante y lidia dominante

La escala dominante se emplea sobre todo en el jazz blues. ¡Pero no tiene por qué ser así! ¡Sea creativo! En realidad no hay razón alguna para pensar en escalas y en acordes en términos de género. Hoy día vale todo, y hay artistas de rock y de pop de todo el mundo que combinan cualquier estilo existente.

La **FIGURA 8-11** le muestra un modo de usar la escala dominante con cromatismos adicionales en los contratiempos. En este ejemplo se emplea la escala dominante sobre un acorde I7 en do mayor. Esto significa que está haciendo un solo sobre un acorde de do mayor. Fíjese en la cantidad de cromatismos «ocultos» entre los tonos diatónicos.

Si combina esta escala con la escala de blues, tiene los rudimentos de los fraseos de jazz. La **FIGURA 8-12** le muestra cómo puede hacerlo. La primera mitad de esta frase de cuatro compases se basa en la escala dominante. Sin embargo la segunda mitad cae de cabeza en el terreno de la escala blues.

FIGURA 8-11: Uso de la escala dominante sobre un acorde I.

PISTA 23

FIGURA 8-12: Escala dominante estilo blues.

PISTA 24

La escala dominante tiene muchas notas en comunes con la escala de blues completa. Sin embargo, la dominante tiende a basarse más en movimientos cromáticos, mientras que la escala de blues da pie a mayores saltos de intervalo. Tanto los cromatismos como los saltos de intervalo son importantes. Por lo tanto, combine ambas escalas para que sus solos sean variados.

La última escala que veremos es la lidia dominante. Tal y como comentamos en el capítulo 5, esta escala es igual que una dominante, pero con una cuarta aumentada. A menudo llamamos undécima sostenida a esta cuarta aumentada. La **FIGURA 8-13** le muestra un ejemplo de lidia dominante sobre un acorde I.

En este ejemplo, cuando toca los fa sostenidos está evocando elementos lidios. Al final, la cuarta aumentada da un giro armónico a la escala dominante. También da pie a serpenteantes saltos de intervalo.

Un último comentario: fíjese en los dos arpegios empleados en esta figura. El primer arpegio lo tenemos en los tiempos tres y cuatro del segundo compás. Las notas mi, sol, si bemol y re dibujan un acorde de do novena. El segundo arpegio lo tenemos en los compases cuatro y cinco de la figura; dibuja un acorde sencillo de do séptima, y hace las veces de un ornamentado cierre musical.

FIGURA 8-13: Uso de la escala lidia dominante sobre un acorde I.

PISTA 25

Capítulo 9

Nociones de blues

Ahora que entiende las escalas, los acordes, los arpegios y los ritmos, es hora de hacer algo de música. En este capítulo usará principalmente la armonía y el ritmo para crear blues básico. Después le mostraremos las profundas raíces culturales y regionales de esta música junto a unos fraseos geniales con la mano derecha. Primero necesita entender los acordes y la estructura del blues.

Progresiones de acordes I-IV-V

Reducido a su mínima expresión, el blues está compuesto por tres acordes. Si usamos la numeración romana, estos acordes son I (tónica), IV (subdominante) y V (dominante). Recuerde que el acorde I o de tónica es su base de operaciones. ¿Cuál es la importancia del acorde I en el blues?

- Las series acordes suelen acabar en un acorde I.
- Las canciones siempre empiezan con un acorde I.
- Las canciones acaban casi siempre con un acorde I.
- El acorde I define la tonalidad. Por ejemplo, si el acorde I es do mayor, la tonalidad de la música será do mayor. Si el acorde I es un si bemol menor, la tonalidad de la música es si bemol menor.

La **FIGURA 9-1** es un repaso de los acordes I, IV y V en posición fundamental (si no está leyendo los capítulos por orden, es buena idea que vaya al capítulo 6 y repase las tríadas diatónicas). Como la mayoría de los ejemplos de este libro, los acordes I, IV y V de la **FIGURA 9-1** están escritos en tonalidad de do mayor.

FIGURA 9-1: Acordes I, IV y V en posición fundamental.

Le mostramos estas tríadas en el capítulo 6. Sin embargo, estos acordes fueron aplicados sólo a esbozos musicales. En este capítulo aprenderá a crear música con estos acordes al tocarlos sobre un blues de doce compases.

INFORMACIÓN

El estribillo es un ciclo musical. Es un término que se refiere a la estructura de la música. Todos los estribillos están formados por un número preciso de compases y por un entorno armónico. Los estribillos pueden contener una cantidad cualquiera de compases. El blues de 12 compases es un tipo de estribillo muy popular.

En la **FIGURA 9-2**, los acordes I, IV y V han sido alterados para que encajen fácilmente bajo las yemas de su mano derecha (clave de sol). El acorde I no se ha cambiado. Sin embargo, el acorde IV está en su segunda inversión. Esto significa que el do (la quinta del acorde) es ahora la nota más grave. El acorde V aparece en su primera inversión. Esto significa que si (la tercera del acorde) es ahora la nota más grave. Fíjese en que re (la quinta nota del acorde) ha sido descartado. Como las quintas son consonantes, tienen poco valor armónico. En este caso, la quinta se ha convertido en una nota prescindible. Finalmente, se ha añadido una séptima dominante, o bemol (blue note), al acorde V. Ésta es el fa del V7. Cerciórese de que se fija en la digitación.

FIGURA 9-2: Acordes I, IV y V para la mano derecha.

Estos acordes pueden tocarse también con la mano izquierda, aunque en el piano blues la mano izquierda suele reservarse para las líneas de bajo. La **FIGURA 9-3** le muestra una progresión de acordes I-IV-V escrita en clave de fa. Como puede que haya adivinado, los acordes han sido escritos una octava más bajo. Aparte de su situación en el teclado, las notas empleadas en esta figura son idénticas a las usadas en la **FIGURA 9-2**. Una vez más, cerciórese de que emplea la digitación correcta.

FIGURA 9-3: Acordes I, IV y V para la mano izquierda.

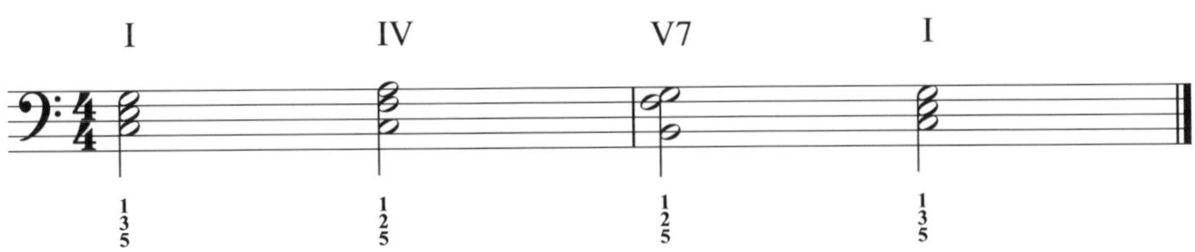

Blues de doce compases

Si hay algo que tiene que leer en este libro es esta sección. No entenderá el blues, no podrá, hasta que aprenda el formato de doce compases. Este formato es omnipresente. Verá que lo usan músicos de todas partes, de Muscle Shoals a Nueva York, de Londres a Lubbock. Cantantes de country, blueseros gruñones del Delta, viejos rockeros, bandas de swing, coros de góspel, bandas de heavy metal y muchos, muchos otros, utilizan el blues de doce compases en su música. De hecho, es la más extendida y universalmente conocida progresión de acordes de la música popular. Miles de canciones utilizan este formato, y muchas más se escriben a diario.

¡ALERTA!

> Si un acorde es mayor, podría aparecer escrito simplemente do, fa o sol, por ejemplo. No necesita escribir la palabra mayor, aunque algunos editores prefieren añadir la abreviación may o ma. Otros utilizan una M mayúscula, o un pequeño triángulo después del nombre de la nota. No todo el mundo conoce el triángulo, así que debería evitar su uso, a no ser que vaya a escribir música de jazz.

Es hora de que nos fijemos en detalle en el blues de doce compases. ¿Recuerda las dos cadencias del capítulo 6 que se crean cuando emparejamos un acorde I con un acorde IV o V? Cuando lo hace con un acorde IV, obtiene una cadencia plagal o «de amén» (I-IV-I). Cuando lo hace con un acorde V obtiene una cadencia perfecta (I-V-I). Estas cadencias son empleadas de modo muy efectivo en el blues. En la **FIGURA 9-4** verá los símbolos para los compases en un típico blues de doce compases.

En realidad verá trece compases escritos en la **FIGURA 4-9**, pero que eso no le confunda. Piense en el decimotercer compás como en el *primero*, ya que este compás marca el regreso al principio del formato. Se incluye aquí para que vea la cadencia perfecta que existe entre el último compás del formato y el primero de un nuevo estribillo.

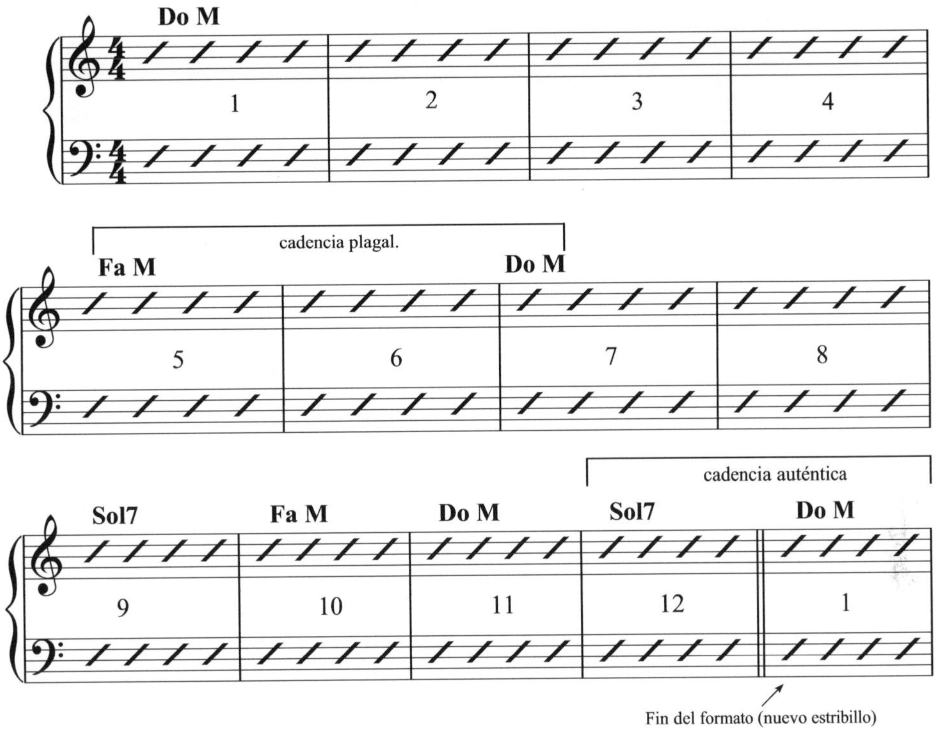

FIGURA 9-4: Símbolos de acordes para un blues de doce compases.

Símbolos de acordes

En la **FIGURA 9-4**, y en ejemplos de capítulos previos, debería haberse percatado de los símbolos de acordes escritos por encima del pentagrama. Es práctica habitual. Por ejemplo, si alguna vez usa un cancionero, verá los símbolos de los acordes escritos de esta manera. Los cancioneros son colecciones de canciones populares. Son normalmente utilizados por los músicos para «apañarse» con canciones que no han memorizado. Normalmente estas canciones se extraen del *Great American Songbook* e incluyen temas de Irving Berlin, George Gershwin, Cole Porter y otros autores clásicos. En un cancionero, se escriben la melodía de la canción y los símbolos de los acordes que acompañan a ésta. Es cosa del intérprete el tocar estos acordes adecuadamente.

Barras en la notación

También se habrá fijado en la barras (////) en la notación de la **FIGURA 9-4**. Ello se debe a que el ejemplo no ha usado ninguna nota en particular. En general, las barras le dicen a uno que puede escoger el acompañamiento rítmico que prefiera. Si un pianista está tocando con un cantante, por ejemplo, usará acordes para acompañar la melodía. Se piensa a menudo en la música como en algo formado por capas. Si se fija en la música desde esta perspectiva, podría decir que el acompañamiento es la capa inferior a la melodía.
La melodía es el elemento más sonoro de una canción. El acompañamiento, o el contenido armónico, es más suave y sirve de apoyo. Esto se aplica a las bandas y al trabajo instrumental en solitario. En el piano, si va a tocar acordes y una melodía, asegúrese de que la melodía suena por encima de la armonía.

Blues básico

En la **FIGURA 9-5** verá un blues básico escrito nota a nota. En realidad, este blues es poco útil. Ningún pianista de blues tocaría algo tan básico. Sin embargo, con fines didácticos, es bueno ver un blues en su estado más elemental. Fíjese en que le presentamos el formato en grupos de cuatro compases. Piense en la estructura de doce compases en tres grupos de cuatro compases: 4+4+4=12.

En el formato de doce compases, el acorde I se toca durante cuatro compases. A ello le siguen dos compases con el acorde IV. Después se regresa al acorde I durante dos compases. En los últimos cuatro compases hay más movimiento armónico. En el compás nueve aparece un acorde V (o V7), seguido de un compás con el acorde IV. Pasar al acorde IV es opcional. Por ejemplo, algunos de los primeros pianistas de boogie-woogie solían recrearse en el acorde V durante dos compases. En el decimoprimer compás se regresa al acorde I, y, finalmente, tenemos otro acorde V en el decimosegundo compás. Pasar al acorde V en el decimosegundo compás es también opcional. Algunos pianistas se quedan en el acorde I en los compases once y doce. Sin embargo, en esta figura aparece un acorde V7 en el decimosegundo compás, lo cual crea una cadencia perfecta con la repetición del primer compás.

Vemos el símbolo de repetición al final. Está compuesto por una línea gruesa, otra más delgada y dos puntos en cada pentagrama.

FIGURA 9-5: Blues básico.

La mano izquierda

Hay quien podría decir que la mano izquierda es el elemento más importante del blues y del rock de la primera época. En la **FIGURA 9-5** se usan sólo negras en la mano izquierda. Aunque es un buen modo de empezar, en última instancia es demasiado soso. El piano blues suele estar caracterizado por un elaborado trabajo con la mano izquierda, en particular si toca boogie-woogie o stride. Cuando la mano izquierda está activa, la música tiene más empuje. Escucharla es más emocionante. Algunos temas de blues hablan además de viajar por la carretera o en un vagón de tren. Una mano izquierda activa complementa estos temas al dar una sensación motora.

Debería familiarizarse con un amplio surtido de movimientos con la mano izquierda. Este libro sólo muestra los ritmos más populares y habituales usados en el blues. Sin embargo, hay otros. ¡Y siempre puede crear los suyos!

La **FIGURA 9-6** muestra un ritmo sencillo con la mano izquierda que puede (y debería) usar a menudo. Este ritmo pasa del acorde I al IV en cada tiempo. Aunque los acordes cambian mucho, este ritmo es en realidad un modo de embellecer el acorde I. Fíjese en que sólo aparecen dos notas en cada acorde. No tiene por qué tocar siempre tríadas o acordes de cuatro notas. De hecho, tocar acordes en los que faltan notas es práctica habitual; son lo que llamamos acordes esbozados. En estos casos se omiten ciertas notas. Puede ser virtualmente cualquier nota, y depende del contexto, aunque normalmente se aplica a las notas consonantes. En este figura, está tocando el tono base y la quinta de un acorde I, o do, y una quinta invertida y una tercera de una acorde IV, o fa. El do es una constante, lo que da al ritmo un aire de acorde I. En el mundo real, este ritmo se usa para tempos (velocidades) rápidos. Fíjese en la digitación, la cual está indicada bajo las notas.

INFORMACIÓN

No olvide escuchar a los maestros del boogie-woogie. Fíjese en la música de Willie «Pinetop» Perkins, Pete Johnson, Albert Ammons, Meade «Lux» Lewis y Charles «Cow Cow» Davenport. Estos pianistas inventaron y codificaron los ritmos de mano izquierda que los músicos de hoy día utilizan. Si quiere tocar blues, conozca su historia y sus raíces.

El shuffle

En el capítulo 3 aprendió sobre las corcheas swing. Las corcheas swing son la base del shuffle. No se sabe muy bien cuál es el origen del término musical *shuffle*. Sin embargo, es común en el blues y en el rock, y seguramente escuchará cómo los músicos utilizan este término.

FIGURA 9-6: Ritmo de mano izquierda para principiantes.

Tal y como hemos explicado en el capítulo 3, las corcheas swing son en realidad tresillos. En la **FIGURA 9-7** verá dos ejemplos de notación del ritmo shuffle. En el primer compás, el shuffle está representado con tresillos. Es así exactamente cómo han de interpretarse las corcheas swing (o las corcheas shuffle). El objetivo es evocar la sensación de corto-largo de este ritmo.

ESENCIAL

> Podemos buscar los orígenes del shuffle en el primer cuarto del siglo XX con el piano barrelhouse. Otros ejemplos incluyen «Lead Pencil Blues» (1935), del guitarrista de blues del Delta Johnnie Temple, y «Harlem Shuffle» (1963), de Bob Earl. Este último tema fue desenterrado y vuelto a grabar por los Rolling Stones en 1987.

En el segundo compás de la **FIGURA 9-7** verá un ritmo de corchea con punto y semicorchea que se usa también habitualmente para representar un shuffle. Recuerde, el shuffle debe sonar siempre como un tresillo con una parte larga y otra corta. Por motivos didácticos, en este libro los ritmos shuffle siempre se escribirán como corcheas swing. Vea un ejemplo de notación de las corcheas swing en la **FIGURA 3-26** (capítulo 3).

FIGURA 9-7: Notación de un shuffle.

Ahora es momento de emplear ritmos shuffle en el piano. Previamente ha aprendido cómo tocar sucesiones de acordes I-IV usando corcheas. En la **FIGURA 9-8** hemos transformado esas corcheas en corcheas swing. Éste es un ritmo muy habitual entre los pianistas de blues y los primeros pianistas de rock como Little Richard y Jerry Lee Lewis. Igual que en la **FIGURA 9-6**, la digitación es todo el rato «uno y cinco». Fíjese en que su dedo cinco (meñique) nunca cambia de tecla del piano.

FIGURA 9-8: Ritmo shuffle con los acordes I y V.

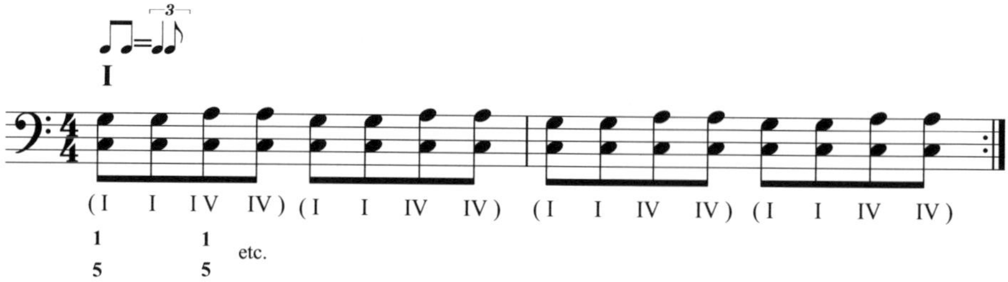

Puede utilizar este mismo concepto de shuffle y alternar terceras con la tónica para crear una sensación ligeramente distinta (vea la **FIGURA 9-9**). Éste es también un modo muy efectivo de emplear los acordes I y IV en una sucesión rápida. De nuevo, el quinto dedo (meñique) permanece estacionario. Sin embargo, para este ritmo, tendrá que utilizar sus dedos segundo y tercero alternativamente.

FIGURA 9-9: Ritmo de shuffle utilizando terceras.

Boogie-woogie

Otro estilo genial al piano es el boogie-woogie. En este libro, aparecerá una y otra vez, ya que su influencia es enorme. El boogie tuvo mucho que ver con la evolución del jump blues, el country y el western y el rock 'n' roll. También fue una gran influencia para las big bands de la era del swing, como las de Duke Ellington o Tommy Dorsey.

En el primer cuarto del siglo XX, el boogie surgió de las whiskerías y de las chabolas rurales del sur de Estados Unidos. Allí, los trabajadores negros pobres empezaron a experimentar con un estilo de música animado que inducía al baile. Pronto apareció el boogie-woogie en los clubes nocturnos y en los escandalosos salones de los estados sureños. Al final, los músicos negros que aspiraban a una vida mejor emigraron al norte y llevaron su estilo de música a ciudades como Chicago y Nueva York. En 1938, los pioneros del boogie-woogie aparecían en una serie de conciertos del Carnegie Hall, en Manhattan, llamados From Spirituals to Swing. Gracias a estos conciertos, el boogie-woogie obtuvo mayor audiencia. En los cuarenta, el boogie se convirtió en una moda corta pero importante en todo el país.

ESENCIAL

> El boogie-woogie es un estilo principalmente para piano solista, pese a lo cual a veces era tocado por dúos o por tríos de pianos. Por ejemplo, el trío de Meade «Lux» Lewis, Albert Ammons y Pete Johnson, fue legendario. En los cuarenta, la banda sonora «Boogie Woogie Bugle Boy of Company B», de Andrew Sisters, mostraba la pasión que despertó el boogie entre la audiencia blanca.

El boogie está caracterizado por un ostinato de «ocho por compás» en la mano izquierda. Un *ostinato* es una figura musical repetitiva tocada en un ciclo. En el boogie-woogie se emplea una rápida y pulsante mano derecha para llevar el ritmo de la música. Además de Meade «Lux» Lewis, Albert Ammons y Pete Johnson, fueron también importantes Jimmy Yancey, Clarence «Pinetop» Smith y «Cow Cow» Davenport en la evolución de este estilo.

Ya que la actividad de la mano izquierda define este estilo, querrá aprender algunos ostinatos boogie habituales. La **FIGURA 9-10** le muestra un ritmo boogie básico. Tenga cuidado con el tempo rápido. Los boogies requieren cierto virtuosismo técnico. Sin embargo, no sacrifique nunca la claridad y la fluidez por la velocidad. Empiece poco a poco y vaya aumentando la velocidad gradualmente. Esta figura le muestra un acorde de do, o I.

FIGURA 9-10: Bajo de woogie-boogie número 1.

Ahora intente una línea de bajo más compleja. Vea la **FIGURA 9-11**. Este ostinato utiliza octavas en un registro más grave. De nuevo, fíjese en la digitación y en el tempo. Esta figura también le muestra un acorde de do o I.

FIGURA 9-11: Bajo de woogie-boogie número 2.

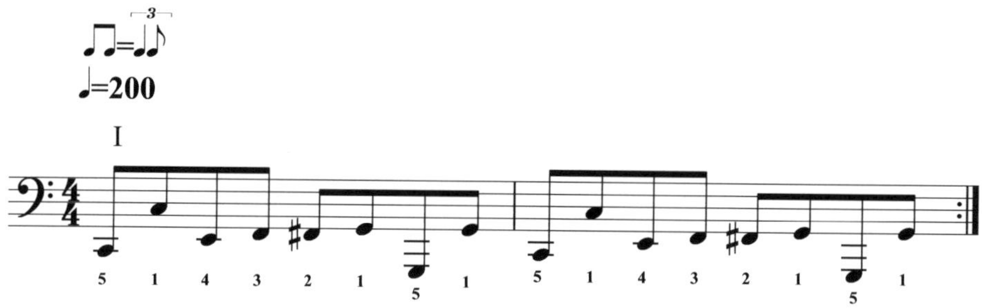

Líneas de bajo

Las líneas de bajo se usan de modo muy efectivo en el blues. Las escuchará por ejemplo en el boogie-woogie, el jump, el jazz blues y en el blues eléctrico moderno. En el piano, las líneas de bajo emulan a un bajo acústico o eléctrico. Hoy día, algunas formaciones de jazz omiten sencillamente al bajista. En estas situaciones, los teclistas «dividen» normalmente el sonido de sus pianos digitales para que suene un bajo en la parte más baja del registro y un piano en las partes media y alta (vea el capítulo 16 si busca más información sobre el equipo y ejemplos). No hace falta decir que un pianista que toque en un grupo sin bajista tiene que ser hábil con las líneas de bajo.

En la **FIGURA 9-12** puede ver una línea de bajo clásica usada en el blues. Fíjese en cómo la séptima bemol, o dominante, es utilizada en los acordes I, IV y V

Una vez se sienta cómodo tocando sólo con la mano izquierda, intente añadir algunos acordes con la mano derecha. La **FIGURA 9-13** le muestra un modo de añadir algunos acordes. Salvo por el acorde V, esta figura utiliza tríadas. Si se siente valiente, intente añadir la séptima dominante a todos los acordes.

En la **FIGURA 9-14** verá una variación de la línea de bajo clásica. Esta

FIGURA 9-12: Línea de bajo clásica.

FIGURA 9-13: Línea de bajo clásica con acordes añadidos.

PISTA 28

variación usa sencillamente corcheas swing. En otras palabras, esta figura combina el ritmo shuffle aprendido en la **FIGURA 9-8** con una línea de bajo.

FIGURA 9-14: Línea de bajo con shuffle.

Sólo queda dibujado aquí el acorde I, pero debería usted poder adaptar muy fácilmente este ritmo a los acordes IV y V. Esta figura también tiene un aire y un estilo parecido al del ritmo boogie-woogie que aprendió usted en la **FIGURA 9-10**.

Otro giro popular en las líneas de bajo clásicas es el uso de octavas. Las octavas le darán un sonido grueso y redondo. En la **FIGURA 9-15** usará exclusivamente sus dedos uno y cinco. De nuevo, intente utilizar esta idea en un blues de doce compases completo.

FIGURA 9-15: Línea de bajo con octavas.

En el jazz, los pianistas usan variaciones de la escala de blues combinada con cromáticos de transición para crear coloridas líneas de bajo. Sin embargo, al contrario que otras líneas de bajo mostradas en este capítulo, éstas rara vez usan ostinatos. En lugar de ello, el pianista de jazz cambia constantemente la línea de bajo. De esta manera no suena aburrida y llama la atención.

La **FIGURA 9-16** es un ejemplo de una línea de bajo de jazz. Piense en ella como en un punto de partida. Hay muchas elecciones posibles, y debería

FIGURA 9-16: Línea de bajo jazz blues.

crear usted mismo sus propias líneas. Cuando lo haga sobre un blues, recuerde que los cromáticos de transición sólo deben usarse en los tiempos dos y cuatro. Los tiempos fuertes (uno y tres) deben contener siempre notas de la escala mixolidia (vea el capítulo 5). Una advertencia adicional: cuando toque líneas de bajo, evite el cuarto grado o el undécimo natural en los tiempos fuertes; esto se aplica a los acordes I, IV y V.

Líneas de bajo de dos acentos

Las líneas de bajo de dos acentos se utilizan también en el jazz blues. Los músicos de dixieland, los intérpretes de swing, las big bands, los artistas de jazz moderno, todos usan este concepto. Los pianistas de stride usan también la líneas de dos acentos mientras el pianista alterna las notas de bajo sueltas con acordes (vea al capítulo 11).

Una línea de dos acentos da una sensación alegre, ligera, brillante y ágil. La **FIGURA 9-17** le muestra el ritmo de dos acentos más básico. Fíjese en que sólo contiene tonos base y quintas.

FIGURA 9-17: Línea básica de bajo de dos acentos.

Aunque la **FIGURA 9-17** sea una línea de bajo simple, es usada por los pianistas a grandes velocidades. Las **FIGURAS 9-18** y **9-19** le muestras otras dos opciones. Se dará cuenta de que las notas bases y las quintas siguen siendo fundamentales en cada figura. Todo lo demás son adornos y decoración.

En la **FIGURA 9-18** se incluye una corchea anticipatoria en el contratiempo del cuarto tiempo. Ésta es una práctica habitual de los pianistas. Recuerde tocar esto a lo swing. Si no lo hace, el ritmo sonará latino.

FIGURA 9-18: Línea de bajo de dos acentos con anticipación en el contratiempo del cuarto tiempo.

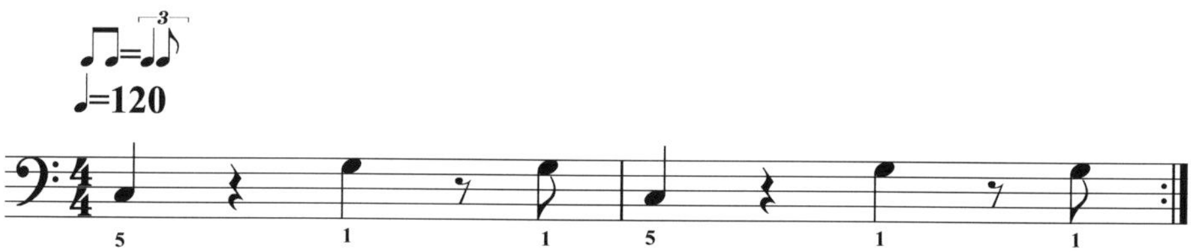

Finalmente, la **FIGURA 9-19** le muestra un ritmo de dos acentos con notas de paso. Estas notas, situadas a medio todo tanto del tono base como de la quinta, simulan un «slide». Los slide son muy comunes en la música blues, pero como los pianistas usan un instrumento estático, solo pueden imitar los slides y los bends que emplean los metales, otros vientos, los cantantes y demás. Aprenderá más sobre los slides en el capítulo 10.

FIGURA 9-19: Línea de bajo de dos acentos con notas de transición.

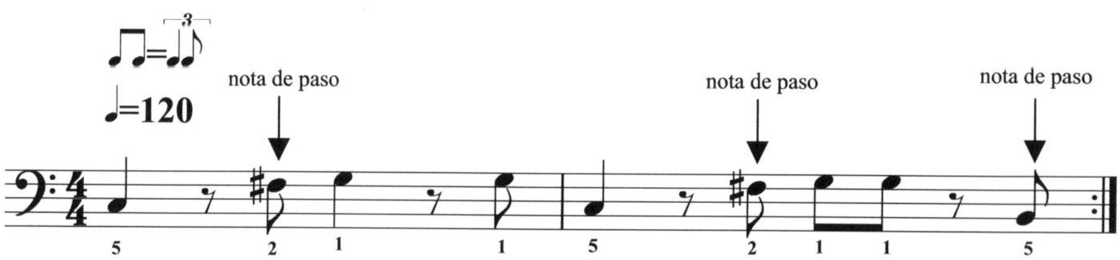

Capítulo 10

Fraseos, adornos, motivos y finales

El piano blues está lleno de fraseos, arreglos, muletillas y finales. En los dos capítulos siguientes aprenderá algunos trucos, entre ellos recorridos blueseros por el teclado, adornos y otras decoraciones musicales sofisticadas. Cuando son usados adecuadamente, los trémolos, las apoyaturas, los glissandos, los cambios de dinámica, los acentos, las muletillas y los finales pueden conseguir que su música cobre vida. Todos los ejemplos musicales de este capítulo pueden aplicarse también al rock.

Fraseos comunes

Si está interesado en aprender el lenguaje del blues, necesita entender los clichés que usan casi todos los intérpretes de blues. No es sorprendente que la escala de blues sea usada constantemente en esta música. Si ha olvidado cómo se toca esta escala, repase el capítulo 5 y fíjese tanto en la escala de blues básica como en la completa. Su tarea es usar esas escalas para crear líneas melódicas o fraseos. Al principio puede parecerle que toca de un modo mecánico. No se preocupe. Al final se dará cuenta de que aparecen líneas en su cabeza que de hecho suenan como música. El objetivo es desarrollar espontaneidad en la improvisación, algo que es la misma esencia del blues.

El mejor modo de educar su sentido musical es escuchar blues. En otras palabras, tiene que sumergirse en la cultura del blues para educar su oído y distinguir lo que forma parte de este lenguaje y lo que no. Esto implica escuchar a intérpretes de distintas épocas. No escuche sólo a pianistas de Nueva Orleans, blueseros de Chicago o músicos británicos. Escuche a artistas de blues de toda índole.

¿Preguntas?

¿Qué debería escuchar?

Acuda al apéndice A si busca una buena lista de artistas y de grabaciones. Encontrará allí pianistas como Hay McShann, Dr. John, Marcia Ball, Charles Brown, Pinetop Perkins, Thelonious Monk, Duke Ellington, James P. Johnson, Brother Jack McDuff y muchos más.

Empiece por tocar escalas de blues. La **FIGURA 10-1** le ofrece fraseos básicos con los que empezar. En estas figuras se ha intentado dar pequeños giros a la línea melódica. Estos giros hacen que la música sea más interesante. Si puede crear fraseos con cambios de intervalo inesperados está camino de crear lo que los músicos llaman líneas «serpenteantes». Pase por las notas que pase, asegúrese de que sólo toca notas de las escalas de blues combinadas con cromáticos de transición. Es importante que termine sus líneas adecuadamente.

Si está tocando sobre un acorde de do7, debería terminar su línea en do, sol, si bemol o, quizás, y sólo ocasionalmente, en sol bemol.

FIGURA 10-1: Fraseos básicos de blues.

PISTA 30

FIGURA 10-1 *(continuación)*: Fraseos básicos de blues.

Hay otras posibilidades, pero éstas son las opciones más obvias para los principiantes. Escuche el CD para entender mejor el ritmo de tresillos utilizado en el ritmo siete. Cambiar de corcheas a tresillos de semicorcheas puede confundir un poco. Recuerde que los tresillos de semicorcheas son exactamente el doble de rápidos que los de corcheas.

Frases de pregunta y respuesta

Ahora que ya está moviendo sus manos por el teclado y experimentando con las escalas de blues, intente crear unas frases de pregunta y respuesta. Le mostramos una posibilidad en la **FIGURA 10-2**. Esta frase de cuatro compases está dividida en dos minifrases. En este caso, la «pregunta» aparece en el pentagrama de agudos y la «respuesta» en el de graves. La pregunta y respuesta es un recurso muy habitual entre los músicos que cantan mientras tocan. Por ejemplo, un pianista podría cantar un pareado y después responder con un fraseo en el teclado. Entre otros, A Ray Charles le encantaba hacer esto. Las preguntas y respuestas pueden ser usadas también por dos o más músicos; a esto se le llama normalmente un intercambio de solos. En la **FIGURA 10-2**, tocará una pregunta y una respuesta entre sus dos manos.

FIGURA 10-2: Frase de pregunta y respuesta.

PISTA 31

Los músicos (de blues o no) hace mucho que usan la analogía de una narrativa para explicar el proceso de la creación musical. Para contar una historia interesante y convincente, necesita comunicar frases musicales claras y fáciles de entender. Por eso el fraseo es tan importante. Los fraseos son su herramienta más importante. Sólo gracias a un fraseo cuidadoso usted puede transformar notas y melodías en una historia musical. En definitiva, la calidad de su historia depende, en gran medida de la calidad de sus frases.

ESENCIAL

En el blues, la duración de los fraseos puede variar mucho. Los fraseos pueden durar tan poco como dos tiempos o tanto como un estribillo entero. Lo que dure una frase es algo que usted decide. Recuerde sólo que la consistencia, la fluidez, la repetición, el clímax y la resolución son factores importantes a tener en cuenta cuando cree sus frases.

Repetición

La repetición es uno de los sellos de la música blues. La repetición se refiere a la reaparición de ideas musicales. Ya que el mismo blues es un ciclo repetitivo de doce compases, es de sentido común que sus frases musicales puedan repetirse y parafrasearse. El perfecto aunque breve «C Jam Blues» de Duke Ellington es un ejemplo perfecto. Este pequeña melodía usa sólo dos notas (do y sol) en la melodía. Le mostramos el ritmo en la **FIGURA 10-3**.

FIGURA 10-3: Frase de 4 compases de «C Jam Blues».

Esta melodía es una frase de cuatro compases. Además, se repite tres veces. Como usted sabe, 3 × 4 = 12. Doce es el número de compases de un blues. Es imposible ser más austero que «C Jam Blues» y aun así tocar una melodía con algo de sustancia.

La **FIGURA 10-4** le muestra otra frase melódica repetitiva. Los cambios de acordes han sido obviados a propósito en este ejemplo. Utilice su oído (y sus conocimientos de blues) para añadir sus propios acordes con la mano izquierda. Si se envalentona, intente eliminar los tonos fundamentales de cada acorde. Quizás quiera usar terceras mayores y séptimas dominantes como acordes esbozados.

FIGURA 10-4: Fraseo repetitivo con la mano derecha.

PISTA 32

Dinámica y acentos

La dinámica y los acentos se usan en la música para dar profundidad y textura. Cuando habla, acentúa ciertas sílabas, palabras o incluso frases. Lo mismo sucede con la música. Los músicos usan regularmente la dinámica y los acentos como un modo de hacer que sus frases musicales sean más expresivas y elocuentes. Sin estas herramientas, la música puede sonar estática y monótona.

La **FIGURA 10-5** contiene un extracto de un blues con acentos normales y *marcato*. Los tresillos de semicorcheas (en el compás de introducción y en el tercer compás) suenan como rápidos barridos por el teclado. Los pequeños puntos encima (y en algunos casos debajo) de las cabezas de las notas le indican que las toque de modo breve y abrupto. Para conseguirlo, separe sus dedos de las teclas del piano apenas haya tocado la nota. Las notas cortas y separadas se llaman staccato.

ESENCIAL

Pianistas como Thelonious Monk, Ray Charles y Mary Lou Williams empleaban fuertes acentos, o estocadas musicales, para dar profundidad y emoción adicionales a su música. Los acentos normales se marcan con >. Los acentos fuertes se indican con acentos marcato, y tienen este aspecto: ʌ.

FIGURA 10-5: Empleo de acentos.

PISTA 33

> = Acento

ʌ = Acento fuerte (Marcato)

Los guiones escritos encima o debajo de una nota le indican que debe prolongar la nota durante toda su duración; a esto se le llama *tenuto*. Cuando toque tenuto es aceptable presionar las teclas un poco más enérgicamente de lo que normalmente haría. Para los acentos marcato, use todo el antebrazo. Esto le dará la fuerza extra necesaria para que esas notas resalten de verdad.

La dinámica se refiere al volumen de la música. La notación musical emplea los siguientes símbolos para indicar volumen. La siguiente lista va de lo más suave a lo más fuerte.

- ***ppp***: pianississimo, muy, muy suave (lo más suave).
- ***pp***: pianissimo, muy suave.
- ***p***: piano, suave.
- ***mp***: mezzo piano, medio suave.
- ***mf***: mezzo forte, medio fuerte.
- ***f***: forte, fuerte.
- ***mf***: fortissimo, muy fuerte.
- ***fff***: fortississimo, muy, muy fuerte (lo más fuerte).

Los crescendos le dicen al músico que toque gradualmente más fuerte, y los diminuendos que toque gradualmente más flojo. En la **FIGURA 10-6**, verá un crescendo y diminuendo indicados con un símbolo en forma de cuña

FIGURA 10-6: Contrastes dinámicos.

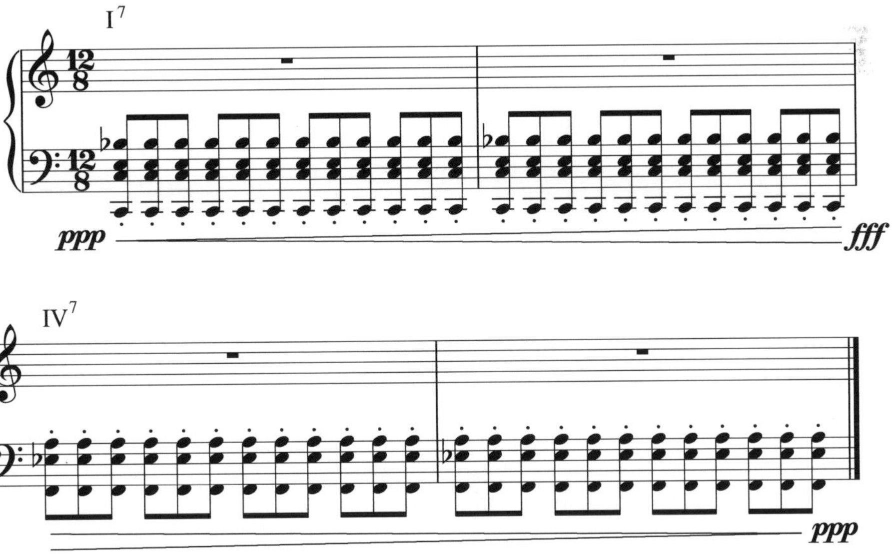

bajo el sistema. En esta figura, la dinámica cambia, de muy suave a muy fuerte y luego otra vez a muy suave. Piense en esta figura en términos de «tensión y relajación». El crescendo representa la acumulación de tensión y el diminuendo la progresiva relajación de esta tensión. Como la dinámica es algo relativo, debe usted elegir lo fuerte o suave que va a tocar cada vez. Recuerde sencillamente que el contraste es importante si quiere que la dinámica sobresalga y funcione adecuadamente.

Adornos y decoraciones

Los músicos utilizan muchos adornos y decoraciones. Raramente tocan una frase sin al menos un adorno. El mejor modo de entender esto es mediante la música misma. La **FIGURA 10-7** contiene cuatro negras en cada compás. El primer compás está sin adornar, pero el segundo está aderezado con intervalos de medio tono en los tiempos dos y cuatro. Estos intervalos dan a las notas un sonido más áspero y desagradable; ésta es una disonancia popular en el blues.

FIGURA 10-7: Adorno de medio tono.

Puede decorar la nota que prefiera. Esto es algo habitual en el jazz blues. La **FIGURA 10-8** le muestra cinco opciones habituales para adornar la nota sol. Los últimos dos ejemplos desplazan el sol rítmicamente, pero la resolución y

FIGURA 10-8: Decoración de una nota.

el centro de atención siguen estando donde estaban. Preste atención y busque estas decoraciones cuando escuche tocar blues a los pianistas de bebop. Al mismo tiempo, cerciórese de que traslada estos adornos para tenerlos a mano en todas las tonalidades. Gracias a adornos como éstos, puede añadir chispa a su música sin el menor esfuerzo.

Apoyaturas

Las apoyaturas son el mejor amigo del pianista, y aquellos que tocan blues, pop, rock, jazz u otros estilos de música dados a la improvisación, las utilizan constantemente. En el capítulo 9 aprendió sobre los slides. Como el piano tiene un teclado estático, los tonos no pueden alterarse. Sin embargo, puede simular los cambios de frecuencia de una nota que otros instrumentistas pueden ejecutar, gracias al empleo de apoyaturas y de glissandos. Las apoyaturas le permiten hace pequeños slides de normalmente medio tono o un tono y, en última instancia le permiten ser más expresivo con el piano.

La palabra italiana para una apoyatura es *appoggiatura*. Las apoyaturas se escriben en pequeño, y siempre van asociadas a una nota propiamente dicha, que llamaremos nota principal. Las apoyaturas no se cuentan; sencillamente aumentan o dan más cuerpo al sonido de una nota. Las notas principales son notas que se cuentan, como negras, corcheas o tresillos.

ESENCIAL

Si puede «pescar» una apoyatura cuando toque un fraseo, adelante. Los pianistas de rock y blues las usan constantemente y de modo incluso inconsciente. Para adquirir algo de experiencia adicional con las apoyaturas, pruebe a regresar a las figura previas y vea dónde puede añadir unas apoyaturas. Se sorprenderá con cuántas puede añadir.

Las apoyaturas se tocan una fracción de segundo antes de la nota principal. El mejor modo de entender esto es usar el lenguaje de los percusionistas. Los baterías usan un concepto llamado *flam*. Flam es una onomatopeya. Para entender cómo debería sonar una pareja de apoyatura/nota principal, diga la palabra *flam* en voz alta e intente decirla como dos sílabas separadas. La *f* sería la apoyatura y *lam* sería la nota principal. La **FIGURA 10-9** le muestra qué aspecto tienen juntas una apoyatura y una nota principal. En este caso la nota principal es una negra.

FIGURA 10-9: Apoyatura y nota principal.

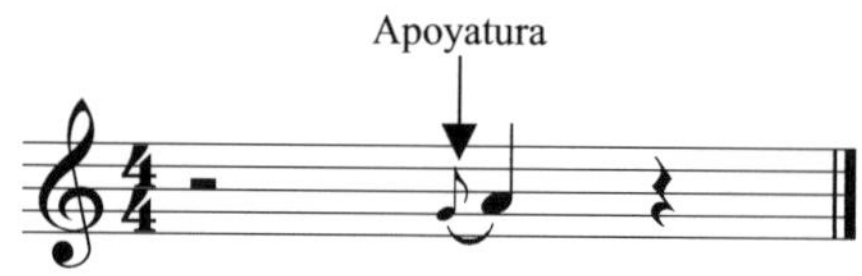

Ahora intente tocar apoyaturas. Los siguientes cuatro compases usan apoyaturas de modo generoso. En el último ejemplo se han empleado dos antes de la nota principal. Puede utilizar hasta siete apoyaturas antes de una nota principal, aunque esto no se hace casi nunca. Cerciórese se que usa la digitación correcta. Si se mueve de semitono en semitono de una nota negra a una blanca, usará el mismo dedo. En este caso, ponga la yema del dedo en el borde de la tecla negra y deslícelo hasta la tecla blanca deseada. Si se mueve de una nota blanca a una negra, necesitará usar dos dedos distintos. En esta situación, lo mejor es usar los dedos segundo y tercero.

FIGURA 10-10: Empleo de apoyaturas.

Glissandos (gliss.)

Intente cantar dos notas con la voz. Empiece con la más grave y vaya gradualmente a la más aguda. Eso sería un glissando.

Muchos instrumentos pueden crear glissandos o cambios de tono. Por ejemplo, los glissandos son populares con el clarinete. Escuche el pasaje de apertura de «Rhapsody in Blue», de George Gershwin, y tendrá un ejemplo clásico y magnífico.

INFORMACIÓN

Jerry Lee Lewis y Little Richard eran maestros del glissando en el rock 'n' roll. Usaban regularmente estos adornos para animar y dar emoción a sus conciertos. Algunas veces escuchará a pianistas que tocan glissandos con las dos manos simultáneamente. Una mano sube por el teclado mientras la otra desciende. Esto crea un gran sonido cacofónico.

Hay muchos modos de tocar un glissando con el piano. Ya que este libro se centra en el rock y en el blues, le mostraremos el glissando menos académico. Lo siguiente atañe sólo a la mano derecha:

- Cuando toque un glissando ascendente, use el reverso de sus dedos y desplácelo a través de las teclas blancas.
- Cuando toque un glissando descendente, use el reverso de su pulgar y desplácelo a través de las teclas blancas.

En el rock y en el blues, los glissandos son normalmente tocados con las teclas blancas y con la mano derecha. Sin embargo, también puede usar la técnica descrita con las notas negras. Haga todo lo contrario cuando toque glissandos con la mano izquierda. Por ejemplo. Cuando toque un glissando descendente, use el reverso de sus dedos para moverse teclado abajo.

Tal y como aprenderá en el capítulo 13, el pianista de rock 'n' roll Jerry Lee Lewis tocaba muchos glissandos para dar energía a su música. Su técnica era también bastante rústica. Con la mano derecha, Lewis usaba el reverso de la mano para ascender y el reverso de su pulgar para descender por el teclado. Este modo de hacer los glissandos es bastante fácil de aprender. Pruébelo y utilice el método que mejor le vaya. Quizás pueda observar algunas filmaciones en directo de pianistas de blues y así poder ver las distintas técnicas que usan; vea el apéndice B si busca recomendaciones.

FIGURA 10-11: Glissandos.

La **FIGURA 10-11** le muestra la notación de dos glissandos. En este ejemplo encontrará un glissando ascendente y uno descendente. Intente mantener el tiempo en ambos glissandos. En este caso, cada glissando dura dos tiempos (nota blanca). Ambos glissandos son ejecutados con la mano derecha.

Trémolos

Los trémolos son otro tipo de adorno que se usa mucho en la música blues. Normalmente se emplean sólo con la mano derecha o con ambas manos a la vez. Es poco habitual que un pianista toque un largo pasaje con trémolos en la mano izquierda. Los trémolos con la mano izquierda se utilizan sobre todo para tocar octavas y parejas de tono base y quinta en los registros más bajos. Los acordes con terceras, séptimas y otras extensiones suenan muy enfangados cuando se tocan por debajo de do_3.

Tocar trémolos con consistencia y limpieza puede ser complicado. Es una técnica que requiere cierta práctica. Uno de los mayores errores que hacen los pianistas es tocar trémolos sin fundamento rítmico. Recuerde que cuando está tocando un trémolo, está tocando un ritmo. Cuanto más preciso sea el modo en que toque ese ritmo, más limpio sonará su trémolo.

ESENCIAL

Para mejorar su habilidad para tocar trémolos consistentes y uniformes, intente tocar escalas mayores y menores en octavas. Elija un tiempo y desplácese por el teclado en los tiempos. Use sus dedos uno y cinco para cada trémolo. Lo mejor es que practique con cada mano por separado; luego, cuando se sienta seguro, hágalo con ambas. Escuche siempre cuidadosamente, y procure ser uniforme y regular.

La **FIGURA 10-12** le muestra dos ritmos en trémolo habituales. Son garrapateas (una garrapatea es media semicorchea) y seisillos (que pueden entenderse como dos tresillos) respectivamente. Tenga en mente que todo lo que toca se basa en un tempo. Si la canción es lo suficientemente rápida, el trémolo debería ser reducido a semicorcheas y los seisillos a tresillos.

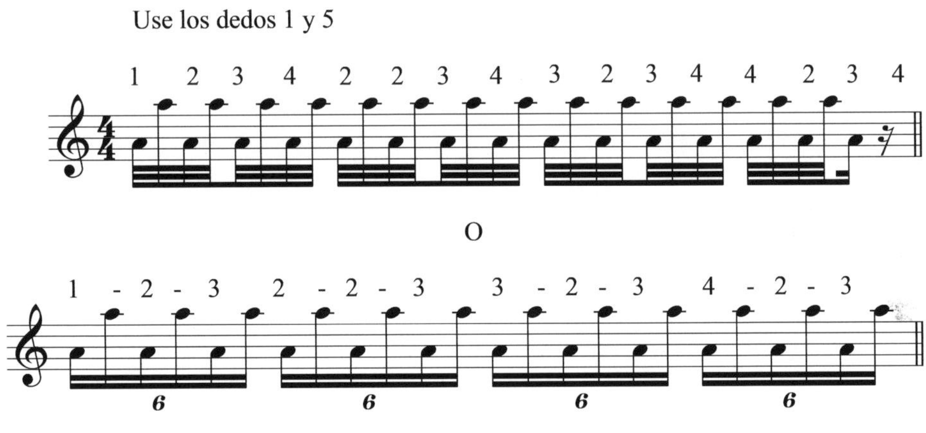

FIGURA 10-12: Anatomía de un trémolo.

La **FIGURA 10-13** contiene trémolos con varias digitaciones. Después de que haya aprendido cómo tocar esta figura, intente hacer trémolos con acordes con los que esté familiarizado: do7, fa o sol7. Debería practicar con un blues de doce compases y tocar con trémolos un estribillo entero. Los largos pasajes de trémolos son algo habitual en el blues. Estos trémolos extensos hacen que la música llegue a un clímax. Vea el capítulo 11 para tener más información sobre cómo aplicar los trémolos al blues.

FIGURA 10-13: Trémolos con varias digitaciones.

PISTA 34

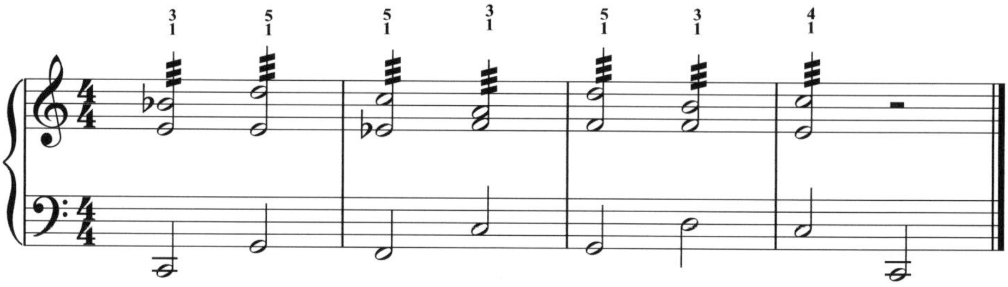

Muletillas y finales

Las muletillas y los finales son otros elementos importantes del blues. Si quiere tocar con fluidez, necesita añadirlos a su vocabulario musical. Como muchos otros estilos, el blues tiene sus clichés y sus fórmulas. Es importante desarrollar una personalidad propia con el piano. Sin embargo, también debe tocar algunas muletillas.

INFORMACIÓN

Las muletillas y los finales de este libro son habituales. Son empleados por prácticamente todos los músicos de blues, sin importar si vienen de San Luis, de Sacramento, de Austin, de Biloxi o de cualquier otro lugar del mundo. Tenga presente que no tienen por qué ser interpretados como se los mostramos nota por nota.

Se usan muletillas cuando llegamos al final de un estribillo de blues. Es una señal para la audiencia que dice, «Vale, hemos llegado al final del estribillo y vamos a empezar con uno nuevo». En el boogie-woogie, los estribillos tienden a fundirse unos con otros sin demasiada fanfarria. Ello se debe a que la mano izquierda está marcando un ritmo repetitivo. Sin embargo, en otros estilos de blues más líricos, escuchará a menudo cómo los pianistas usan muletillas para indicar la llegada de un nuevo estribillo. Muchas muletillas contienen una línea de bajo que pasa del acorde I al V. La línea de bajo de la **FIGURA 10-14** se lo muestra.

FIGURA 10-14: Línea de bajo de una muletilla.

Aun así, para entender plenamente una muletilla, tendrá que remontarse a la última frase del blues. En la **FIGURA 10-15**, una típica línea de bajo recuerda el comienzo en el compás nueve. En este caso, la línea de bajo se ha escrito utilizando octavas.

FIGURA 10-15: Muletilla en la línea de bajo de cuatro compases.

La **FIGURA 10-16** le muestra una muletilla en la que se emplean ambas manos. Fíjese en que el tercer compás (el compás undécimo en un estribillo de blues), utiliza la línea de bajo de la **FIGURA 10-14**.

La muletilla final utiliza la progresión de acordes ii-V-I. En el capítulo 4 hablamos acerca de los grados y las escalas. En la tonalidad de do mayor, un acorde ii es menor (re-fa-la), un acorde V es mayor (sol-si-re), y un acorde I es mayor (do-mi-sol). Éste es el armazón armónico de la **FIGURA 10-17**.

Los finales se entienden fácilmente. Son los fraseos y las progresiones de acordes que anuncian el fin de una canción. Hay muchos finales muy conocidos, y debería aprender a tocar tantos de ellos como sea posible.

¿Por qué tocar finales típicos? El blues se basa en la improvisación, el ritmo, el sentimiento, el alma, la expresión personal y el individualismo, pero hay parámetros y fronteras. Entre esos parámetros hay clichés que todos usan.

FIGURA 10-16: Muletilla de cuatro compases con ambas manos.

PISTA 32

FIGURA 10-17: Muletilla con la progresión ii-V-I.

PISTA 32

FIGURA 10-18: Finales de blues.

PISTA 37

Puede forzar esos límites musicales o simplemente reinterpretarlos, pero, sencillamente, no puede evitarlos. Los límites musicales son parte de las reglas de cualquier estilo musical que quiera tocar. El objetivo es llegar a un punto de equilibrio entre la originalidad y las convenciones.

Cuando se trata de los finales, el blues casi siempre prefiere los clichés. Raramente se usan los finales inteligentes o excéntricos. Los solistas pueden sobrepasar sus barreras armónicas habituales durante la canción, pero al final de la canción regresan a sus humildes raíces.

La **FIGURA 10-18** le muestra siete finales típicos de un blues en tonalidad mayor. Fíjese en cómo alguno de ellos usa la línea de bajo de la muletilla de la **FIGURA 10-14**. El número 6 es lo que se llama un tag. Es un motivo rítmico que puede añadirse a prácticamente cualquier otro final. El número 7 es un típico final de Count Basie. Si quiere saber más cosas del inimitable Count Basie, vea el capítulo 11.

Capítulo 11

El blues a lo largo de América

El blues se entiende mejor probablemente mediante sus distinciones regionales. En este capítulo le mostraremos las similitudes y diferencias entre la mayoría de los estilos. Desde el Delta hasta Nueva York, desde Chicago a Texas, desde Memphis a Los Ángeles, el blues se ha convertido en una parte integral de la vida rural y urbana de Estados Unidos. El blues empezó en las plantaciones, en las serrerías y en los barrios de chabolas, y acabó recorriendo toda América y engendrando tanto el jazz como el rock 'n' roll. Este capítulo le hablará de los innovadores que hicieron que esto sucediera.

El delta del Mississippi

Tal y como comentamos en el capítulo 1, se considera que el blues nació en el delta del Mississippi. Gran parte del vocabulario musical que más tarde formó parte del blues surgió en esa región. Ello incluye las blue notes (tercera bemol y séptima dominante) y las polirritmias importadas principalmente de la música del África occidental. Además, muchos de los típicos temas de las letras (la pena, los corazones rotos y los viajes) provienen de esa época, surgen de la tradición del Delta. Además, el concepto del blues como «la música del Diablo» proviene del saber popular del Delta.

Autores como Robert Palmer citan a Charley Patton (1891-1934) como una figura vital en la evolución del blues. Algunos incluso dicen que es el fundador. Sin duda, la influencia de Patton en Son House, Robert Johnson, Howlin' Wolf, John Lee Hooker y otros, demuestra su talla como icono del blues.

Aunque en el Delta se usaba piano, el sonido «clásico» allí estaba normalmente definido por guitarra y voz. La palabra *delta* conjura imágenes de Son House y de Robert Johnson en la mente de la mayoría. Sin embargo, pianistas influenciados por el boogie-woogie, como Otis Spann, Sunnyland Slim y Willie «Pinetop» Perkins eran músicos del Mississippi que contribuyeron en gran medida a la evolución del blues en el sur profundo. De hecho, Perkins estuvo muy activo en la región del Delta durante los años de la Depresión y los de la guerra como pianista de Sonny Boy Williamson .

INFORMACIÓN

Skip James (1902-1969), cantante y guitarrista nacido en Mississippi, fue también pianista y organista. Es más conocido por su guitarra en afinación abierta, estilo que los musicólogos bautizaron como Escuela de Bentonia. James ejerció una profunda influencia sobre un joven Robert Johnson que emuló la técnica de James con la guitarra y su aguda voz de tenor.

La **FIGURA 11-1** es un homenaje al estilo de Pinetop Perkins. Fíjese en cómo los tresillos de la mano derecha ponen el énfasis en las notas base y en las quintas con un slide cromático en la primera nota. Como todos los boogies, es mejor practicar cada mano por separado, ya que hace falta una coordinación importante para tocar esta música. Al mismo tiempo, no tema usar los antebrazos para dar fuerza a su boogie. No se concibe un boogie suave.

FIGURA 11-1: «Boogie para Pinetop».

PISTA 38

♩=115

Boogie para Pinetop

Nueva Orleans

Nueva Orleans no es sólo el lugar donde nació Louis Armstrong. Ha sido durante mucho tiempo la cuna de muchos pianistas con talento. De hecho, son demasiados como para mencionarlos aquí. Entre los primeros grandes del piano están Tony Jackson, Jelly Roll Morton y Tuts Washington. Otros intérpretes clave son Champion Jack Dupree, Professor Longhair, Fats Domino, Huey «Piano» Smith, James Booker, Allen Toussaint y el siempre popular Dr. John (Mac Rebennack). Entre los más jóvenes tenemos a Art Neville (de los Neville Brothers), Marcia Ball, nacida en Texas pero educada en Nueva Orleans, y el polifacético Harry Connick Jr.

¿Preguntas?

¿Inventó Jelly Roll Morton el jazz?

El afirmó haberlo hecho. Tenía tarjetas de visita en las que se podía leer «Inventor del jazz». Aunque Morton no inventó el jazz, fue una figura vital en la música de Nueva Orleans. Su enfoque de la composición revela tanto un espíritu pionero como una profunda comprensión del ragtime, el blues y el jazz tradicional.

El estilo al piano de Nueva Orleans puede variar mucho. Hoy día, muchos intérpretes siguen basándose en el boogie-woogie. Otros emplean unas armonías jazz mucho más sofisticadas. Ellis Marsalis es un ejemplo de lo segundo. Los ritmos afrocaribeños y el folclore europeo, ya provenga de Francia, de España o de Portugal, añaden color también a esta música. Ello se debe a la confluencia de las culturas cajún y criolla.

En Nueva Orleans, una «segunda línea» de percusión con caja se mezcla a menudo con melodías de metales. Al contrario que en otras regiones del blues, se prefieren los clarinetes, las trompetas, los trombones y las tubas a las guitarras eléctricas, las armónicas y los sonoros saxofones. Esto da a Nueva Orleans un aire a viejo mundo del que ninguna otra ciudad puede presumir. Finalmente, el relajado ritmo usado por los músicos de Nueva Orleans es llamado a veces *swamp*.

El blues de Chicago

El blues llegó a la ciudad del viento durante los años treinta y cuarenta después de un éxodo masivo en el sur profundo. Durante este período, los músicos del Delta fueron al norte en busca de oportunidades laborales en las fábricas. Pronto nacía el blues de Chicago. En gran medida, cuando la gente piensa en blues, piensa en el blues de Chicago. Ello se debe principalmente a la abrumadora popularidad de Muddy Waters y de Howlin' Wolf, dos cantantes y guitarristas del Delta que definieron prácticamente solos el nuevo sonido urbano de principios de los cincuenta.

En las bandas de Waters aparecieron muchos de los hombres más prominentes del blues, entre ellos Willie Dixon, Jimmy Rogers, Big Walter Horton, James Cotton y Junior Wells. También contrató a dos de los pianistas más importantes de la historia, Otis Spann y Pinetop Perkins, acerca de los cuales ha leído antes en este capítulo.

Otros intérpretes significativos del Chicago clásico son Buddy Guy, Otis Rush, Sunnyland Slim y, en los sesenta, un joven guitarrista judío llamado Michael Bloomfield. Muchos de estos artistas grabaron con Chess Records.

ESENCIAL

Chess Records era una legendaria discográfica de blues creada por Phil y Leonard Chess. Al final, Chess acogió el rock 'n' roll, y contrató a Chuck Berry y a Bo Diddley a mediados de los cincuenta. En 1969, los hermanos vendieron chess a General Recorded Tape. Años después, la Music Corporation of America (MCA), compró el catálogo de Chess. En el año 2003, Geffen Records compró MCA.

La característica más obvia o sobresaliente del blues de Chicago es el empleo de guitarras eléctricas. Esto revolucionó el estilo y, en gran medida, provocó la aparición de la invasión británica. Muchas bandas británicas de los sesenta y de los setenta querían imitar el sonido del blues de Chicago, entre ellas los Rolling Stones, los Yardbirds, los Animals (con Alan Price a los teclados), Led Zeppelin y Deep Purple (con John Lord a los teclados). Hoy día, el blues de Chicago sigue vivo, y el festival anual de blues de Chicago en Grant Park atrae hordas de turistas.

Otras regiones importantes del blues

Otras regiones importantes del blues son Piedmont, Texas, la Costa Oeste, Memphis, San Luis, Kansas City y Nueva York. Cada región tiene un sonido y un estilo propio y sus figuras importantes. El estilo de Piedmont proviene de la región de Piedmont, en el sudeste de Estados Unidos. Históricamente, el blues de Piedmont tenía influencias del ragtime y del country blanco. Sin embargo, el estilo de Piedmont tiene profundas raíces africanas, y las regiones vecinas de Piedmont y del Delta continúan influenciándose entre sí. El estilo de Piedmont está basado principalmente en la guitarra; su característica más significativa es su técnica de arpegios con los dedos, algo que emula el piano ragtime.

El blues de Texas tiene tendencias swing y jazz. El cantante y guitarrista Blind Lemon Jefferson es considerado por muchos el padre del género, aunque Lightnin' Hopkins y T-Bone Walker son también sinónimos del sonido de Texas. Los arreglos tipo jazz de Walker incluyen a menudo secciones de metales e incendiarios fraseos de saxo. Su enfoque íntimo lo convirtió también en algo parecido a un *sex symbol* de la época anterior a la televisión.

Durante los setenta y los ochenta Texas fue famosa también por sus blueseros rockeros. ZZ Top, los Fabulous Thunderbirds y el difunto gran virtuoso Stevie Ray Vaughan eran texanos. Si quiere escuchar piano blues de Texas, fíjese en el elegante estilo con influencias stride de Rob Cooper y de Andy Boy en los discos del aterciopelado cantante Joe Pullum.

Blues de la Costa Oeste

El blues de la Costa Oeste y el de Texas son hermanos. A finales de los cuarenta, muchos texanos se mudaron a California y se trajeron con ellos su blues de influencias swing. El fenómeno adolescente Little Willie Littlefield fue uno de ellos. Gracias a su temprano éxito con «It's Midnight», el joven pianista consiguió un gran éxito en el sur de California. Charles Brown fue otro texano que, mediante sus suaves baladas y su piano con influencias jazz, consiguió ser aclamado en la Coste Oeste. Lo mismo sucede con Floyd Dixon, quien se mudó a la Costa Oeste y acabó sustituyendo a Brown en los populares Three Blazers de Johnny Moore.

Las superestrellas Nat King Cole y Ray Charles son gigantes del piano de la Costa Oeste, aunque nacieron en Alabama y Georgia respectivamente. Estos hombres dominaron gran parte de la escena nacional en sus momentos álgidos. Y hay una curiosa relación entre ambos. En *Piano Blues*, el documental de Clint Eastwood, Charles comenta su obsesión por el piano de Cole.

En el filme, Charles le explica a Eastwood que cuando era joven solía beber, comer y dormir con la música de Cole. Esto es evidente en las primeras baladas de Charles, como «I Wonder Who's Kissing Her Now». En cuanto a Cole, estaba influenciado por el estilo moderno y urbano de Earl «Fatha» Hines y por el ágil y rítmico enfoque de Count Basie.

Blues de San Luis

San Luis, Missouri, también está llena de blues. Se debe en parte al compositor de ragtime W.C. Handy. Handy nunca vivió en San Luis, pero su «St. Louis Blues» será siempre el epítome de esta ciudad del interior de Estados Unidos. Handy fue el primer compositor en demostrar que el blues podía tener salida comercial. Desde luego, el tributo del compositor a San Luis demostró el poder del ragtime y del blues. Durante un tiempo, ninguna canción podía rivalizar con la enormemente popular «St. Louis Blues», excepto, quizás, otras composiciones del mismo Handy. Esta canción transformó también lo que antaño fuera un polvoriento pueblo de vaqueros en un tesoro del blues.

INFORMACIÓN

Cuando W.C. Handy mostró por primera vez «St. Louis Blues» a sus editores, ésta fue rechazada de pleno. Al final la publicó por cuenta propia en septiembre de 1914. Tres años después, la procaz cantante de vodevil Sophie Tucker grabó «St. Louis Blues» y fue alabada por la crítica. Su versión de la canción se convirtió en un éxito instantáneo e inmenso.

El pianista Roosevelt Sykes fue otra influencia en el blues de San Luis. Su estilo barrelhouse (precursor del boogie-woogie) hizo que fuera muy popular en el circuito blues de San Luis. También tenemos a Peetie Wheatstraw, quien vino de fuera y cuyo impacto en el blues es infravalorado hoy día, aunque fue extremadamente popular durante la Depresión. Inspirándose en el trabajo del pianista Leroy Carr y en el del guitarrista Scrapper Blackwell, Wheatstraw creó un estilo compositivo en el que aparecían introducciones musicales preestablecidas y letras que hablaban de las duras condiciones de la clase trabajadora. Como los músicos del Delta, Wheatstraw también intentó obtener popularidad mediante el empleo de historias sobre el Diablo para vender su estilo de blues. Incluso se refería a sí mismo como «el nuero del Diablo».

Blues de Kansas City

Kansas City era el hogar de Pete Johnson, uno de los más famosos reyes del boogie-woogie. El trabajo de Johnson con Big Joe Turner dio pie a la aparición no sólo del jump blues, sino también del rock 'n' roll. Sin lugar a dudas, «Shake, Rattle and Roll», de Turner, galvanizaría a la audiencia con una canción y transformaría una música «de raza» en música pop de gran éxito comercial.

El swing también estaba muy de moda en Kansas City durante la famosa edad de oro del jazz (1935-1945). Toda la música que se hizo en Kansas City durante la era del swing estaba basada en el blues, incluido el trabajo del pianista Jay McShann, quien combinó con éxito armonías jazz con influencias blues y góspel.

ESENCIAL

En la orquesta de Jay McShann tocaba un joven saxo alto llamado Charlie Parker. Apodado «Bird», se convertiría en uno de los saxofonistas más importantes de la historia. Junto a Dizzy Gillespie, Bud Powell, Max Roach y otros, Bird creó un nuevo y sofisticado tipo de jazz llamado bebop. A pesar de ello, el modo de enfocar la improvisación de Parker siempre estuvo basado en el blues.

Count Basie, el legendario pianista de Nueva Jersey, también empezó su carrera en Kansas City durante una época de grandes cambios musicales en América. En el amanecer de la era del swing, Basie trabajó con los Blue Devils de Walter Page, y más tarde con Benny Moten. Después de la muerte de Moten, Basie creó su propia orquesta de swing. A lo largo de los años, han pasado por la banda de Basie los nombres más importantes del jazz, entre ellos el saxofonista Lester Young.

Basie sólo vivió en Kansas City durante unos ocho años, pero siempre permaneció fiel al estilo jump del swing de la ciudad. Esto queda reflejado en canciones como «One O'Clock Jump» y otras. La música de Basie siempre fue muy rítmica, y su orquesta solía emplear grandes contrastes dinámicos. Eran conocidos por tocar muy suave hasta que, de la nada, aparecían metales y percusión por todas partes, dando gran fuerza al tema. Éste era uno de los rasgos característicos de Basie. Al piano, la filosofía de «menos es más» de Basie hizo que se distanciara del resto de pianistas de su época.

Blues de Memphis

El blues de Memphis está íntimamente relacionado con la historia de Beale Street. A principios del siglo XX, Robert Church pagó para que se construyera Church Park entre Beale y Fourth. El lugar se convirtió en un importante centro de reunión para los primeros músicos de blues. W.C. Handy, el legendario compositor de ragtime, dio también un empujón a Memphis al escribir dos famosísimos temas blues: «Memphis Blues» y «Beale Street Blues», publicados respectivamente en 1912 y 1916. Durante el segundo cuarto del siglo XX, Beale Street se convirtió en un crisol cultural de músicos ambulantes de toda índole, como artistas de folk, bandas de minstrel y, al final, músicos de blues del Delta y de Chicago. Uno de ellos era el pianista Sunnyland Slim, quien tocaría con Ma Rainey y con Little Brother Montgomery en Beale Street durante los rugientes años veinte.

Memphis Slim (quien no tiene nada que ver con Sunnyland Slim) era un dotado pianista que también se labró su reputación durante los primeros años de la Depresión. Su estilo era el boogie-woogie. Slim se mudó al final a Chicago para lograr un contrato discográfico y para conocer a los chicos que venían del Delta. Allí conoció al legendario compositor y guitarrista Big Bill Broozy, con quien trabajaría.

INFORMACIÓN

El guitarrista B.B. King recibió su nombre artístico en la radio de Memphis. Durante las emisiones en directo de la moderna emisora WDIA, Riley King se hacía llamar Beale Street Blues Boy. Este sobrenombre fue abreviado al final como Blues Boy y, después, como B.B.

En la **FIGURA 11-2** le mostramos un fraseo que se ha convertido en un referente en los estilos de Memphis, Chicago y Detroit de la posguerra. Este sencillo ritmo con tresillos es usado como un motivo repetitivo. Los músicos de blues han sacado mucho jugo a este fraseo durante años. Un tema que usa este ritmo es «The Comeback», de Memphis Slim. Busque este fraseo en las grabaciones de Muddy Waters, John Lee Hooker y otros.

FIGURA 11-2: Motivo común en el blues.

PISTA 39

El blues y el jazz de la gran manzana

El blues y el jazz de Nueva York se basaban principalmente en tres estilos: swing, stride y bebop. Todos aparecieron en Manhattan, en un barrio eminentemente negro llamado Harlem. El estilo swing fue liderado en Nueva York por Count Basie, Duke Ellington, Benny Goodman y Chick Webb. El swing se convirtió en el vehículo de arreglos de big band y solos de virtuoso, pero siempre se basó en el blues. Además, acogió tendencias como el boogie-woogie y el jump.

En la década de 1920, del ragtime surgió el stride, aunque algunos pianistas como Eubie Blake nunca distinguieron uno del otro. Los tres reyes del stride fueron James P. Johnson, Willie «The Lion» Smith y Fats Waller. El stride es un estilo complejo que requiere de gran velocidad, precisión y fluidez con la mano izquierda. En este estilo, se tocan notas graves (normalmente tonos base) en los tiempos uno y tres y acordes en los tiempos dos y cuatro. Al mismo tiempo, la mano derecha toca una melodía o quizás un solo. La **FIGURA 11-3** muestra un ritmo rudimentario que usa acordes esbozados y tonos de guía (terceras y séptimas). Como los ejercicios de boogie previos, este ritmo requiere coordinación entre ambas manos, así que practique cada mano por separado.

Bebop

Nueva York es también el hogar del bebop. Las raíces del jazz contemporáneo están en el bebop, un estilo que nació debido a las restricciones de la era del swing. El swing era en última instancia un estilo de música para bailar, pero, hacia 1945, los instrumentistas se empezaron a rebelar contra la comercialización del jazz. Pronto, pianistas como Bud Powell y Thelonious

FIGURA 11-3: Piano stride básico.

PISTA 40

Monk empezaron a experimentar con acordes extendidos, barridos de cromáticos y modos exóticos. Ya que los artistas de jazz consideraban la música un arte, el jazz perdió en general su atractivo como música popular y de baile. Sin embargo, este estilo nunca perdió sus raíces blueseras.

Las progresiones de blues se transformaron durante el período bebop. En lugar de tocar los acordes I, IV y V, los pianistas empezaron a añadir otros acordes para hacer del blues algo armónicamente más complejo. Por ejemplo, el jazz moderno añade las progresiones de acordes ii-V, acordes disminuidos y unos finales complejos que suelen incluir la progresión de acordes iii-vi-ii-V-I. Melódicamente, los músicos de bebop y de postbop usaban también modos distintos. Un ejemplo es la escala lidia dominante que aprendió en el capítulo 5.

Jazz blues

Los cuatro ejemplos de la **FIGURA 11-4** son fraseos intermedios de blues que puede emplear para dar chispa a sus solos sin necesidad de ponerse demasiado cerebral o teórico. El último fraseo es bastante disonante, así que no se preocupe si no entiende todos los giros melódicos. Escuche sencillamente los saltos de intervalo y fíjese en las novenas sostenidas y en las quintas bemoles. Fíjese también en cómo, en algunos de estos ejemplos, el tono base (do) ha sido eliminado del acorde de acompañamiento. Esto forma parte del lenguaje del jazz. A menudo, los pianistas eliminan el tono base y dejan que sea el bajista quien lo proporcione.

Para aquellos de ustedes a quienes les guste la aventura, hemos incluido un blues en tonalidad menor armónicamente complejo en la **FIGURA 11-5**. El blues en menor es un estilo por derecho propio que se remonta a las procesiones funerales de Nueva Orleans. En esta figura verá sustituciones de acordes ii-V y acumulaciones de terceras. Estos intervalos acumulados crean extensiones armónicas como séptimas y novenas. No se preocupe si no entiende todas las complejidades armónicas inherentes a esta música. Pruebe sencillamente este blues y disfrute de sus ricos acordes. Preste atención a la armadura. Do menor tiene tres bemoles (si bemol, mi bemol y la bemol)

Crear fraseos con terceras

A lo largo de este capítulo ha aprendido las diferencias entre los distintos estilos de blues. Por tanto, parece adecuado terminar con unos fraseos más sencillos para fijarse en las similitudes entre los diversos estilos de blues. Los siguientes fraseos podrían emplearse en la mayoría de los estilos de blues, de un modo u otro. En la **FIGURA 11-6** verá una serie de ejemplos que hacen hincapié en los intervalos de tercera. Si no sabe lo que son los intervalos de tercera, regrese al capítulo 4. Como muchas de las figuras usadas en el capítulo anterior, estos fraseos se basan en los clichés que muchos pianistas usan a diario.

FIGURA 11-4: Fraseos jazz con la mano derecha.

PISTA 41

1.

2.

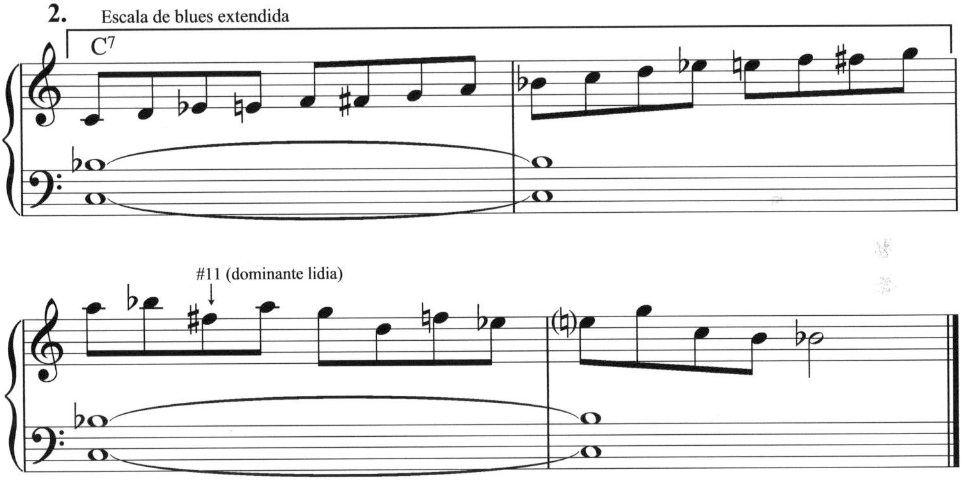

3.

FIGURA 11-5: Blues en tonalidad menor.

PISTA 42

El primer ejemplo es un modelo de terceras ascendentes sólo con la mano derecha. El segundo ejemplo es más estático. Se emplean aquí medios tonos en los dos primeros compases para decorar los grados tercero y quinto de la escala (mi y sol). De nuevo, empleamos sólo la mano derecha.

En el siguiente ejemplo se usan terceras junto al tono base (do) y se emplean ambas manos. En el cuarto ejemplo se usan también intervalos de tercera, pero sobre el tercer grado de la escala (mi). Este ejemplo termina en la séptima dominante y en la quinta. En el quinto ejemplo se usan saltos de tono y de medio tono para descender desde si bemol y re (la séptima dominante y la novena) hasta los mismo tonos, una octava por debajo. En el sexto ejemplo se vuelven a utilizar los intervalos de tercera. Como en el tercer ejemplo, cada par de terceras se superpone al tono base (do). Este ejemplo termina también en la todopoderosa séptima dominante con una novena añadida.

Crear fraseos con sextas

Los intervalos de sexta son muy parecidos a los de tercera. De hecho, son la inversión de una tercera. Por ejemplo, si cuenta seis grados desde do, llega a la. Del mismo modo, si cuenta tres grados desde la, llega a do.

En la **FIGURA 11-7**, verá cuatro ejemplos de fraseos que emplean sextas. En el primer ejemplo, ascendemos desde la tercera y el tono base (mi y do) hasta las mismas notas una octava por encima. Durante el proceso, la armonía cambia al acorde IV y crea una cadencia plagal. El ejemplo termina en la séptima dominante y en la quinta. En el segundo ejemplo, descendemos desde el tono base y la tercera (do y mi) hasta las mismas notas una octava por debajo. Como en el primer ejemplo, también se emplea una progresión I-IV y termina en una séptima dominante y una novena.

En el tercer ejemplo no se usan pares de notas tocadas a la vez. En lugar de ello, la melodía emplea saltos de intervalo de sexta. ¿Puede contar el número de intervalos de sexta del ejemplo? Hay cinco. Como en los ejemplos previos, se usa una progresión I-IV para que la mano derecha pueda maniobrar mejor con los intervalos de sexta. En el último ejemplo volvemos a los intervalos armónicos, o a las notas tocadas de dos en dos. Lo hacemos para mostrarle que no tiene por qué terminar siempre sus frases en una blue note, incluso aunque esté tocando blues.

FIGURA 11-6: Fraseos en los que se emplean terceras.

PISTA 43

Nota: Una vez haya aprendido el fraseo, intente añadir los trémolos con la mano derecha donde lo vea indicado sobre el par de notas.

FIGURA 11-6 *(continuación)*: Fraseos en los que se emplean terceras.

FIGURA 11-7: Fraseos en los que se emplean sextas.

PISTA 44

Nota: Una vez haya aprendido el fraseo, intente añadir los trémolos con la mano derecha donde lo vea indicado sobre el par de notas.

Capítulo 12

Elementos de rock

En este capítulo le mostraremos los elementos fundamentales del piano rock y pop. El piano rock mezcla libremente estilos y viejas tradiciones. Por ejemplo, el blues, el jazz, el country y el western, el rhythm and blues y la música clásica europea son estilos que han influido en lo que llamamos genéricamente pop y rock. Algunos autores emplean modos orientales y de otra procedencia étnica. Este capítulo le proporcionará, además, las herramientas necesarias para que empiece a tocar y a entender el rock y el pop.

Diferencias entre el rock y el pop

El rock y el pop son estilos de música similares. Sin embargo, las palabras *rock* y *pop* son problemáticas, ya que estos términos sólo pueden ser percibidos desde un punto de vista subjetivo. En otras palabras, estas etiquetas significan cosas distintas para distintas personas. También es un asunto de preferencias. Para algunos el rock es primitivo y ruidoso. Para otros es creativo, enérgico y emocionante. De modo similar, para algunos el pop es blandengue, excesivamente producido y controlado por las corporativas. Para otros es pegadizo, elegante y moderno. Otros, incluso, no hacen distinción alguna entre pop y rock; sencillamente usan ambos términos simultáneamente.

En este texto definiremos el pop como el primo más suave y elegante del rock. Consideraremos que el pop tiene más presentes los ganchos y las canciones, pero que es menos dado a la improvisación. Piense en el pop como en un estilo de música apropiado para la radio. Es decir, canciones más cortas, menos improvisaciones, y un mayor énfasis en la melodía y en las letras. De acuerdo a esta definición, artistas como Whitney Houston o Michael Jackson serían considerados pop. No sucedería lo mismo con Led Zeppelin o Jimi Hendrix, ya que sus canciones tienen duraciones muy diversas y normalmente incluyen mucha improvisación.

ESENCIAL

Pop es una etiqueta temporal empleada para describir la música de moda del momento. Muchas orquestas sinfónicas dan conciertos «pop» cada temporada. Estos conciertos ofrecen un repertorio más ligero de distintas épocas de la historia de la música. Una de las orquestas pop más aclamadas es la Boston Pops. Esta orquesta debutó en 1885 y ha tenido éxito desde entonces.

En este libro, consideraremos el rock más duro y dado a la improvisación. En otras palabras, será menos sutil. Algunos artistas pueden dedicarse tanto al pop como al rock. Por ejemplo, Paul McCartney escribió la melodía pop «Penny Lane» y el escandaloso himno rock «Helter Skelter». Éstos son dos tipos de canción muy distintos y muestran el amplio abanico de las habilidades compositivas de McCartney.

Acordes

Las buenas noticias es que los acordes empleados en el rock y en el pop son, básicamente, aplicables a ambos estilos. Ambos estilos beben de las mismas fuentes, así que puede aplicar los ejemplos musicales que encontrará aquí en ambos contextos. La mayoría de los acordes empleados en el pop y en el rock están basados en tríadas o en tríadas invertidas. Algunas veces se añaden sextas mayores, séptimas mayores o menores y suspensiones. También se usan de tanto en tanto acordes aumentados y disminuidos. Si ha olvidado alguno de estos acordes, repase los capítulos 6 y 7.

Si añade muchas extensiones armónicas a su música, se adentrará enseguida en el territorio del jazz, algo que puede encajar o no con el tipo de rock o de pop que esté tocando. La música de Steely Dan es el ejemplo perfecto de la fusión del pop y del jazz. En su momento álgido, este grupo usaba una cantidad copiosa de acordes de jazz, aunque conservaron un perfil pop y consiguieron muchos éxitos en la radio.

Otros artistas pop y rock han usado también intrincados acordes. Son dignos de mención Paul Simon, Sting, Simply Red y, ocasionalmente, Prince. Pianistas como Stevie Wonder, Joe Jackson y Bruce Hornsby usan también habitualmente acordes jazz. Además, las primeras bandas de rock progresivo, como Yes, ELP (Emerson, Lake and Palmer) y Genesis emplearon acordes de gran complejidad, aunque más basados en la música clásica que en el jazz.

A pesar de la influencia del jazz y de la música clásica, la mayor parte del pop y del rock elude las complejidades armónicas; algunas canciones tienen sólo unos cuantos acordes básicos.

La siguiente figura le muestra unos acordes repetidos, algo común tanto en el rock como en el pop. La **FIGURA 12-1** le muestra una tríada dividida en el tono fundamental y los grados tercero y quinto.

FIGURA 12-1: Tríada repetida.

Ahora añadamos tonos base en el bajo (mano izquierda) y movimiento armónico. La **FIGURA 12-2** le muestra un cambio de tríada en do mayor a un acorde IV, una tríada en fa mayor. Fíjese en que el acorde fa está en su segunda inversión y en que la nota do es una constante durante los contratiempos.

Construir los acordes se reduce en realidad a dos reglas de oro:

FIGURA 12-2: Tríadas repetidas usando ambas manos.

1. Cuando pase de acorde a acorde, elija el mínimo movimiento de intervalo entre ambos.
2. Mantenga tantos tonos comunes como pueda. En otras palabras, si pasa de un acorde a otro, y ambos acordes contienen un do, intente tocar el mismo do en ambos acordes; no cambie de octava.

Esto queda mejor ilustrado mediante el ejemplo. La **FIGURA 12-3** le muestra la cadencia V-IV-I. Los acordes están tocados en estado fundamental. Como todos estos acordes están en estado fundamental, el salto de intervalo es grande. Este salto debería evitarse.

FIGURA 12-3: V-IV-I en estado fundamental.

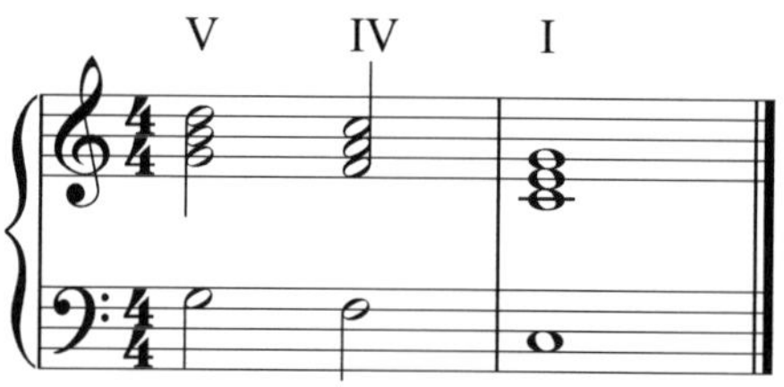

El salto de intervalo entre los acordes IV y I de la **FIGURA 12-3** puede evitarse si tocamos el acorde I en su primera inversión. En la **FIGURA 12-4** verá cómo tocar esta cadencia. Fíjese en cómo el tono común (do) se mantiene en los acordes IV y I.

FIGURA 12-4: V-IV-I uso de inversiones.

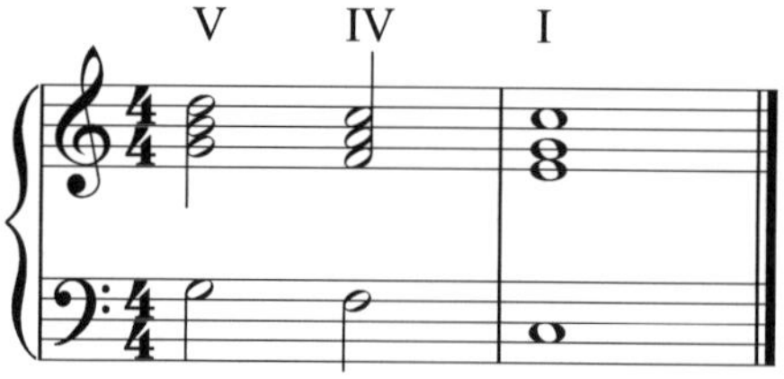

Si utiliza las inversiones adecuadas, su música sonará más fluida. Las inversiones le ayudarán también a evitar digitaciones difíciles, y se equivocará menos. En general, unas inversiones meditadas harán que su música suene más limpia, fluida y expresiva.

Estructura de canciones

En el pop y en el rock modernos, hay muchas estructuras distintas, pero los elementos básicos son siempre los mismos. Entre estos elementos tenemos:

- Introducción.
- Verso.
- Preestribillo.
- Estribillo.
- Reintroducción.
- Puente o sección media.
- Solo.
- Coda.

Hay cuatro tipos de canciones que pueden no utilizar estos elementos:

- Canciones de un único fraseo o motivo (e.g., jams de un acorde).
- Canciones siempre cambiantes y sin secciones repetidas.
- Historias (normalmente habladas) a las que se añade música.
- Canciones de formatos más antiguos, como el blues de 12 compases.

Sería raro encontrar una canción con todos estos elementos. El diseño de un tema suele depender de las preferencias y objetivos del autor. Los productores también pueden influir en la estructura de una canción. Hoy es poco frecuente que una canción se base en la fórmula del *Great American Songbook*, fórmula básica de muchísimos éxitos en la era anterior al rock. Las canciones del *Great American Songbook* tenían dos secciones, A y B. En los años treinta y cuarenta, el formato más frecuente era AABA, y autores como Cole Porter, George Gershwin, Hoagie Carmichael, Richard Rodgers, Jerome Kern, Harold Arlen y otros emplearon habitualmente esta estructura en sus canciones.

Definición de elementos estructurales

Una introducción es un breve prólogo o un pasaje musical de apertura. El verso cuenta la historia de la canción. En la mayoría de los casos el primer verso comienza con la letra. El preestribillo es opcional. Es esencialmente un verso adicional diseñado para que la canción pase de modo fluido al estribillo. El estribillo contiene el gancho. Por esta razón, el estribillo es el elemento más importante de la canción. A menudo es el estribillo lo que vende la canción a la audiencia.

¡ALERTA!

> La palabra *estribillo* se usa de modo distinto en el rock y en el pop contemporáneo. En estos géneros, el estribillo es la sección principal, en la que normalmente se encuentra el gancho. En los estilos más antiguos, como el blues o el jazz, estribillo se refiere a una estructura de canción completa, como los 12 compases de un blues o los 32 (AABA) de una canción bebop.

Cuando se canta el estribillo, normalmente escuchará el título de la canción. Si hay una reintroducción se empleará para volver al principio de la canción. Puede apostar a que tras esa reintroducción vendrá otro verso. Un puente es un cambio repentino en la atmósfera de la canción que a menudo conecta el estribillo con un tercer verso o con otro estribillo más enérgico. Los cambios de tonalidad son frecuentes en los puentes, pero no necesarios.

Los solos cumplen a veces el papel de puente. En este caso, dan al instrumentista la oportunidad de exhibirse. Puede haber solos en una introducción, un verso o durante las progresiones de acordes del coro. También podemos encontrarlos sobre unos cambios de acordes completamente nuevos. Finalmente, las codas son los fragmentos finales. A menudo imitan la introducción de la canción, pero pueden también presentar nuevas ideas musicales. Las canciones con codas suelen acabar con un animado y poderoso giro musical.

La **FIGURA 12-5** le muestra la estructura de «Changes», de David Bowie, una canción con piano. Esta canción tiene partes fáciles de diferenciar, así que es perfecta para su análisis. Si no conoce este tema, aparece en el álbum *Hunky Dory* (1971), o en el popular recopilatorio *ChangesBowie* (1990). El pianista es Rick Wakeman, de quien aprenderá más cosas en el capítulo 14.

Cada sección termina con una doble línea, y los compases en 2/4 y en 3/4 son parte del estribillo. Escuche la canción y cuente cada compás en voz alta. El mejor modo de contar es decir el número de compás en el primer tiempo de cada compás. En otras palabras, cuente 1,2,3,4 / 2,2,3,4 / 3,2,3,4 / 4,2,3,4 / 5,2,3,4 / 6,2,3,4 y así sucesivamente.

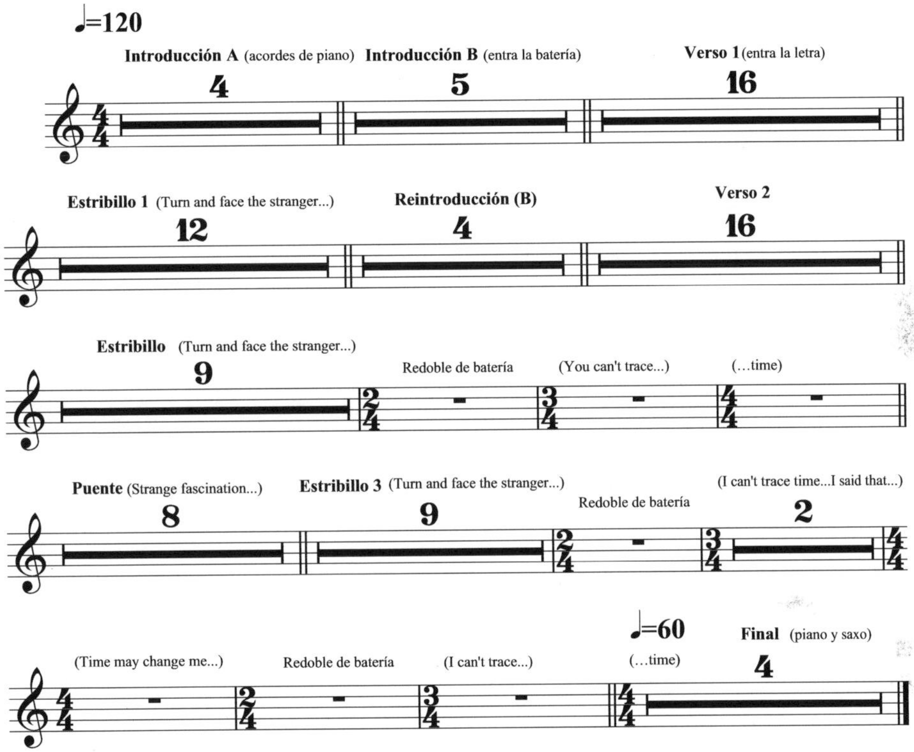

FIGURA 12-5: Estructura de la canción «Changes».

Progresiones de acordes comunes

Hay muchas progresiones de acordes distintas en el pop y en el rock. De hecho, las variaciones parecen ilimitadas. Sin embargo, hay unas cuantas progresiones típicas que los autores usan una y otra vez. Los dos primeros ejemplos usan sólo los acordes I-IV-V. Como en el blues, estos acordes son omnipresentes en el rock y en el pop. La **FIGURA 12-6** le muestra la progresión I-IV-V condensada en una frase de ocho compases, en lugar de los doce habituales del blues. Fíjese en las inversiones en los acordes y en los tonos de transición del bajo.

FIGURA 12-6: Progresión I-IV-V en ocho compases.

PISTA 45

La **FIGURA 12-7** emplea también los acordes I-IV-V. Aquí se cambia de acorde en cada compás, lo que origina una frase de cuatro compases. Fíjese en cómo se usan las inversiones de acorde en cada compás para que la música fluya con más facilidad.

FIGURA 12-7: Progresión I-IV-V en cuatro compases.

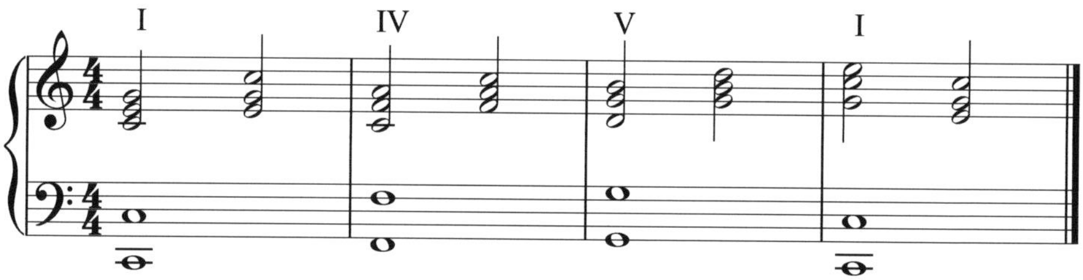

Hay muchas variaciones posibles sólo con los acordes I-IV-V. Intente crear sus propias progresiones de acordes empleando sólo estos tres acordes. Se sorprenderá con la cantidad de permutaciones que puede crear.

Otra progresión de acordes habitual es I-vi-ii-V-I, la cual le mostramos en la **FIGURA 12-8**. Cuando usted está en tonalidad mayor, como do, los acordes vi y ii son menores. Por tanto se escriben usando números romanos en minúscula (vea al capítulo 6).

También puede sustituir el acorde I del principio de I-vi-ii-V-I por un acorde iii. Como los acordes vi y ii, iii es un acorde menor en una tonalidad mayor.

FIGURA 12-8: Progresión I-vi-ii-V-I.

Esto cambia las inversiones posibles y la progresión adquiere un nuevo color. Si recuerda el capítulo 6, recordará que también puede utilizar una cadencia rota al final de una frase. Esto significa que, en lugar de tocar un acorde I, puede tocar un acorde vi. Pruebe este final con la **FIGURA 12-9**.

FIGURA 12-9: Progresión iii-vi-ii-V-vi.

Otra progresión común es I-vi-IV-V-I. La **FIGURA 12-10** le muestra una fácil interpretación de la misma. En el capítulo 6 aprendió también que los acordes V y los vii disminuidos son intercambiables. Tómese la libertad de hacer esta sustitución en la progresión. Finalmente, si de verdad quiere cambiar las cosas, intente tocar el último acorde en menor (tercera bemol). Esto le llevará en una dirección completamente distinta.

Las líneas de bajo descendentes son también algo común en la música pop. De hecho, la canción de David Bowie de la que hemos hablado antes emplea este recurso. La **FIGURA 12-11** le muestra una línea de bajo similar que podría utilizar. En este caso se usan a menudo fracciones para separar la nota del acorde de la del bajo. Por ejemplo, si ve do/sol significa que toca usted un acorde de do mayor con el bajo en sol.

También puede dar chispa a las progresiones de acordes de este capítulo con acordes suspendidos. Si usted se encuentra cómodo con los acordes suspendidos, regrese a las **FIGURAS 12-6** y **12-11** y añada suspensiones.

FIGURA 12-10: Progresión I-vi-IV-V-I.

PISTA 46

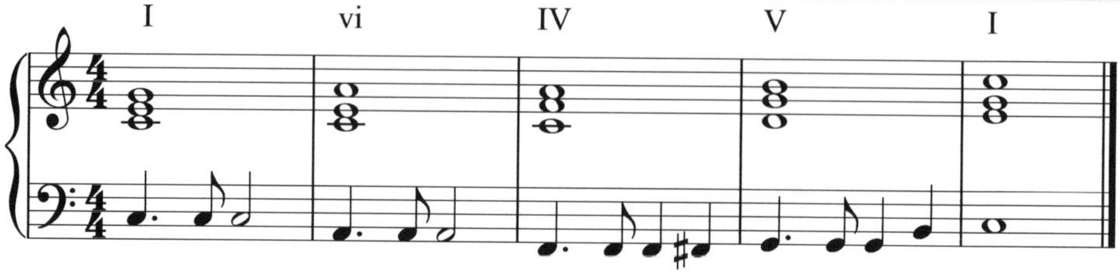

FIGURA 12-11: Progresión de bajo descendente.

Darle gracia con arpegios

En el capítulo 8 hablamos acerca de los arpegios. Ha llegado el momento de emplearlos, ya que son tan comunes en el pop y en el rock. Los arpegios normalmente son tocados como corcheas, semicorcheas o tresillos.

La siguiente progresión de acordes combina los acordes I-IV-V con semicorcheas. Se utiliza el pedal de resonancia para crear un bonito efecto de arpa. En la **FIGURA 12-12** se emplea el pedal en cada compás. Levante el pie en la última semicorchea. Accione el pedal de nuevo un milisegundo antes de empezar el siguiente compás. La sincronización es vital.

La **FIGURA 12-13** le muestra un ritmo similar con tresillos. Fíjese en el uso de inversiones de acordes para que los arpegios tengan más color y melodía.

Podría y debería inventar sus propios arpegios con los acordes I-IV-V. La **FIGURA 12-15** le muestra un modelo más complicado que emplea más movimiento armónico. Fíjese en cómo el acorde IV (fa mayor) utiliza un mi en el arpegio. Ésta es una séptima mayor. Esta figura emplea también ritmos mezclados. Verá un ritmo de corcheas con puntos y semicorcheas. Para entender este ritmo, imagine el tiempo dividido en cuatro partes, como queda ilustrado en la **FIGURA 12-14**.

FIGURA 12-12: I-IV-V en arpegio.

PISTA 47

FIGURA 12-13: I-IV-V en arpegio con tresillo.

PISTA 48

Para el arpegio final de este capítulo tendrá que cruzar las manos. Algunas veces los pianistas tocan notas que están fuera del alcance de la mano derecha o izquierda. Esto pasa a menudo cuando se tocan arpegios extendidos. La solución es entonces cruzar una mano para tocar la nota que está fuera de su alcance. Si se mueve hacia arriba en el teclado, pasará su mano izquierda por encima. Si desciende por éste, pasará su mano derecha por encima. La **FIGURA 12-16** es una progresión pop que emplea armonías extendidas y cruce de manos. Toque este ejemplo despacio al principio y siga la digitación de modo estricto.

FIGURA 12-14: Ritmo de corchea con punto y semicorchea.

FIGURA 12-15: I-V-vi-iii-IV-V-I en arpegio y con ritmos mixtos.

Ganchos

Los ganchos son muy importantes tanto en el pop como en el rock. Algunas veces el rock no presta tanta atención a los ganchos, sobre todo cuando se trata de jams. Por ejemplo, la mayoría de las canciones de los Grateful Dead tienen que ver más con las jams que con los ganchos.

Cualquier canción que quiera llegar al top 40 necesita un gancho de algún tipo. La función de un gancho es, literalmente, «engancharte». Para ser más específico, un gancho es una línea melódica repetitiva que casi siempre es cantada. «She Loves You», de los Beatles, es un buen ejemplo de una canción con un gancho contagioso. Al contrario que la mayoría de las canciones pop, esta canción *comienza* con el gancho antes de pasar al primer verso. El gancho se repite una y otra vez hasta que se queda grabado en tu cabeza.

Intente escribir sus propios ganchos. He aquí una lista de canciones pop con buen gancho.

- «All You Need Is Love», The Beatles.
- «God Only Knows», The Beach Boys.
- «Piano Man», Billy Joel.
- «We Are the Champions», Queen.
- «Every Little Thing She Does Is Magic», The Police.
- «I Just Called to Say I Love You», Stevie Wonder.
- «Call Me», Blondie.
- «Thriller», Michael Jackson.
- «I'll Be There for You», The Rembrandts (banda sonora de *Friends*).

¿Cómo terminar una canción pop? Los acordes de sexta pueden utilizarse para dar chispa al final de cualquier canción y se emplearon mucho en el pop, el country y el rock 'n' roll durante los cincuenta y principios de los sesenta. Por ejemplo, «Blue Suede Shoes», de Carl Perkins, acaba con un acorde de sexta mayor, así como «She Loves You», la melodía de los Beatles. Para tocar este acorde, añada sencillamente una sexta mayor a una tríada mayor. Un acorde de do sexta mayor incluiría las notas do, mi, sol y la; la sería la sexta mayor.

FIGURA 12-16: Progresión I-vi-VI-V en arpegio con cruce mano izquierda. (MI = Mano izquierda.)

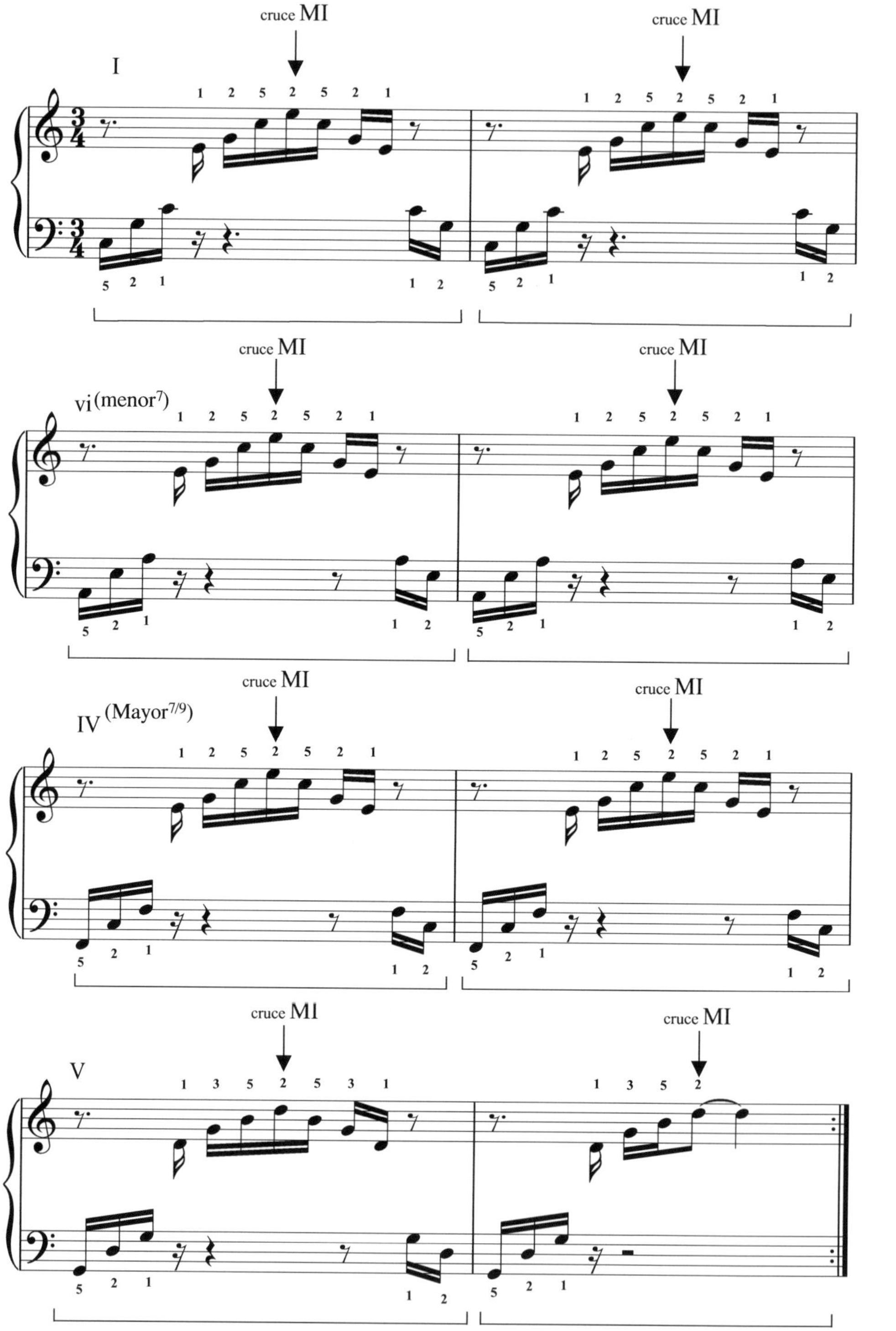

Capítulo 13

Innovadores del piano rock

Para entender el piano rock necesitará remontarse a sus raíces blueseras. Hay cinco pianistas que sobresalen en la historia temprana del rock 'n' roll: Ray Charles, Fats Domino, Little Richard, Jerry Lee Lewis y el menos conocido Johnnie Johnson. Los cinco comenzaron como intérpretes de blues. Cuando lea sobre los pianistas de este capítulo, tenga presente el clima social en que esa música se creó. Analizar los artistas desde una perspectiva histórica le ayudará a entender mejor el blues, el R&B, el jazz, el country y el rock 'n' roll.

El amanecer de una nueva era

Después de la Segunda Guerra Mundial, empezó a emerger en el sur de Estados Unidos un nuevo estilo de música que combinaba el blues eléctrico, el góspel y el jump blues con el folk, el country y el western. A principios de los cincuenta, esta música se conocía como rock 'n' roll.

Al contrario que la música pop de los años treinta y cuarenta, el rock era rudo y ruidoso. Desafiaba la imagen del ídolo de *matinée* y la del *crooner* sofisticado. En lugar de ofrecer a la audiencia un cantante repeinado y con un traje conservador, el rock sorprendía a la audiencia con unos bailes sugerentes y con unos tupés engominados. A mediados de los cincuenta, *Rebelde sin causa*, protagonizada por James Dean, representó la angustia y la desobediencia de toda una generación de jóvenes.

INFORMACIÓN

El término rhythm and blues fue acuñado por Jerry Wexler, en Atlantic, para que sustituyera la dudosa denominación *race records* que había venido usando la industria folk para describir los discos de blues, góspel y jazz que hacían los artistas negros. El R&B de hoy día no tiene nada que ver con el R&B de los cuarenta y de los cincuenta.

Al mismo tiempo, en Estados Unidos se vivía el movimiento por los derechos civiles, en la que otro tipo de desobediencia (civil) se manifestaba en los autobuses, los restaurantes, las escuelas y otros lugares públicos. No es sorprendente que el rock apareciera en ese contexto. Lo cierto es que los temas raciales han complicado siempre la música en Estados Unidos. Las repentinas posibilidades comerciales del rock hicieron que estas complejidades se volvieran particularmente visibles cuando artistas, promotores y productores blancos se apoderaron de un tipo de arte que había sido predominantemente negro. Hoy día, el rock no tiene demasiado que ver con sus raíces de los años cincuenta, y una abrumadora mayoría de sus estrellas es blanca, pero no siempre fue así. En sus primeros días, el rock era hijo del blues, y eso significaba que era muy afroamericano.

Ray Charles

Nacido en 1930, Ray Charles es considerado por muchos el padre del rhythm and blues. Catalogar a Ray Charles puede ser difícil, pues gusta a mucha gente. Entre sus influencias estaban la música de Charles Brown y Nat «King» Cole y el pulsante trío de boogie-woogie compuesto por Meade «Lux» Lewis, Albert Ammons y Pete Johnson. Durante su carrera, empezó a emular también a artistas blancos de country, algo que culminaría en los volúmenes uno y dos del álbum *Modern Sounds in Country and Western Music* (1962). A esto le siguió, dos décadas después, un dueto con la estrella forajida del country Willie Nelson en «Seven Spanish Angels» (1984).

Charles era un intérprete consumado que experimentó con distintos estilos musicales. Sin embargo, fue criticado por sus incursiones en la música pop y especialmente por anunciar Pepsi-Cola en televisión. Charles nunca tocó rock propiamente dicho, pero su estatus como icono del pop hace que tenga cabida en este capítulo, así como en el capítulo 11.

ESENCIAL

Ray Charles ha tenido un enorme impacto en músicos de pop y de rock que son leyendas por derecho propio. Artistas como Steve Winwood, Van Morrison, Joe Cocker, Stevie Wonder, Billy Joel, Rod Stewart y los Rolling Stones han citado a Charles como una importante influencia.

Sin lugar a dudas, el estilo de Charles al piano contribuyó a definir el R&B tal y como lo conocemos. Sus primeras grabaciones incluían a menudo fraseos de metales y ritmos funky como complemento de su rítmico trabajo armónico. Ejemplos de ello son «What I'd Say, Parts I and II», «Sticks and Stones», «One Mint Julep» y otros. Durante esta época, un fraseo que Charles adoraba tocar era un ritmo repetitivo con la mano derecha parecido al mostrado en la **FIGURA 13-1**.

Este fraseo puede ser usado entre cualquier intervalo de tercera menor, como mi y sol, re y fa, la y do, etc. Tenga cuidado con las rápidas apoyaturas. No deje que interrumpan el ritmo de las notas principales.

FIGURA 13-1: Fraseo de Ray Charles.

Charles era también un maestro del blues, y su habilidad para capturar su esencia en su repertorio pop y country era un talento especial que lo diferenciaba de sus contemporáneos. El blues de doce compases de la **FIGURA 13-2** imita la manera de entender el blues de Brother Ray. Es un blues lento, pero que se puede acelerar y tocar con corcheas normales si así lo prefiere.

¡ALERTA!

Los ejemplos musicales de este capítulo sólo son parecidos a los estilos de cada artista. El objetivo de este capítulo es sencillamente mostrarle a algunos pianistas legendarios y su manera de entender la música. Debería examinar más concienzudamente estos artistas mediante la escucha y otras publicaciones (vea el apéndice B).

Como «Georgia on My Mind», de Hoagie Carmichael, tiene tanto que ver con el estilo de Ray Charles, le proporcionamos un extracto para su repaso. Las armonías de la **FIGURA 13-3** son bastante jazz. Verá extensiones armónicas, una suspensión e inversiones de acordes. Se ha intentado simplificar algo este ejemplo, pero es importante mencionar que Charles era también solvente en el jazz, así que se han empleado aquí algunos acordes sofisticados. No se preocupe si no entiende completamente la teoría tras esta progresión de acordes. Intente sencillamente tocar el ejercicio, fijarse en los acordes y ver a dónde le lleva su oído cuando intente crear pasajes musicales parecidos.

FIGURA 13-2: Blues al estilo de Ray Charles.

PISTA 49

FIGURA 13-3: Extracto de «Georgia On My Mind».

PISTA 50

Fats Domino

Nacido en 1928, Antoine «Fats» Domino es uno de los más importantes iconos del R&B y del rock 'n' roll con cualquier instrumento. Nativo de Nueva Orleans, Domino llegó a la escena con «The Fat Man» en 1949. Muchos consideran esta canción como el primer tema rock 'n' roll de la historia. Al mismo Domino nunca le preocupó demasiado la distinción entre rock 'n' roll y rhythm and blues. En lugar de ello se concentró sencillamente en su inigualable sonido, el cual combinaba elementos de stride, boogie-woogie y otros estilos de blues.

Al contrario que el de Ray Charles, el estilo de Domino nunca cambió demasiado. Sin embargo, su consistencia como intérprete hizo que su poder en una industria volátil fuera duradero. El pianista tenía también una voz amable y suave que le ayudó a vender más álbumes que ningún otro artista negro en la época anterior a los Beatles. Otra razón para ello era su estrecha relación con el productor, trompetista y compositor Dave Bartholomew. Juntos consiguieron muchos éxitos del top 40. Entre éstos están «Ain't That A Shame», «I'm Walking», «Blue Monday» y «Blueberry Hill».

ESENCIAL

> Fats Domino y los Beatles entablaron una larga relación musical. Se cree que una frase de «I Want to Walk You Home», de Domino, sirvió de inspiración para «I Want to Hold Your Hand», de los Beatles. En 1968, los Beatles moldearon su canción «Lady Madonna» al estilo de Fats Domino y tocaron «Bad Penny Blues», el éxito de Humphrey Lyttelton de 1956. Domino les devolvió el cumplido en 1970 con una versión de «Lady Madonna».

Domino es posiblemente mejor recordado por sus tresillos al piano, que pueden contemplarse como baladas en 12/8. Ambos conceptos son equivalentes. Este estilo influenció las baladas de una década o más. La **FIGURA 13-4** le muestra una progresión básica de acordes usando tresillos.

FIGURA 13-4: Balada básica de rock.

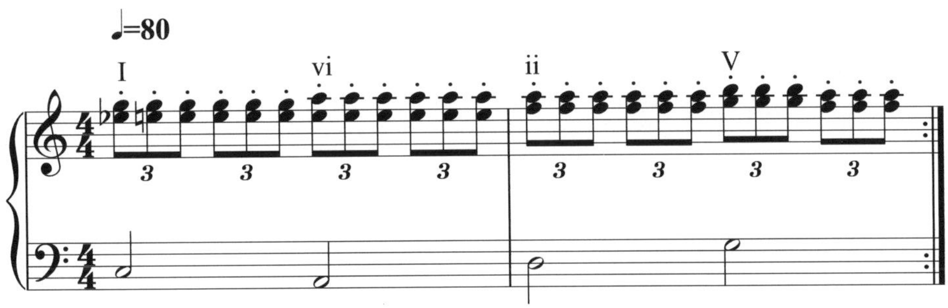

La **FIGURA 13-5** le muestra una versión más enérgica de la misma progresión de acordes. La diferencia entre ambas progresiones reside sólo en el movimiento de la mano izquierda.

La **FIGURA 13-6** emula el estilo en 12/8 de Fats Domino. Para este ejercicio se ha escrito un blues completo de doce compases. La línea de bajo es típica de Domino, quien la usó en «Blueberry Hill» y en otros temas de su carrera. Lo típico era que una sección de vientos o un guitarrista doblaran la mano izquierda.

No sería justo citar sólo las baladas en 12/8 de Domino. Era un intérprete dinámico que también tocaba shuffles animados y otros estilos de modo muy efectivo. La **FIGURA 13-7** ilustra el tipo de shuffle rítmico que Domino podría haber empleado en cualquiera de sus canciones («The Fat Man» es un ejemplo de ello). El fragmento de cuatro compases es un shuffle de Domino. Se dará cuenta de que tiene bastante influencia boogie-woogie. Intente convertir este ejemplo en un blues completo de doce compases.

FIGURA 13-5: Balada de rock intermedia.

PISTA 51

FIGURA 13-6: Blues lento de Fats Domino.

PISTA 52

FIGURA 13-7: Shuffle de Fats Domino.

PISTA 53

Little Richard

Nacido en 1932, Richard Penniman estaba destinado a convertirse en una de las celebridades más importantes del rock 'n' roll. Un hombre pomposo y entusiasta, Little Richard fue uno de los rockeros más enérgicos de su tiempo. Al contrario que Fats Domino, Richard gritaba la mayor parte de sus letras y cantaba siempre con una voz curtida y rasposa. Durante su carrera, Richard sufrió conflictos internos, principalmente porque había sido educado con los adventistas del séptimo día. La imagen salvaje, poco elegante e incluso escandalosa del pianista no casaba con la vida de un devoto cristiano. Por tanto, su música sufrió continuas transformaciones. Pasaría del rock 'n' roll al góspel y luego al revés varias veces.

Las grabaciones de Richard con Specialty Records (1955-1957) son ampliamente consideradas como las más importantes. Este texto no hablará de la música góspel de Richard, aunque estaba bien hecha y era bella por derecho propio. Como pianista de rock, usted lo que quiere es concentrarse

FIGURA 13-8: Ritmo de rock 'n' roll de Little Richard.

en los dos años que Richard pasó en Specialty. Allí grabó clásicos como «Tutti Frutti», «Long Tall Sally», «Jenny, Jenny» y «Good Golly, Miss Molly».

La **FIGURA 13-8** le muestra un ejemplo del estilo de Little Richard al piano, el cual está basado en el boogie-woogie. Igual que intérpretes como Meade «Lux» Lewis, Richard tocó siempre con empuje. En otras palabras, las octavas que aparecen en el ejercicio deberían explotar de verdad. Para conseguirlo, emplee el antebrazo.

Little Richard disfrutaba también tocando tresillos como una metralleta con su mano derecha. Esto puede ser difícil de tocar al principio, así que no dude en ralentizar los ejercicios mientras practica. Después tendrá que trabajar en su energía, porque estos fraseos están pensados para ser tocados deprisa. Practicar con un metrónomo es una buena idea para aprender estos ejercicios con tresillos (vea el capítulo 17). La **FIGURA 13-9** le muestra un posible ritmo de tresillos sólo con la mano derecha. La **FIGURA 13-10** añade una mano izquierda básica de boogie-woogie. En lugar de intervalos de sexta, como en la **FIGURA 13-9**, este ejercicio usa octavas con una quinta en la mano derecha.

FIGURA 13-9: Fraseo de tresillos usando sextas.

Como muchos rockeros de los cincuenta, Little Richard tenía también un repertorio más dulce. Estas canciones eran conocidas como «canciones lentas» o «bailes lentos». Las canciones lentas no eran el fuerte de Richard, pero de todos modos cuando las tocaba sabía cómo cautivar a la audiencia. Si quiere escuchar a Richard tocando una bonita balada en 12/8, fíjese en «Send Me Some Lovin», extraída también de su época en Specialty Records.

FIGURA 13-10: Fraseo de tresillos con octavas con mano izquierda añadida.

PISTA 54

Jerry Lee Lewis

En el capítulo 11, mencionamos que Memphis, Tennessee, era una de las capitales del blues americano. Era también el hogar de la legendaria Sun Records, de Sam Phillips. Músicos como Elvis Presley, Roy Orbison, Johnny Cash, Carl Perkins y otros empezaron su carrera en Sun Records. Jerry Lee Lewis fue otro joven talento que alcanzó la fama después de grabar con Sun.

Nacido en Louisiana en 1935, Lewis se empapó, siendo joven, de country y de blues. Como Little Richard, fue educado como un cristiano devoto. Sin embargo, el joven pianista se preocupaba más del boogie-woogie y de «la música del Diablo» que de los cantos religiosos. Esto hizo que le expulsaran de la escuela religiosa de Texas.

Lewis grabó su primer sencillo en 1954. Sin embargo, fue Jack Clement quien puso los cimientos de la fama de Lewis al conseguir que firmara con Sun Records dos años después. En 1975, Lewis se convirtió en un ídolo adolescente al conseguir un gran éxito con «Whole Lotta Shakin' Goin' On» y «Great Balls of Fire». Sin embargo, el escándalo que originó en Inglaterra su matrimonio con una prima resultó fatal para su reputación. Enseguida llegaron las adicciones a las drogas y al alcohol, problemas de salud y otras tragedias personales. Todo ello repercutió negativamente en una carrera muy prometedora. A finales de los sesenta, Lewis cambió el rock 'n' roll por el country con la esperanza de conseguir un éxito renovado. La decisión valió la pena en 1972, cuando Lewis consiguió un número uno del country con su versión de «Chantilly Lace».

FIGURA 13-11: Boogie-woogie de Jerry Lee Lewis.

PISTA 55

Apodado «The Killer», Lewis fue uno de los primeros chicos malos del rock. Llevaba armas, tuvo problemas con la ley y enloquecía sobre el escenario. Era famoso por ponerse de pie sobre el piano, sentarse en las teclas, bailar mientras tocaba y otros histrionismos. A pesar de tales maniobras, Lewis era un pianista habilidoso, algo que queda reflejado en sus álbumes de country y rock 'n' roll.

INFORMACIÓN

> Jerry Lee Lewis tiene dos primos famosos. Uno es el antiguo telepredicador Jimmy Swaggart y otro el cantante de country Mickey Gilley. En 1988, la reputación del reverendo Swaggart cayó en picado debido a un asunto con una prostituta. De nuevo, la familia Lewis estaba en el punto de mira por razones escandalosas. En aquel momento, Lewis estaba regresando al circuito de veteranos del rock 'n' roll.

La siguiente figura muestra un ritmo de boogie-woogie que podría ser del Lewis de sus años rockeros. Si las corcheas de la mano izquierda son rápidas en exceso, intente simplificarlas tocando negras en los tiempos uno, dos y tres. Seguirá teniendo que tocar las corcheas (la y sol) en el tiempo cuatro.

Ya habrá adivinado que a Lewis le gustaba tocar rápido. Es cierto. Como en el caso de Little Richard, la velocidad y la energía eran inherentes a su sonido. Sin embargo, muchas de sus canciones eran en realidad poco más que temas blues con esteroides, y los fraseos que toca están inspirados en pianistas como Albert Ammons y otros. Tal y como ha visto en previos ejemplos de este libro, el piano rock emplea muchos tonos base, quintas, octavas y sextas. A menudo éstas notas son tocadas a modo de rapidísimas semicorcheas o tresillos.

También hay otros clichés. La **FIGURA 13-12** le muestra un ritmo repetitivo con la mano derecha que Jerry Lee Lewis podría haber tocado. Esto se tocaría sobre un acorde I o do (en la tonalidad de do mayor). Este ritmo es rápido, así que, de nuevo, apréndalo a un ritmo más lento antes de intentarlo a un ritmo más animado. El objetivo se siempre tocar limpio y con fluidez.

FIGURA 13-12: Fraseo con la mano derecha.

En la **FIGURA 13-13** le mostramos otro ritmo típico de Jerry Lee Lewis. En este ritmo se usan ambas manos en el registro medio del piano. Cerciórese de tomar nota de la digitación y dar a este fraseo un toque rítmico. En otras palabras, no toque las notas en legato o dulcemente. Tóquelas fuerte y en staccato.

FIGURA 13-13: Fraseo en tresillos.

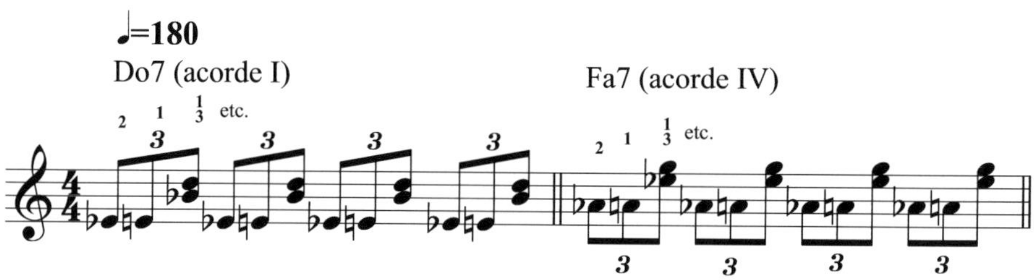

Nota: las digitaciones 2, 1 son tocadas con la mano IZQUIERDA y las digitaciones 1, 3 con la mano DERECHA.

A Jerry Lee Lewis le gustaban también mucho los glissandos. A menudo tocaba grandes glissandos ascendentes y descendentes en las teclas negras y en las blancas. Lewis usaba sus manos, sus codos, los pies e incluso las posaderas (sí, el culo) para tocar glissandos, aunque, a no ser que sea usted un hombre del espectáculo como Lewis, le recomendamos que utilice sólo sus manos. Tal y como comentamos en el capítulo 10, los glissandos se pueden tocar de muchas maneras. Obviamente, no hace falta que empleemos el método ortodoxo y clásico. Tampoco hace falta que toquemos exactamente las notas inicial y final del glissando. Simplemente arrastre su mano por las teclas cuando se lo indican, cerciórese de que no pierde el ritmo y toque el resto de las notas (las que no son glissando) con precisión. En este estilo de música, los glissandos deberían ser un poco despreocupados y relajados. Que vuelen.

FIGURA 13-14: Glissandos.

PISTA 56

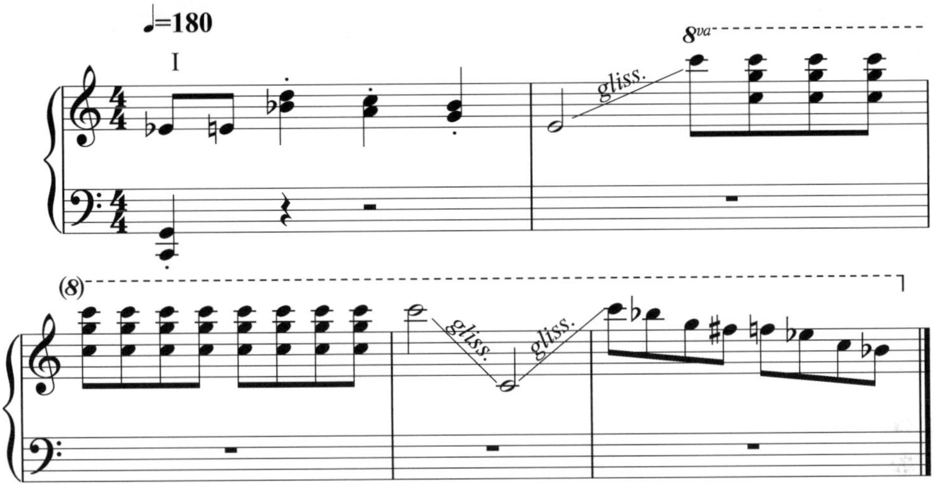

Finalmente, incluimos un acompañamiento genérico de rock 'n' roll. Ésta es una frase sencilla de tonos base y quintas empleada por intérpretes como Little Richard, Jerry Lee Lewis y otros cuando están, sencillamente, marcando el ritmo a gran velocidad. Por ejemplo, Lewis empleaba este ritmo cuando se concentraba en su canto. La **FIGURA 13-15** le muestra cómo hacerlo sobre un acorde de do. Sobre un acorde de fa, usaría usted fa (en octavas) y do. Sobre un acorde de sol, usaría usted sol (en octavas) y re.

FIGURA 13-15: Acompañamiento genérico de rock 'n' roll.

¡También puede trasladarse a los acordes IV o V!

Johnnie Johnson

Johnnie Johnson ha obtenido el reconocimiento que se merece sólo recientemente. Es un pianista relativamente desconocido, cuya aportación al rock 'n' roll no debería ser subestimada. Johnson era un nativo de Virginia Occidental que se asentó en San Luis, donde conoció y contrató a un joven guitarrista llamado Chuck Berry. Poco después, la amistad de Johnson y Berry daría como fruto una larga colaboración musical.

Como posiblemente ya sepa, Chuck Berry se convertiría en uno de los iconos más importantes del rock 'n' roll, e influyó a todo el mundo, desde los Beatles a los Rolling Stones, Erick Clapton o Bruce Springsteen. El pianista de estudio Lafayette Leake actuaría en algunos de los discos de Berry con Chess, pero Johnson sería su principal pareja musical. De hecho, ambos trabajaron juntos (casi exclusivamente) durante treinta años. Durante este tiempo, surgió una fuerte sinergia musical que se manifestó en éxitos como «Roll Over Beethoven» o «No Particular Place to Go». Berry incluso escribió un homenaje a Johnson llamado «Johnnie B. Goode».

¿Preguntas?

¿Qué hace que el estilo de Johnson sea tan especial?

El estilo de Johnson es suave y grácil. Sus manos parecen deslizarse sin esfuerzo sobre el teclado. Las líneas de blues que toca se inspiran en gran medida en las escuelas de San Luis y de Chicago, y emplea muchas sextas y terceras en sus solos. Su estilo es también divertido y rítmicamente diverso.

Las ideas musicales de Johnson influyeron a Berry desde el principio y ambos colaboraron en más de 50 canciones. Al final desembocó en disputas legales entre ambos, pero eso no menoscaba la maravillosa música que crearon juntos. Como el de todos los pianistas de rock 'n' roll, el estilo de Johnson estaba basado en el blues. Optó a la gloria en 1992, con su trabajo en solitario *Johnnie B. Bad*, en el que aparece tocando con gente tan notoria como Keith Richards o Eric Clapton. En esta publicación, Johnnie demuestra su talla como solista. También reafirma sus estelares habilidades como acompañante.

La **FIGURA 13-16** le muestra un ejemplo de lo que Johnson podría haber tocado mientras improvisaba sobre un blues en do mayor. Se incluye una frase de cuatro compases con el primer compás del acorde IV (quinto compás). Quizás quiera aprender esta frase y después completarla con su propia improvisación al estilo de Johnson. Cuando haga solos, intente emplear las repeticiones y las preguntas y respuestas.

Repetir líneas (frases musicales) ayuda a la audiencia a entender lo que está tocando. También muestra meditación y seguridad. Cuando repite un fraseo le dice a la audiencia, «¡Eh, fíjense en esto! ¡Es bueno!». Las preguntas y respuestas, tal y como le explicamos en el capítulo 10, ayudan a crear un diálogo con sentido entre sus frases. Esto se traduce en solos con fundamento, ya que partirá de una idea en lugar de partir de ideas musicales aleatorias.

FIGURA 13-16: Un fraseo de blues divertido.

PISTA 57

Capítulo 14

La evolución del rock

En los años sesenta, el rock 'n' roll empezó a madurar y a convertirse en un estilo bien definido. El blues, el R&B y el country eran todavía una influencia de este nuevo sonido, pero el resultado final era completamente rock. De hecho, el nombre completo, rock 'n' roll, fue abandonado por nuevos artistas que querían distanciarse de la primera época del rock 'n' roll. Nada fue mejor ejemplo de ello que la invasión británica, la cual iniciaron los Beatles en 1964.

The Beatles

Los Beatles son una anomalía en la historia de la música. Ha habido muchas superestrellas en el rock. Sin embargo, ninguna de ellas puede rivalizar con la popularidad y el duradero legado de los Beatles. Elevaron el listón de la música popular y su obra incluye decenas de clásicos. Desde «I Want to Hold Your Hand» hasta «A Hard Day's Night», pasando por «All You Need Is Love» o «The Long and Winding Road», los Beatles han cautivado a la audiencia con melodías contagiosas, ganchos imborrables, letras imaginativas arreglos brillantes y creatividad musical. Dada su influencia en la música popular, le interesa conocer su discografía y también los álbumes en solitario de John Lennon, Paul McCartney y George Harrison.

ESENCIAL

Debido a la presencia de George Martin, los arreglos de los Beatles emularon a menudo la música clásica europea. El solo de clavicordio de «In My Life» es uno de los mejores interludios instrumentales del grupo. Este solo emplea contrapuntos entre la mano derecha y la izquierda, y su construcción y evolución está inspirado en las fugas barrocas.

El productor y arreglista George Martin es a menudo visto como el quinto Beatle. Los principales compositores eran Lennon y McCartney, aunque Harrison escribió auténticas joyas y el batería Ringo Starr la canción «Octopus's Garden». Tal y como explicamos en el capítulo 1, los Beatles empezaron imitando el estilo del rock 'n' roll de los años cincuenta. Sin embargo, pronto desarrollaron su propia voz. Cada año alcanzaban nuevos hitos creativos y sus innovaciones sorprendieron tanto a sus seguidores como a la crítica.

Las canciones de los Beatles siempre incluyeron unos giros armónicos con gusto y unas meditadas armonías vocales, pero sólo con eso no se hubieran convertido en una leyenda. Una de sus principales aportaciones fue el empleo del estudio de grabación. Durante la época de la psicodelia (finales de los sesenta), empezaron a emplear el estudio de grabación como un instrumento. Le daban la vuelta a las cintas y cambiaban su velocidad. Situaban los micrófonos en lugares poco ortodoxos y experimentaban con el procesado del sonido para crear efectos vocales e instrumentales inusuales.

Mezclaron instrumentos clásicos y exóticos (como el sitar o la tabla) con guitarras y fueron de los primeros en emplear teclados electrónicos.

Tanto Paul McCartney como John Lennon tocaban el piano y lo usaban con frecuencia para componer. Si quiere profundizar en su estudio, le recomendamos fehacientemente que compre uno de los muchos libros de canciones de los Beatles que existen. Por ejemplo, los volúmenes I y II de *Beatlemania*, de Hal Leonard, son una fuente estupenda (vea el apéndice B). Si quiere entender cómo se construyen las canciones pop y rock, aprenda el repertorio de los Beatles. No hay mejor modo.

En la **FIGURA 14-1**, verá un fraseo que Paul McCartney utiliza en «Drive My Car», del álbum *Yesterday… and Today* (1966). Es un fraseo típico de blues, pero es utilizado de modo efectivo entre frases en el estribillo de la canción.

Puede transformar este fraseo en un blues trasladándolo sencillamente para encajar con los acordes IV y V. La **FIGURA 14-2** le muestra este fraseo empleado en un blues modificado de ocho compases. Se ha cambiado el ritmo ligeramente para que suene más funky. Sería muy sencillo alargar este formato para crear un típico blues de doce compases. Emplee otro blues de doce compases de este libro (vea los capítulos 9 y 15) como guía.

FIGURA 14-1: Fraseo de «Drive My Car».

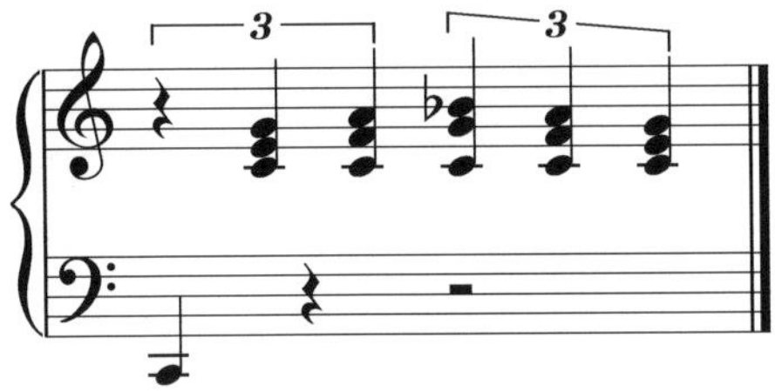

A los Beatles les encantaba usar líneas de bajo descendentes. El siguiente ejemplo es una imitación de algo que Paul McCartney podría haber tocado en un puente. Está escrito en la menor, la relativa menor de do mayor. La figura parece armónicamente difícil, pero en realidad no es tan compleja. Emplee su oído cuando toque líneas descendentes y experimente con distintas ideas de factura propia. En la mayoría de los casos escuchará cuándo una progresión es armónicamente correcta.

FIGURA 14-2: Blues de ocho compases.

PISTA 58

FIGURA 14-3: Progresión descendente al estilo de los Beatles.

PISTA 59

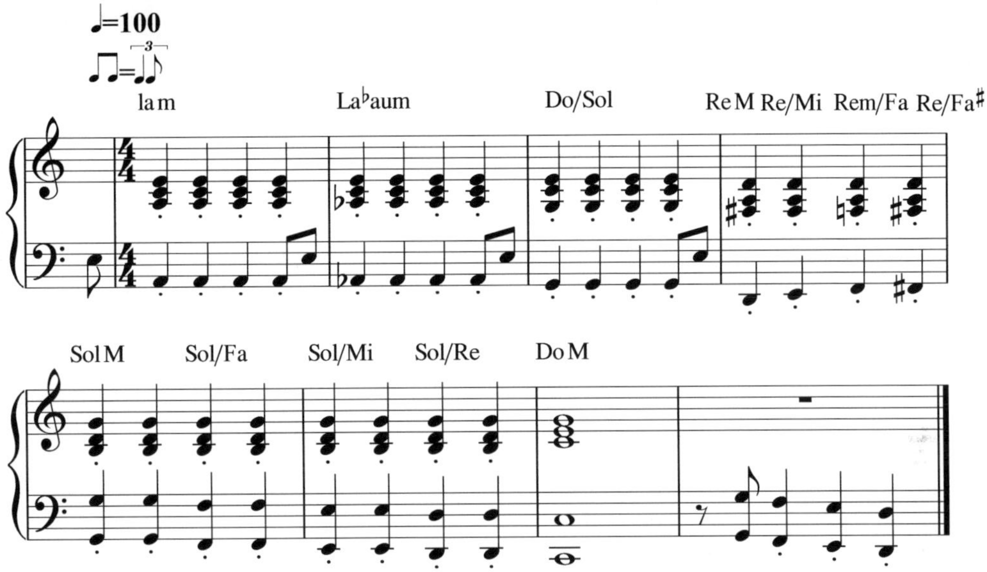

The Doors

The Doors fue una banda de rock vital a finales de los sesenta y principios de los setenta. A pesar de la talla como icono del cantante Jim Morrison, el estilo de los Doors dependía en gran medida de su teclista, Ray Manzarek, quien cumplía los roles de acompañante y de bajista. Empleaba su órgano Vox Continental y un Fender Rhodes Piano Bass para tocar acordes y melodías con la mano derecha y líneas de bajo con la izquierda.

Cofundador de la banda, Manzarek definió el sonido de los Doors en canciones como «Break On Through», «Light My Fire», «Hello, I love You» y muchas más. Junto al guitarrista Robbie Krieger y al batería John Densmore, Manzarek era el contrapeso a las actuaciones a menudo inestables e incendiarias de Morrison. Más que ningún otro miembro, Manzarek era lo que daba consistencia a la música de los Doors.

Manzarek redefinió el rol del teclista en la música popular. Su estilo mostraba una gran destreza, solidez e independencia, y siempre mantenía unas sólidas líneas de bajo, incluso cuando hacía un solo sobre ellas.

Los solos de Manzarek eran normalmente soliloquios modales que tomaban prestados elementos del jazz, en particular del trabajo de John Coltrane, Thelonious Monk y Herbie Hancock. Aun así, su música nunca suena demasiado jazz, porque Manzarek raramente usaba el lenguaje del bebop. En lugar de ello, se concentró en experimentos diatónicos y modales postbop.

La **FIGURA 14-4** imita el estilo de Manzarek, especialmente el que emplea en «Light My Fire», del homónimo álbum *The Doors* (1967). Las notas empleadas con la mano derecha dibujan una escala dórica de la: la, si, do, re, mi, fa sostenido, sol, la. Si quiere ponerse sofisticado, podría usar una escala dórica de si sobre un acorde de si menor, la cual incluiría las notas do sostenido y sol sostenido. También podría tocar con las escalas pentatónica de la y de si respectivamente. Si ha olvidado cualquiera de esas escalas, vea el capítulo 5.

FIGURA 14-4: Solo modal al estilo de Ray Manzarek.

PISTA 60

Rock progresivo

El rock progresivo británico (o prog-rock) fue popular en los setenta, y estaba enfocado a las audiencias de los estadios, o los «stoner». El rock progresivo está pensado para ser escuchado (y no para ser bailado), y a menudo son largas composiciones de múltiples partes. El rock progresivo toma elementos de géneros musicales diversos, como el jazz, el folk, el blues eléctrico, el heavy metal y la vanguardia. A menudo toma elementos de la música clásica europea, y muchos de sus músicos suelen ser virtuosos con una buena formación.

El rock progresivo estuvo influenciado al principio por los experimentos psicodélicos de los Beatles, especialmente por el pionero álbum *Sgt. Pepper's Lonely Hearts Club Band*. Sin embargo, el rock progresivo preferiría al final la complejidad estructural y rítmica a los ganchos pop, lo cual provocó que parte de la audiencia lo despreciara como excesivo y pagado de sí mismo.

Se considera que el primer álbum de rock progresivo fue *In the Court of the Crimson King*, de King Crimson, en 1969, donde Ian MacDonald tocaba los teclados y el mellotrón. En la década siguiente, los teclistas siguieron definiendo el rock progresivo; cuatro dominaron la escena: Rick Wakeman (Yes), Keith Emerson (Emerson, Lake and Palmer), Tony Banks (Genesis) y Richard Wright (Pink Floyd). Hoy, el rock progresivo continúa vivo entre audiencias selectas.

Más que otros, los teclistas Keith Emerson y Rick Wakeman han devenido sinónimos de rock progresivo. Ambos tienen formación clásica y ambos son famosos por emplear muchos teclados, órganos y sintetizadores en el escenario. Eran también unos *showmen* únicos que hacían aspavientos en el escenario para reforzar sus ya espectaculares exhibiciones de técnica.

La **FIGURA 14-5** le muestra un ejemplo de algo que Keith Emerson pudiera haber tocado. Bebe de las fuentes de la música clásica contemporánea y del jazz moderno, y emplea una serie de giros armónicos, incluido un exótico mi7♯9 al final que debería recordar del capítulo 7.

FIGURA 14-5: Experimento armónico a lo Keith Emerson.

PISTA 61

FIGURA 14-6: Solo a lo Rick Wakeman.

La **FIGURA 14-6** es un ejemplo de algo que Rick Wakeman podría haber tocado. Es un ejemplo dramático en tonalidad menor que emplea power chords y la escala menor natural. Los power chords sólo emplean el tono base y la quinta. Estos acordes retienen la función diatónica de un acorde, pero omiten el tercer grado de la escala, no definen el acorde como menor o mayor. El «poder» proviene de la consonancia armónica del intervalo de quinta justa.

INFORMACIÓN

El mellotrón es un teclado y sampler polifónico desarrollado en Inglaterra a principios de los sesenta. El banco de sonidos del mellotrón contiene instrumentos pregrabados (capturados en cintas magnéticas). Cuerdas, metales, flautas y otros instrumentos orquestales eran grabados a menudo para su empleo posterior. Cada cinta contenía unos ocho segundos de música. El mellotrón fue un importante precursor del sampler digital.

Stevie Wonder

Si Ray Charles fue el padre del R&B, Stevie Wonder podría considerarse su primer hijo. Junto a Marvin Gaye, Wonder sobresale como uno de los intérpretes negros más importantes de su generación. Es también una de las estrellas del pop más celebre desde la era del rock 'n' roll. Actualmente se escribe esto, la carrera de Wonder incluye nueve números uno, y ha vendido más de cien millones de discos.

Nacido en Saginaw, Michigan, en 1950, Wonder fue un niño precoz con un prodigioso oído musical. Antes de empezar la escuela secundaria, fue contratado por Motown Records, donde consiguió su primer número uno, «Fingertips», en 1963. Con veinte años, Wonder empezó a crear sencillos prolíficamente. Entre ellos estaban «For One in My Life», «My Cherie Amour» y «Signed, Sealed, Delivered (I'm Yours)». Más tarde, los álbumes *Innervisions*, *Song in the Key of Life* y la banda sonora de *La mujer de rojo*, dieron como fruto grandes éxitos y definieron la época dorada de Stevie Wonder.

Como Ray Charles, Wonder tomaba prestados elementos de géneros diversos. Estudió piano clásico, pero estaba más influenciado por los estilos de música negros. Blues, Motown, R&B, soul, funk, reggae, jazz, todo cabía en su sonido. Dominaba varios instrumentos y tocaba a menudo la batería, la percusión y el bajo; también era muy bueno con la armónica.

A pesar de su habilidad con diversos instrumentos, las principales preocupaciones de Wonder fueron siempre tocar el piano (o los teclados) y componer.

«Superstition» es una canción que fue catapultada hasta el número uno en 1972. En esta canción Wonder usa un clavinet. Un clavinet es un teclado electrónico que emula el sonido de un clavicordio. La **FIGURA 14-7** le muestra una versión simplificada de un ritmo funk que Wonder podría haber tocado en «Superstition». Tenga cuidado con el ritmo, particularmente con la síncopa del tiempo dos. Lo mejor es tocar este ejercicio despacio mientras cuenta en voz alta. Esta figura está escrita en tonalidad de do menor (tres bemoles).

Wonder escribió también melodías temas con aires jazz, sofisticadas armonías y hermosos ganchos. Su número uno de 1973, «You Are the Sunshine of My Life», es un perfecto ejemplo de ello. La **FIGURA 14-8** está inspirada en la progresión de acordes de esta canción. Los acordes empleados aquí no son idénticos a los empleados en la canción, pero muestran algo de la lujosa armonía que Wonder era capaz de crear.
No olvide usar el pedal tal y como está indicado.

FIGURA 14-7: Clavinet de Stevie Wonder.

PISTA 62

FIGURA 14-8: Acordes jazz al estilo Stevie Wonder.

PISTA 63

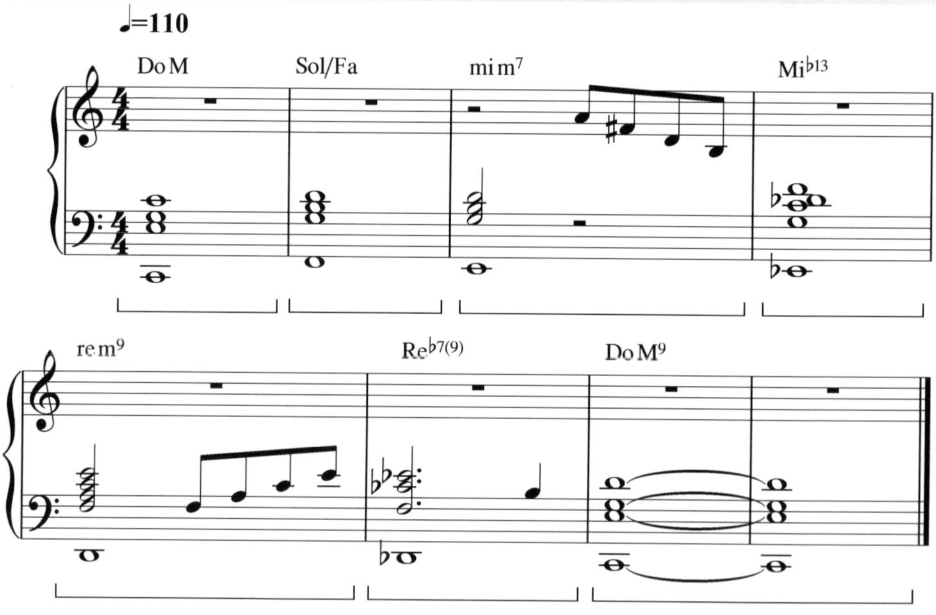

Rock sureño

Aunque Jerry Lee Lewis, Elvis Presley, Little Richard y otros artistas del rock 'n' roll de los años cincuenta provenían del sur de Estados Unidos, no encajan con la definición de rock sureño. No fue hasta pasada la invasión británica cuando el rock sureño nació de modo oficial. Gracias a la influencia de rockeros con raíces como Credence Clearwater Revival y The Band, el rock sureño vivió su pico en los setenta con el éxito de la Allman Brothers Band, Lynyrd Skynyrd, ZZ Top, la Charlie Daniel's Band, Alabama y otros. El rock sureño no debe ser confundido con su hermano el heartland rock, del cual es mejor ejemplo la música de John Mellencamp.

¡ALERTA!

> Por lo general, el rock sureño mezcla el folk, el country y el blues con ritmos contagiosos y guitarras distorsionadas. Las letras del rock sureño normalmente defienden los valores y los símbolos de la confederación americana o del Sur rebelde. También promueve los estereotipos de «buen mozo» y chico de campo.

Al principio, los teclados, el órgano y el piano eran algo común en el rock sureño. Los dos teclistas más importantes del subgénero son posiblemente Billy Powell (Lynyrd Skynyrd) y Gregg Allman (The Allman Brothers Band). Además, en los ochenta, ZZ Top mostró cómo el rock sureño podía ser combinado con el pop electrónico. Esto es visible en los álbumes *Eliminator* (1981) y *Afterburner* (1985), ambos con la prominente presencia de sintetizadores y secuenciadores.

Lynyrd Skynyrd y la Allman Brothers Band incluyeron el blues en su música. Esto es evidente en el tradicional estilo de Allman y en los fraseos swamp de Powell. Ambos intérpretes emplearon clichés del blues como los que le mostramos en este libro. Así que, si quiere tocar como ellos, empiece por repasar los capítulos 9, 10 y 11.

La **FIGURA 14-9** es una amalgama de dos fraseos de Billy Powell del himno del rock sureño «Sweet Home Alabama». Este fraseo, como muchos fraseos de blues, usa muchos intervalos de sexta (ver el capítulo 11). Tenga cuidado con la digitación en esta figura. Las manos izquierda y derecha están bastante integradas; le indicamos la digitación sugerida.

FIGURA 14-9: Fraseo a lo Billy Powell.

PISTA 64

MI=Mano izquierda
MD=Mano derecha

Pop electrónico

Se han usado sintetizadores en el pop y en el rock desde los sesenta, pero no fueron el centro de atención hasta los ochenta, cuando se crearon teclados transportables y los músicos fueron conscientes de la era digital.

En esa época tenía lugar una segunda invasión británica, y llegaba al Top 40 un elegante pop basado en los teclados, cuya máxima expresión fueron artistas como Duran Duran, Gary Numan, The Cure, Eurythmics, Depeche Mode, Erasure, Flock of Seagulls, Spandau Ballet y Culture Club. Al principio, el pop electrónico tomó elementos de la música electrónica. La música de Kraftwerk fue particularmente influyente. Esta formación alemana revolucionó casi por sí sola la música sintetizada. Kraftwerk empezó a experimentar con la electrónica ya hacia 1970. A principios del siglo XXI siguen siendo pioneros en el uso de portátiles y otra tecnología. Brian Eno fue otra figura del pop electrónico. Su creativo empleo de sintes y otros dispositivos electrónicos convirtió a Roxy Music en una de las bandas más importantes de principios de los setenta. La atención de Eno por la melancolía, la textura, el color y el estado de ánimo impulsó también un nuevo estilo de música electrónica llamado ambient.

En términos generales, el pop electrónico podría caber en la categoría de new wave, término que describe un tercer movimiento importante en el rock (la primera ola consistió en el rock 'n' roll de los cincuenta; la segunda ola fue la invasión británica de los sesenta). La new wave incluye la segunda invasión británica. También incluye a un selecto grupo de artistas americanos. Entre ellos están Talking Heads, R.E.M., Devo y Tom Petty. Este último afirmó incluso haber creado el género con su álbum *You're Gona Get It!* (1978).

ESENCIAL

La música ambient usa sintes y otros dispositivos para crear atmósferas musicales. La música de Eno puede ser protagonista o acompañante; puede ser tan cautivadora como ignorable. La música ambient emplea elementos del minimalismo y de la música del compositor francés Erik Satie.

La **FIGURA 14-10** es un ejemplo de cómo pueden emplearse los teclados en el pop electrónico. A menudo, las partes sintetizadas se hacían en el estudio por partes, así que emulamos esta práctica en este ejercicio. La **FIGURA 14-10** le muestra cuatro voces juntas, aunque en realidad podrían haberse usado más. Fíjese en cómo se emplean los arpegios. Algunos teclados de la época del pop electrónico, como el Juno 60, podían tocar arpegios automáticamente. Todo lo que había que hacer era activar una función y pulsar una tecla. La **FIGURA 14-10**, armónicamente, usa un acorde suspendido (do y re) que desemboca en una tercera mayor (do y mi). Toque cada línea por separado o a pares.

Cantautores y piano pop

El término *cantautor* se refiere a alguien que escribe sus propias canciones y se acompaña a sí mismo con la guitarra o el piano. Al principio el término se refería sólo a artistas de folk o country. Pero esta etiqueta se ha ampliado para englobar a cantantes y cantautores de todo tipo. Los más famosos cantautores con piano son Elton John y Billy Joel. Randy Newman, Jackson Browne y Joe Jackson son también otros cantautores con pianos vitales. Además, nuevos artistas como Tori Amos, Sarah McLaughlin, Rufus Wainwright, Fiona Apple, Vanessa Carlton y Ben Folds mantienen viva la llama del cantautor.

Podría considerarse a estos artistas «piano pop», un estilo en el que el piano es el instrumento más importante, en oposición a la clásica formación de cuatro instrumentos consistente en guitarra solista, guitarra rítmica, bajo y batería.

FIGURA 14-10: Ejemplo de pop electrónico.

PISTA 65

Elton John

Nacido en 1947, Elton John sigue siendo una de las estrellas más importantes del pop. En cuanto a sus habilidades compositivas, el cantante británico ha vendido alrededor de 250 millones de álbumes. También ha metido 50 temas en el Top 40. Aunque es un famoso artista pop, John estuvo influenciado al principio por el góspel, el boogie-woogie y el rock 'n' roll de los cincuenta.

Esto es evidente en el éxito «Crocrodile Rock». Como muchos de sus contemporáneos, John también estuvo influido por los Beatles. Por ejemplo, «Goodbye Yellow Brick Road» se inspira en *Abbey Road*, de los Beatles. Junto al letrista Bernie Taupin, John ha escrito grandes éxitos como «Bernie and the Jets», «Daniel», «Rocket Man», «Candle in the Wind» y muchos otros.

Como otros cantautores, John emplea a menudo el tercer grado de la escala en el bajo. En la mayoría de los casos, el tercer grado de la escala indica el tono base del siguiente acorde. La **FIGURA 14-11** (de «Goodbye Yellow Brick Road») ilustra este tipo de movimiento armónico. La letra que se canta en este pasaje es «Going back to my plough». La canción está en tonalidad de fa mayor.

FIGURA 14-11: Movimiento armónico de Elton John.

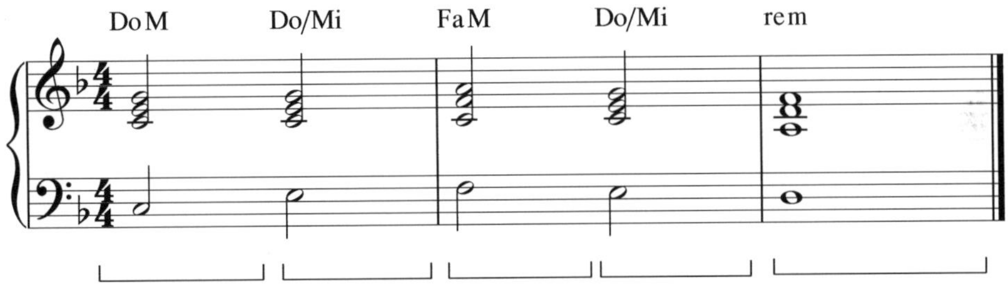

En esta canción, John pasa también de vi a III, luego a IV y finalmente a un VI bemol (acorde prestado). El acorde VI bemol es un giro armónico muy efectivo (ver al capítulo 6). Se lo mostramos en la **FIGURA 14-12**.

FIGURA 14-12: Progresión de acordes con VI bemol.

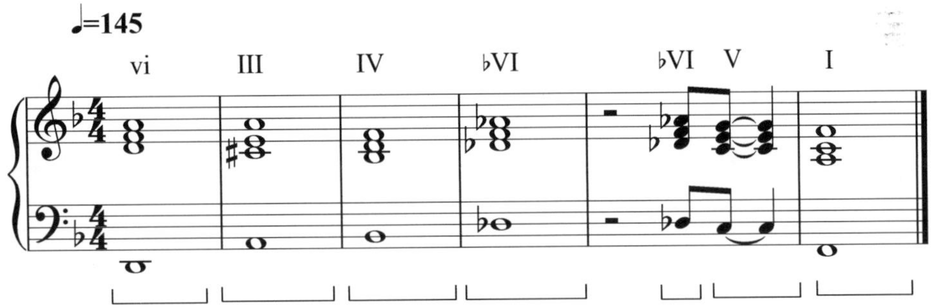

Billy Joel

Nacido en 1949, Billy Joel es quizás el único artista de piano pop que puede rivalizar con Elton John. Nacido en Long Island, Joel consiguió un gran éxito en 1973 con el álbum *Piano Man*, el cual se convirtió en su primer disco de oro.

A menudo malinterpretado como un artista pop sentimental, las canciones de Joel tratan a menudo de la ira, la soledad y la rebeldía. Además, sus odas a las mujeres, como «She's Always a Woman» y «She's Got a Way» hacen algo más que hablar de modo romántico del sexo opuesto. En lugar de ello, vierte luz sobre los misterios del amor mediante sencillas confesiones poéticas. Con influencias de un amplio abanico de estilos musicales (desde el blues a la música clásica), la discografía de Joel es tan variada como sofisticada.

Joel es un camaleón musical. Es famoso por sus canciones inspiradas en el doo-woop, sus imitaciones de Tin Pan Alley, su rock con influencias Beatles y sus guiños al R&B. La **FIGURA 14-12** le muestra un ejemplo del estilo de Billy Joel con influencias R&B. Es un extracto de «New York State of Mind», el homenaje de Joel a Ray Charles.

FIGURA 14-13: Movimiento armónico de Billy Joel.

PISTA 66

Capítulo 15

Obras de estudio

En este capítulo tocará piezas más largas y más completas. La primera parte del capítulo se centra en el estudio del blues, mientras que la segunda parte lo hace en el rock y en el pop. Antes de abordar estas piezas, repase el temario de los 14 capítulos anteriores. Una vez haya trabajado con estas piezas, intente escribir sus propios estudios. Puede también usar estas composiciones como trampolín para la improvisación o la composición.

¿Qué es un estudio?

En música, los estudios son piezas didácticas empleadas para enseñar una técnica o un estilo en particular. Los estudios de este capítulo utilizan técnicas, estilos y elementos teóricos discutidos en los capítulos anteriores. En general, son ejercicios prácticos ideados para poner a prueba su habilidad y sus conocimientos.

ESENCIAL

A pesar de la naturaleza pedagógica de estos estudios, esperamos que disfrute escuchando estas piezas. Intente interpretarlas frente a una audiencia. Actuar es vital para su evolución como músico. ¿No tiene audiencia? ¿Por qué no tocar estas piezas para su familia y sus amigos? Todo lo que necesita es un piano o un teclado y una sala de estar.

En general, estos estudios son la culminación de las ideas, las técnicas y los conceptos que ha aprendido en los 14 capítulos anteriores. Ha llegado el momento de ponerlos en práctica. En otras palabras, es la hora de juntar sus conocimientos.

Analizar acordes

Ninguno de los estudios en este capítulo incluye símbolos de acordes o números romanos. Es a propósito. Es hora de que *usted* analice los acordes por cuenta propia. Los estudios de blues serán bastante obvios; todos emplean el formato de doce compases. Puede que el estudio pop «For Kicks» emplee unos acordes que no haya visto desde el principio del libro (vea el capítulo 6). Sin embargo, si repasa un poco, debería ser capaz de adivinar los conceptos armónicos de esta pieza. Si sigue sin estar seguro, más adelante, en este capítulo, le presentamos un análisis armónico generalizado de «For Kicks».

Para adivinar los acordes de cualquier pieza de música, considere la nota más grave como el tono base. Tenga cuidado con los acordes invertidos. Por ejemplo, si ve usted claramente una tríada con las notas do, mi y sol, y mi es el tono más grave, debería darse cuenta de que es una tríada de do con mi en el bajo; esto se escribe do/mi. Tenga también presente que los acordes se pueden describir de distintos modos, en función del contexto. Por tanto, hay acordes homónimos. En lenguaje, homónimas son dos o más palabras que se escriben igual pero que significan cosas distintas.

¡ALERTA!

No deje que los tonos de transición, los barridos de escalas o los pasajes atonales le confundan. ¿Qué es la música atonal? La música atonal no tiene ninguna tonalidad base. A menudo suena aleatoria o misteriosa. Sólo hemos empleado música tonal en este libro. Sin embargo, se ha empleado música atonal de modo efectivo en el rock de vanguardia.

Una vez ha localizado el tono base, busque una tercera. La tercera le dice si el acorde es mayor o menor. Si analiza el acorde y se da cuenta de que no es mayor o menor, posiblemente sea aumentado, disminuido o semidisminuido. Repase el capítulo 6 para entender mejor estos tipos de acordes. Otra excepción son los power chords. Este tipo de acordes omite directamente las terceras. Algunas veces se omiten también las quintas de los acordes, ya que son muy consonantes. Los acordes esbozados pueden prescindir también de las terceras y de las quintas. Por ejemplo, un acorde esbozado podría contener sólo una tónica y una séptima menor (como do y si bemol).

Para nombrar el resto de notas que aparecen en el acorde, sencillamente cuente grados de escala (vea el capítulo 4). Tenga presente las notas diatónicas y los tonos alterados. Por ejemplo, las decimoterceras bemoles y las novenas sostenidas son tonos alterados. Las sextas mayores, las séptimas y las novenas son notas diatónicas. Familiarícese también con el lenguaje habitual empleado para describir los tonos alterados. Por ejemplo, los músicos nunca dirán «un décima bemol». Siempre se referirán a este tono alterado en particular como «una novena sostenida».

Estudio de blues n.° 1: «Blues for Dr. John»

El estudio de blues n.° 1, «Blues for Dr. John» es una pieza algo difícil de boogie-woogie. Si todavía es usted relativamente un principiante, quizás quiera saltarse esta pieza de momento y volver a ella cuando tenga más técnica y sus manos sean más independientes. Si cree que tiene lo que hay que tener, ¡siga leyendo!

Dr. John (también conocido como Mac Rebennack) es uno de los pianistas más famosos que surgiera de Nueva Orleans. Tal y como leyó en el capítulo 11, esta ciudad es una cuna del piano blues. Dr. John estaba muy influenciado por intérpretes como Champion Jack Dupree y Professor Longhair, y es heredero de estos maestros del blues. Su estilo combina el R&B, el primer rock 'n' roll, el funk y los ritmos swamp con el boogie-woogie y el jazz. Sus influencias jazz las hallamos en Duke Ellington y Thelonious Monk.

¿Preguntas?

¿Está Rufo, de la banda de los Teleñecos Doctor Dientes y el Caos Eléctrico, inspirado en alguien?

Aparentemente, Jim Henson, creador de los Teleñecos, era un gran fan del elegantemente vestido pianista de Nueva Orleans Dr. John. El teleñeco Rufo imitaba incluso la rasposa voz de Dr. John y empleaba al hablar el mismo argot de músico.

El estilo de Dr. John al piano es suave, fluido y sincopado;  es uno de los motivos rítmicos que emplea con más frecuencia. Le mostramos este ritmo en la **FIGURA 13-13**. Practique este ritmo por separado antes de incorporarlo al estudio. En otras palabras, practique este ritmo hasta que lo ejecute con facilidad. No debería sonar forzado y staccato. Al contrario, debería sonar sólido y legato.

FIGURA 15-1: Línea de bajo de «Blues for Dr. John» sin octavas.

FIGURA 15-2: Estudio blues n.º 1: «Blues for Dr. John».

PISTA 67

Blues for Dr. John

♩=160

E. Starr

FIGURA 15-2 *(continuación)*: Estudio blues n.º 1: «Blues for Dr. John».

FIGURA 15-2 *(continuación)*: Estudio blues n.º 1: «Blues for Dr. John».

𝄐 = Sostenga el acorde (símbolo de fermata)

Tal y como se mencionó previamente, este estudio es una de las piezas más difíciles del libro. Esto se debe en gran parte al complicado ritmo con la mano izquierda. Como verá, la mano izquierda se mueve arriba y abajo del teclado en octavas. Por tanto, debe tocar con mucha precisión. No hay nada peor que una mano izquierda torpe para tocar una línea de bajo de boogie-woogie. Si le resulta difícil tocar la línea de bajo en corcheas, intente simplificarla. El mejor modo de hacerlo es eliminar las octavas. Use el ritmo de la **FIGURA 15-1**.

Es muy recomendable que aprenda la pieza con cada mano por separado. Cuando esté preparado para emplear ambas manos, toque el estudio despacio. Recuerde, tocar limpio y claro es esencial en el boogie-woogie.

Estudio de blues n.º 2: «Tinsel Town Boogie»

El estudio de blues n.º 2, «Tinsel Town Boogie», emplea la famosa línea de bajo boogie-woogie que fue empleada en «Boogie Woogie Bugle Boy». Este himno de la Segunda Guerra Mundial se escuchó por primera vez en *Reclutas*, la

FIGURA 15-3 : Estudio de blues n.º 2: «Tinsel Town Boogie».

PISTA 68

Tinsel Town Boogie

♩=180

E. Starr

FIGURA 15-3 *(continuación)*: Estudio de blues n.º 2: «Tinsel Town Boogie».

FIGURA 15-3 *(continuación)*: Estudio de blues n.º 2: «Tinsel Town Boogie».

película de Abbot y Costello. Desde entonces, la línea de bajo de la canción se ha convertido en sinónimo de boogie-woogie. En la letra de la canción se menciona «eight to the bar». La expresión *eight to a bar* era una frase común empleada en los cuarenta para describir los contagiosos ritmos de corcheas que se tocaban con la izquierda en la música boogie-woogie.

Fiel al estilo, la línea de bajo de este estudio emplea corcheas. Como «Blues for Dr. John», esta pieza requiere una gran independencia de ambas manos. De nuevo, le recomendamos que practique con cada mano por separado. Sea cuidadoso y meticuloso también con la digitación de la mano izquierda. La digitación de la mano izquierda es la misma en los acordes I, IV y V; se la mostramos en el primer acorde. La mano derecha emula fraseos de metales, algo que era un modo habitual de concebir los solos durante la era del boogie.

Se dará cuenta de que este estudio es en realidad una improvisación escrita. La mano derecha emplea exhaustivamente la escala de blues, y al final se utiliza un sofisticado acorde do13 que da al tema un clímax y una tensión adicional. Practique esta pieza con un metrónomo para asegurarse de que el tempo es estable (vea el capítulo 17). Sobre todo, recuerde que es más importante tocar correctamente y con precisión que tocar increíblemente rápido.

Estudio de blues n.º 3: «Lazy Blues»

El estudio de blues n.º 3, «Lazy Blues», es un blues lento con una línea de bajo. Las canciones lentas de blues son a veces difíciles de escribir. Ello se debe a que los músicos de blues normalmente emplean ritmos libres. En otras palabras, tocan con cierto rubato. Por tanto, la líneas melódicas tienden a flotar arrítmicamente sobre los compases. En los temas lentos de blues, el tempo y el compás no cambian nunca, pero los ritmos no siempre se dividen y subdividen claramente. En lugar de ello, el ritmo se acelera (accelerando) y ralentiza (ritardando) en el contexto de la canción. La **FIGURA 15-4** le muestra un ejemplo. Para entender esta figura necesitará escuchar el CD y fijarse en la aceleración y en la ralentización gradual de las semicorcheas.

Es vital que conozca los ritmos libres y su empleo en el blues. Para hacerlo, debe escuchar esta música con atención (vea el apéndice A). Prácticamente todos los intérpretes de blues usan estos ritmos. Sin embargo, como sobre el papel son confusos, han sido omitidos en «Lazy Blues». Para mayor facilidad de

FIGURA 15-4: Ritmos libres.

PISTA 69

lectura, todos los ritmos de esta pieza encajan limpiamente en ritmos de tresillo. Aun así es importante tocar este estudio de modo relajado. No lo toque rígidamente. Al contrario que el boogie-woogie, el blues lento no debe sonar apresurado, sino apasionado pero perezoso, animado pero despreocupado.

Preste atención a los tresillos. En este caso tocará cuatro garrapateas en el espacio de una corchea de tresillo. No es tan difícil como parece, pero quizás quiera emplear un metrónomo para asegurase de que lo hace con precisión. Empiece por tocar simplemente tresillos de corcheas. Cuando se sienta seguro con este ritmo, recorra sencillamente con sus dedos los tonos correspondientes. Se dará cuenta de que el ritmo es bastante fácil de asimilar. Asegúrese de que no pierde el pulso de los tresillos de corcheas cuando lo hace.

Estudio de rock: «Solar Wind for Polyphonic Synthesizer»

«Solar Wind» está escrita para sintetizador, pero también puede tocarse con el piano. Si lo toca en un sintetizador, le hará falta un teclado moderno polifónico. Como leerá en el capítulo 16, los primeros sintetizadores son monofónicos. Esto significa que sólo puede tocar las notas de una en una, y no acordes.

«Solar Wind» está pensada para trabajar en la técnica. Tiene influencias del rock progresivo de los setenta, especialmente de la música de Rick Wakeman (vea el capítulo 14). Dado que Wakeman y otros como él tomaban elementos prestados de la música clásica europea, esta pieza emula el contrapunto a dos manos empleado en la música barroca. Sin embargo, esta pieza no se amolda estrictamente a las reglas de las composición de fugas, así que no la confunda con la auténtica música barroca. Este estudio imita simplemente los elementos del estilo barroco, especialmente el de las fugas de J.S. Bach.

FIGURA 15-5: Estudio de blues n.º 3: «Lazy Blues».

PISTA 70

Lazy Blues

E. Starr

♩=65

FIGURA 15-5 *(continuación)*: Estudio de blues n.º 3: «Lazy Blues».

FIGURA 15-5 *(continuación)*: Estudio de blues n.º 3: «Lazy Blues».

Es muy recomendable estudiar el repertorio barroco para mejorar su técnica y su oído para el contrapunto musical. El difunto pianista canadiense Glenn Gould es posiblemente el mejor intérprete moderno de J.S. Bach. Le sería útil familiarizarse con las grabaciones de Gould. Si se fija en instrumentistas como él aprenderá mucho sobre fraseo e interpretación musical.

Para tocar «Solar Wind» necesitará dominar las escalas menores y los arpegios (vea el capítulo 8). Esta pieza está escrita en la menor. Sin embargo no emplea un sol natural. En lugar de ello emplea un sol sostenido que toma prestado de la escala armónica menor. Este estudio se basa en una progresión armónica de ocho compases que delimita la pieza. Tómese su tiempo para analizar los ocho primeros compases y apunte los acordes encima del pentagrama.

INFORMACIÓN

La música barroca floreció en Europa aproximadamente entre 1600 y 1760. La precedió el período renacentista y le siguió el clásico. Durante la época barroca se estandarizaron la armonía y la tonalidad occidental.

«Solar Wind» es un espectacular estudio que evoca la grandeza de los himnos del rock progresivo. Sin embargo, se habrá dado cuenta de que esta pieza es muchísimo más corta que el clásico tema de rock progresivo. Si quiere prolongarla, intente escribir sus propias variaciones de arpegios y escalas sobre sus acordes. También podría escribir una melodía que encajara con la progresión armónica. Después intente hacer un solo en base a sus elementos melódicos. En música clásica se llamaría a esto *tema y variación*. Si es usted realmente ambicioso, intente escribir un puente para esta pieza. Quizás podría escribir un puente que cambiara a una escala mayor.

Estudio de pop: «For Kicks»

Este capítulo sobre rock y blues quedaría incompleto sin estudio de pop. «For Kicks» (**FIGURA 15-7**) es una contemplativa balada al piano que aúna muchos de los conceptos armónicos discutidos antes en este libro. La pieza está escrita en do mayor, y cambia a su paralela menor al final del compás 19. En el compás 21, regresa a do mayor con la reintroducción del tema principal. Este tema es sencillamente un gancho o un motivo de dos compases. Aparece por primera vez en los compases uno y dos, y contiene un acorde VI bemol. Se emplea una cadencia rota en el compás seis, en el que se pasa del acorde VI bemol a un la menor (en lugar de do mayor).

FIGURA 15-6: Estudio de rock: «Solar Wind for Polyphonic Synthesizer».

PISTA 71

Solar Wind

For Polyphonic Synthesizer

E. Starr

FIGURA 15-6 *(continuación)*: Estudio de rock: «Solar Wind for Polyphonic Synthesizer».

FIGURA 15-6 *(continuación)*: Estudio de rock: «Solar Wind for Polyphonic Synthesizer».

Otra característica importante es el uso de acordes de séptima mayor en los compases nueve y 44. Además, esta canción emplea un acorde VII bemol (si bemol) en varios puntos; aparece por primera vez en el compás quince. También se utilizan suspensiones con frecuencia. Por ejemplo, el tema principal contiene un re junto a un acorde de la mayor bemol. Este re es un acorde suspendido. Como muchos acordes suspendidos, acaba en la tercera mayor de la escala. Se utilizan suspensiones también en los dos últimos compases de la pieza. En este caso son segundas suspendidas. Como sus hermanas, las cuartas suspendidas, las segundas suspendidas desembocan en una tercera mayor. Finalmente, se dará cuenta de que se emplea una pentatónica menor en los compases 30 y 33 (debería acordarse de las pentatónicas del capítulo 5). Se numeran los compases al principio de cada sistema para que sea más fácil localizar las referencias del texto.

ESENCIAL

Si quiere escuchar un piano expresivo, fíjese en las baladas de pianistas como Joe Jackson, Billy Joel y Elton John. Los pianistas de new age son también conocidos por sus baladas suaves y cálidas. Criticados a menudo por ser demasiado melosos o sentimentales, lo pianistas de new age han contribuido de todos modos a mantener viva la tradición del piano en el pop.

Se pretende que «For Kicks» sea una pieza sutil y ambiental. Por tanto, cuando toque este estudio piense en la textura, el color y el sentimiento. Emplee cambios dinámicos y cerciórese de que las frases fluyen y de que se fundan entre sí. Para que esta pieza suene realmente expresiva necesitará emplear el pedal de resonancia, pero asegúrese de que sigue las indicaciones con cuidado. Un empleo torpe del pedal originará frases discordantes y poco definidas.

FIGURA 15-7: Estudio de pop: «For Kicks».

PISTA 72

For Kicks

E. Starr

Ya que en esta pieza se utiliza constantemente el pedal de resonancia, se han empleado flechas ascendentes en lugar de corchetes para facilitar su tarea. La línea (——) significa que debe accionar el pedal; la flecha (Λ) le muestra los puntos en que debe soltarlo.

FIGURA 15-7 *(continuación)*: Estudio de pop: «For Kicks».

FIGURA 15-7 *(continuación)*: Estudio de pop: «For Kicks».

Capítulo 16

Un equipo que cubra sus necesidades

Cualquier buen músico le dirá que el equipo es importante para su eficiencia. Por ejemplo, si usa un piano desafinado, nunca podrá alcanzar todo su potencial. Por otro lado, un Bosendorfer de 200.000 euros no hará que ni los más dedicados principiantes suenen como un profesional. Lo mismo pasa con los teclados. Utilizar el piano digital o sintetizador adecuado es vital para el éxito. Comprar el equipo adecuado se trata en realidad de poner en una balanza sus necesidades y sus intereses con un poco de sentido común y un buen conocimiento de lo que ofrece el mercado.

El piano

Hoy día, muchos principiantes compran un teclado en lugar de un piano. Debido a su precio y a su tamaño, los pianos a menudo no son prácticos. Sin embargo, algunos estudiantes disfrutan todavía del aprendizaje con un piano, y eso es algo de lo que los profesores no debieran disuadirlos. Ni el mejor teclado puede simular perfectamente a un piano. El toque, la respuesta y el sonido de un piano nunca podrán ser imitados de verdad, porque el piano es un instrumento acústico. Un teclado, en cambio, está hecho de plástico y su sonido está producido electrónicamente.

Un piano es de madera y metal. En los buenos pianos el plástico sólo se emplea para las teclas. El piano produce el sonido cuando se acciona una tecla y un percutor interno golpea un conjunto de tres cuerdas (en el registro más bajo cada percutor se asigna únicamente a una cuerda). Como las cuerdas son golpeadas, el piano se considera un instrumento de percusión. Los percutores del piano actúan como mazos o como baquetas y hermanan a éste con la batería o con otros instrumentos como el xilófono o la marimba.

INFORMACIÓN

Antes de la Segunda Guerra Mundial, las teclas blancas estaban cubiertas con una capa de marfil. De ahí la frase «dale al viejo marfil». Como el marfil se extrae de especies protegidas, los fabricantes de pianos emplean ahora el plástico. La diferencia de tacto y textura es inapreciables.

El piano está diseñado para que sus cuerdas de metal vibren. El pedal de resonancia (vea el capítulo 4) las deja vibrar con total libertad. Además, la construcción del piano permite que cree tonos, texturas y colores ricos y profundos. Por esta razón, el piano es el instrumento con teclado más expresivo que hay. La madera de la tabla armónica de un piano le proporciona un sonido único, un tono brillante, un color que, en última instancia, lo separa de sus primos electrónicos. Salvo por unos híbridos de nuevo diseño, los teclados electrónicos no tienen tabla armónica. Por tanto, no pueden reproducir el sonoro y exquisito tono de un piano.

El piano se compone de muchas partes, tanto grandes como pequeñas. Alguna de las partes no mencionadas previamente son el bastidor de metal, los silenciadores, los puentes y el arpa. Estos componentes son críticos en la construcción y en el diseño de un piano, pero no tiene por qué ser un experto en el tema. Mientras entienda el mecanismo básico de un piano, ya sabe lo necesario para empezar. Recuerde tan sólo que los percutores o macillos golpean las cuerdas y que la tabla armónica añade color y refinamiento a cada nota. El resto está en las manos del pianista.

Teclados y sintetizadores

Los teclados y los sintetizadores son útiles para un pianista de cualquier edad y grado de experiencia. Aunque nunca podrán reemplazar a un piano, pueden simular su sonido y su tacto. Hoy día, la mayoría de las compañías de teclados fabrican modelos de 88 teclas. Éste es el tamaño estándar del teclado de un piano. El cuerpo del piano, su gran exterior, se descarta en el diseño de un teclado, pero, por lo demás, el área que ve y que utiliza el teclista es casi la misma. En otras palabras, las teclas están dispuestas en el teclado exactamente del mismo modo que en un piano. En los teclados profesionales, el tamaño y el peso de las teclas es también el mismo. No importa el modelo, los colores de las teclas (blanco y negro), nunca son alterados.

¡ALERTA!

Los teclados tienen distintas formas y tamaños. Algunas compañías fabrican incluso teclados que se pueden enrollar. Si es usted un principiante, debe asegurarse de que su teclado viene con teclas de tamaño completo. Que éstas estén contrapesadas, o semicontrapesadas, es también altamente recomendable.

Como los teclados digitales ofrecen casi el mismo sonido y tacto que un piano, estudiantes y profesionales llevan tiempo disfrutándolos. Además, los teclados modernos ofrecen un banco de sonidos electrónicos que añaden variedad a cualquier formato musical. Hoy día, prácticamente cualquier sonido que se escuche en la música tiene un equivalente en el teclado. Por ejemplo, la mayoría de los teclados pueden simular la voz humana, clavicordios, órganos, orquesta de cuerda, guitarras, flautas, clarinetes, arpas, banjos, cornos y muchos otros instrumentos. Otros sonidos comunes incluyen los bongos y las congas, aplausos, timbales, olas del mar, disparos de armas, cláxones de automóviles, trinos de pájaros, cristales rotos y otros sonidos demenciales. Muchas compañías ofrecen incluso librerías completas de sonidos que contienen cientos de muestras pregrabadas.

¿Son buenos esos sonidos? Depende de la compañía y del sonido. No todos los sonidos se crean del mismo modo, y hay muchas variables que afectan la calidad de un sonido. En el momento de escribir este libro los sonidos de trompeta, saxofón, oboe y de instrumentos de cuerda individuales (como el violín y la viola) son a menudo pobres. Sin embargo, el sonido del piano y el de otros instrumentos de teclado como los órganos DX-7, Rhodes y Hammond B-3 están excelentemente imitados.

¿Preguntas?

¿Cuál es la diferencia entre analógico y digital?

En la tecnología analógica, la forma de las ondas es continua y siempre cambiante. Al mismo tiempo, el número de valores es infinito. La tecnología digital emplea pulsos para transmitir, almacenar y procesar información electrónica mediante un estricto código de unos y ceros.

Sintetizadores

Los sintetizadores son considerados instrumentos de teclado, ya que la mayoría de ellos emplean un teclado estándar para producir tonos específicos y efectos de sonido. Los sintetizadores antiguos generan el sonido mediante la manipulación y el control de voltajes eléctricos. Por ejemplo, se pueden producir sonidos muy diversos mediante la manipulación de la onda sinusoidal de un tono electrónico. Los sintetizadores analógicos tradicionales empleaban amplificadores operacionales y potenciómetros para cambiar y modificar el sonido. También empleaban osciladores y filtros para cambiar la frecuencia o la longitud de onda de un tono. Los primeros sintetizadores se llamaban modulares, ya que eran una unión de unidades electrónicas independientes.

Bob Moog

Contrariamente a lo que dice el mito, Bob Moog no inventó el sintetizador. Sin embargo fue el primero en popularizar este instrumento de teclado.

Un técnico brillante, Moog inventó el ahora famoso Minimoog (1970). Esta eficiente unidad única reemplazó rápidamente las aparatosas unidades múltiples de la época. Como los primeros sintetizadores, el Minimoog era todavía monofónico, lo cual significaba que sólo podía tocar una nota a la vez. Sin embargo, revolucionó el mundo de los teclados.

Los sintetizadores Moog provocaron sobre todo un mayor interés en la tecnología del teclado. En 1979, esa curiosidad por el sonido sintético y no acústico dio como fruto el Digital Signal Processing, el cual convertía o manipulaba información analógica. Y, a pesar de los avances de la era digital, muchos teclistas todavía disfrutan usando los viejos sintetizadores Moog. Los entusiastas afirman que su sonido analógico y cálido no puede ser imitado por los microprocesadores y los ordenadores.

En 2006, Moog Music presentó el Little Phatty Analog Synthesizer. Un homenaje al difunto Bob Moog, este elegante teclado incluye todas las características del clásico Minimoog con un interfaz musical digital (MIDI).

INFORMACIÓN

El nombre completo del piano es pianoforte. Fue inventado hacia 1700 por un italiano llamado Bartolomeo Cristofori. El piano continuó cambiando y evolucionando dramáticamente hasta que nació el piano moderno a finales del siglo XIX.

Comparativa del piano y del teclado

Cuando se decida entre piano o teclado, le hará falta tener en cuenta muchas variables. Una búsqueda rápida con su navegador le revelará muchos puntos de venta y los nombres de muchas compañías. Con tanta información disponible y tantos productos distintos para elegir, necesitará tener presente sus objetivos musicales. En última instancia, todo se reduce a dos preguntas fundamentales:

- ¿Qué es lo que mejor servirá a mis objetivos musicales?
- Siendo realista, ¿qué es lo que me puedo permitir?

Para muchos estudiantes, la respuesta es comprar un teclado digital. Los pianos son toda una inversión económica, incluso una carga financiera. Además no son portátiles y no ofrecen un amplio banco de sonidos. Los viejos rockeros y los artistas de blues usaban pianos porque no se habían inventado los teclados. Sin embargo, en los sesenta, los primeros teclados electrónicos se volvieron populares por las razones antes mencionadas: portabilidad y selección de sonido.

Hoy día, la tecnología del teclado ofrece muchas alternativas nuevas. En los sesenta, nadie podía imaginar lo buenos que acabarían siendo los sonidos digitales de piano y de órgano, ni lo fácil que sería conectar tu teclado a tu ordenador y crear sorprendentes grabaciones caseras. Con un simple conector MIDI y el software musical apropiado, ahora se puede grabar música en casa y crear largas partituras musicales sin necesidad de usar lápiz y papel.

¿Preguntas?

¿Debería tener un piano y un teclado a la vez?

No es necesario tener ambos. Si es usted un principiante, no se gaste el dinero en un piano caro, a no ser que le sobre. En lugar de ello, compre un teclado con teclas contrapesadas o semicontrapesadas. Compre también un amplificador para practicar, un cable para conectarlo y un soporte ajustable para el teclado.

De todos modos, el piano acústico sigue teniendo un lugar distinguido en nuestra sociedad, y los estudiantes con algo más de solvencia y de espacio siguen disfrutando de *darle al viejo marfil*. De hecho, los pianos verticales siguen siendo populares en las familias que gustan de reunirse para cantar. A menudo, estos pianos pasan de generación en generación y ayudan a mantener los lazos familiares.

No sería sensato hacer un listado de precios específicos en este libro, ya que éstos fluctúan constantemente. Tal y como hemos explicado antes, los pianos son, en general, más caros que los teclados. Si quiere comprarse un teclado puede conseguir uno de calidad por menos de 700 euros. Alguien que busque mucho podría encontrar también un piano vertical decente por un precio parecido, aunque es mucho más difícil.

Las marcas de piano más importantes, como Steinway & Sons, Yamaha, Baldwin, Kawai o Bosendorfer, pueden resultar muy caros para la clase media. Los pianos de cola o de media cola de estas compañías pueden costar entre 20.000 y 150.000 euros. Hay marcas de pianos más baratas, pero sus pianos suelen tener una vida mucho más corta.

Comprar el piano adecuado

Comprar un piano es un gran paso y un síntoma de que se toma la música en serio. Los pianos verticales siguen ofreciendo la mejor relación calidad precio, pero no suenan como un piano de cola o de media cola. La ventaja de un piano vertical es que ocupa mucho menos espacio en su casa. No importa el tipo de piano que compre, un piano nuevo o de segunda mano comprado a un vendedor con reputación normalmente le servirá. De todos modos, vaya con cuidado con los vendedores parlanchines que anden probablemente buscando una buena comisión.

Cuando examine los pianos de una exposición, asegúrese de que acude preparado. Esto significa que debe decirle al vendedor que ha consultado y continuará consultando a un técnico en pianos cualificado. Esto servirá para conseguir un mejor precio y para que no lo cataloguen como un comprador ignorante. Si quiere información técnica, visite la página de la Piano Technicians Guild, listada en el apéndice B. Encontrará allí valiosa información técnica y sobre cómo cuidar, mantener y reparar su piano.

¡ALERTA!

No se olvide de hacer que afinen su piano con regularidad. Debería afinar su piano entre dos y cuatro veces al año. Principalmente la humedad causa que la madera se contraiga y se expanda con el clima. Un higrómetro puede ayudarle a controlar el nivel de humedad en su casa. También puede comprar dispositivos de control de humedad para pianos.

Tiene que ser especialmente cauto cuando compre un piano a un particular. Si lee un anuncio clasificado que utiliza la palabra *oferta*, o peor aún, *chollo*, tiene que andar con particular cuidado. La gente siempre intenta vender pianos invendibles e intocables. De nuevo, el primer paso es dejarse aconsejar por un técnico cualificado. Pero no se fíe sólo de su experiencia. Aprenda todo lo posible sobre cómo distinguir un instrumento de calidad.

Las teclas rotas, los percutores doblados o desgastados, las tablas armónicas agrietadas, las arpas desgastadas o incluso los bastidores rotos, todo ello indica un piano que no se ha cuidado. Cuando examine un piano de cualquier tipo, fíjese en estos tres problemas clave:

- Percutores desgastados.
- Tabla armónica o planchas de la misma que se han despegado.
- Clavijero podrido.

Si los percutores están totalmente desgastados, el piano es inservible. Substituir los percutores puede tener un coste prohibitivo. Si la tabla armónica está rota, el piano zumbará cuando lo toque. La reparación es también muy cara. Finalmente, si el clavijero está en mal estado, el piano se desafinará, así que no vale un céntimo. Las teclas rotas pueden arreglarse fácilmente, pero a menudo estas teclas hundidas revelan problemas adicionales escondidos bajo ellas.

Hay muchos otros problemas mecánicos que pueden hacer disminuir el valor de un piano, pero los mencionados son omnipresentes. Recuerde también que comprar un piano a un particular significa que la compra no tiene ninguna garantía. Sólo por este motivo los mejor es probablemente acudir a un vendedor con reputación.

Comprar el teclado adecuado

Los teclados son una inversión económica menor, pero eso no significa que todos sean baratos. Pueden salir caros: unos 2.500 euros o más. Sin embargo, hay muchas buenas opciones por un precio mucho más bajo. Además, los teclados son más fáciles de cuidar. No hay que afinarlos y el mantenimiento de un teclado requiere muy poco esfuerzo. Por ejemplo, a los teclados no les afecta la humedad. Sin embargo, tenga cuidado y que su teclado no se moje. El agua es el enemigo de los componentes electrónicos. Al mismo tiempo, si se le cae el teclado, la electrónica podría resultar dañada, así que compre un estuche para transportarlo.

Comprar un teclado puede ser una ardua tarea, ya que hay tantos modelos disponibles. Cuesta saber por dónde empezar. En este capítulo nos hemos centrado en las necesidades. Como con el piano, tendrá que considerar cuáles son sus objetivos musicales antes de comprar un teclado. Si está interesado en imitar un piano para tocar rock 'n' roll antiguo o boogie-woogie, compre un sencillo piano digital. En este caso, le convendría también comprar un teclado de 88 teclas contrapesadas. Kurzweil, Roland, Yamaha y Korg fabrican buenos pianos digitales. Compre lo que compre, asegúrese de que su teclado tiene conector MIDI y de que sus teclas son sensitivas.

ESENCIAL

Las teclas sensitivas son algo mandatorio. Las teclas sensitivas afectan el rango dinámico. En otras palabras, cuanto más fuerte toque una nota, más fuerte sonará. Esto no debe confundirse con la sensibilidad *aftertouch*, la cual activa un controlador que altera el tono.

Si está interesado en la música contemporánea y electrónica, y en las aplicaciones modernas de los teclados, quizás quiera comprar una workstation digital. Una workstation es un todo en uno para sus indulgencias tecno. Imagine un niño en una tienda de caramelos. Una workstation digital es el equivalente para un teclista.

Si sabe cómo operar todos los cachivaches de las workstation de hoy día, ésta puede ser una buena opción para usted. Normalmente incluyen sintetizadores digitales, samplers, mezcladores, editores, secuenciadores, grabación de audio en disco duro, grabadora de CD y mucho más. Cada año llegan a las tiendas nuevos modelos con nuevas innovaciones tecnológicas. La tendencia siempre ha sido crear teclados que sean no sólo fáciles de usar, sino artísticamente estimulantes. Cuantos más sonidos, presets y características creativas ofrezca el productor, mejor se venderá. Compañías como Alesis y Yamaha lo saben, así que la tecnología sigue mejorando constantemente.

Beneficios de los sintetizadores y las workstations

La sintetizadores digitales nos permiten el «analógico virtual» y polifonías enormes con muchas voces. Los sintetizadores antiguos eran siempre monofónicos, lo que significa que sólo se podían tocar las notas de una en una. La tecnología digital ha enterrado la monofonía y ahora pueden escucharse más de cien voces a la vez.

Los secuenciadores incluyen presets de arpegios para los teclistas sin demasiada técnica. Si recuerda el capítulo 8, se acordará de que los arpegios son notas de acordes en sucesión (cuando se toca un arpegio las notas se tocan por separado y de modo consecutivo). Finalmente, los sintetizadores digitales ofrecen una plétora de efectos, como reverb, chorus y ecualizadores. Como sus predecesores, incluyen controles de pitch y de modulación para alterar todavía más las notas. ¿Qué quiere decir todo este galimatías técnico? Digamos que todo ello amplía la paleta de sonidos. En última instancia, esto permite una mayor libertad creativa.

Desventajas de los sintetizadores y las workstations

La única desventaja es la diferencia de tacto. Si es usted un estudiante de piano, la parecerá que las ligeras teclas sin contrapesar de un sintetizador tienen un tacto extraño y que son incluso un problema. Por otro lado, algunos teclistas creen que tocan más deprisa con un teclado así, por lo que al final todo depende de las preferencias personales.

Además, algunos teclados no tienen las 88 teclas de un piano. Por ejemplo, se encontrará con sintetizadores de 61 teclas o incluso menos. Esto puede ser un problema para algunos intérpretes a los que les gusta emplear las octavas más altas y más bajas del piano. Finalmente, si no está usted muy al día en cuanto a tecnología, pueden confundirle todos los controles que lleva un teclado. Los teclados vienen ahora plagados de botones y dispositivos. Pero si le gustan los retos, le esperan grandes aventuras musicales. En el siguiente capítulo continuaremos nuestra discusión sobre el equipo para hablar de herramientas de aprendizaje y de tecnología.

Capítulo 17

Accesorios y herramientas de aprendizaje

Cada año aparecen nuevas herramientas, adminículos y software. Aunque nuevo no siempre significa mejor, hay muchos productos a la venta que le ayudan a sacarle todo el jugo a la experiencia de la creación musical. Como la tecnología está siempre cambiando y poniéndose al día, en este capítulo no profundizaremos en las últimas tendencias. En lugar de ello, le daremos una idea general de las herramientas y los accesorios que tienen visos de evolucionar y que siguen siendo vitales.

El metrónomo

Los metrónomos son dispositivos pulsantes que le ayudan a educar su tempo y su ritmo. Un metrónomo es una pequeña caja de plástico que crea un pitido electrónico. Este pitido o chasquido, a menudo viene acompañado de una luz parpadeante. Los pitidos y las luces están pensados para ayudarle a mantener un ritmo estable. Si se usan adecuadamente, los metrónomos le ayudarán a desarrollar un buen reloj interno.

Hay muchas marcas de metrónomos, y su precio va de unos pocos euros a más de cien. Entre estas marcas están Seiko, Wittner, Korg, Qwik Time, Yamaha, Franz, Exacto y Boss. También puede bajar *click tracks* de internet. Además, las cajas de ritmos pueden utilizarse como sofisticados metrónomos. Por ejemplo, le puede apetecer más tocar con un ritmo de batería que con un chasquido.

Los mejores metrónomos son aquellos que pueden sonar realmente fuerte y que tienen entrada de auriculares. Los metrónomos de bolsillo no sirven de mucho para el piano, ya que no suenan lo suficientemente fuerte. El clásico metrónomo Dr. Beat DB-66 (de Boss) y su nueva versión, el Dr. Beat DB-90, son los mejores del mercado.

¡ALERTA!

Use el metrónomo que use, aléjese de los metrónomos manuales, a cuerda o de péndulo. Están obsoletos y su tempo es dudoso. No tiene sentido tener un metrónomo con un tempo cuestionable. De hecho, podría tener efectos perjudiciales. Cíñase a los metrónomos de cuarzo, ya que su tempo es perfecto incluso cuando la pila se está agotando.

El metrónomo DB-66 tiene muchas características interesantes, entre ellas una luz dual. Una luz está diseñada exclusivamente para el tiempo uno; la segunda luz pulsa en los tiempos restantes del compás. En 4/4, la luz parpadea en el lado izquierdo del metrónomo en el primer tiempo, y en los tiempos restantes parpadea en el lado derecho. El Dr. Beat puede tocar también distintos ritmos. En otras palabras, puede añadir corcheas, semicorcheas, tresillos con sólo subir el volumen de los potenciómetros individuales. Además, el Dr. Beat ofrece un amplio rango de tempos y métricas, y tiene un función tap. La función tap le permite definir el tempo que desea pulsando un botón. Un lector digital le dirá qué tempo ha pulsado. Puede entonces configurar el metrónomo acorde a ello. El Dr. Beat viene también con un transformador para que se ahorre las pilas.

Configurar el metrónomo

Hay muchas maneras de configurar el metrónomo. Si está usted tocando en 4/4, quizás quiera configurarlo para que represente los cuatro tiempos. Sin embargo, si el tempo aumenta, quizás quiera que suene sólo un tiempo de cada dos. Si le cuesta tocar con un metrónomo, configúrelo para que suene con las corcheas o con las semicorcheas. Las divisiones y las subdivisiones de las notas le ayudarán a tocar con mayor precisión. No olvide tampoco configurar el metrónomo para que los chasquidos y las luces coincidan con el tipo de compás que está tocando. El chasquido más alto debería representar siempre el primer tiempo.

INFORMACIÓN

Si configura su metrónomo a 60, sonarán 60 chasquidos por minuto. En otras palabras, sonará un chasquido cada segundo. Obviamente, una cifra mayor representa más chasquidos por minuto, y una cifra menor, menos chasquidos por minuto.

Algunos estudiantes configuran el metrónomo y luego lo ignoran mientras tocan. ¡No caiga en esa trampa! Los chasquidos del metrónomo han de estar en sincronía con su música. De lo contrario, no le sirve de nada. Si le cuesta tocar sincronizado con el metrónomo, no se ponga nervioso. Ya lo conseguirá. Para eso se practica. Sin embargo, no lo ignore. La **FIGURA 17-1** le muestra una serie de ritmos en 4/4 con metrónomo. Los pulsos se indican sobre la partitura. Con este compás, normalmente se configura el metrónomo para que suene cada tiempo. Fíjese en cómo las notas negras coinciden con los tiempos. Lleve el ritmo con los dedos. Puede también hacer palmas si no es demasiado rápido. Cerciórese también de que cuenta los tiempos en voz alta. Sincronizarse con el metrónomo requiere paciencia y perseverancia. Sin embargo, si persiste, aprenderá a tocar a un ritmo estable y constante.

FIGURA 17-1: Tocar con metrónomo.

× = pulsación del metrónomo (marca las negras)

Progresar

Cuando practique una pieza de música, empiece con el metrónomo a un ritmo moderado. Si la pieza le sigue pareciendo rápida, ralentice el tempo todavía más. Si le parece demasiado lenta, suba al tempo gradualmente hasta que encuentre un tempo en el que se sienta cómodo. Tocará mejor en tempos moderadamente lentos. Si toca demasiado deprisa, puede que no cumpla con los requisitos técnicos de la pieza. Si toca demasiado lento, se dará cuenta de que se acelera solo. Al principio, cíñase a los tempos moderados.

Cuando encuentre un tempo moderado y relajado con el comenzar, practique a esa velocidad hasta que le parezca que está listo para cambiar. Cuando así sea, suba el tempo uno o dos chasquidos, y luego intente tocar la pieza de nuevo. Si se encuentra cómodo, pruebe a subir el tempo de nuevo hasta que llegue al adecuado. Mientras lo hace, quizás quiera guardar un registro de los aumentos de tempo que ha hecho.

Este registro le ayudará a evaluar su progreso. Al cabo de unos días verá que aparece una pauta. Si está usted progresando, verá que sus tempos aumentan de modo lento pero constante. Si está usted intentando tocar a velocidades que van más allá de su habilidad, o si no ha encontrado usted un tempo en el que esté cómodo, esto quedará reflejado en su registro. En este caso, verá que su grabación muestra cambios de tempo erráticos.

Posiblemente, tendrá que empezar más despacio cada día de lo que terminó el día anterior. Esto es natural, y significa probablemente que necesita calentar. Al mismo tiempo, tarde o temprano se topará con un límite y no será capaz de tocar más deprisa. Este límite es su máxima velocidad. Encontrar su límite es bueno. Le permite fijarse objetivos realistas y definidos.

ESENCIAL

El objetivo no es siempre tocar deprisa. Los pianistas deben ser capaces también de tocar baladas lentas y bonitas. Intente tocar un ejercicio o una pieza tan lento como pueda. Se dará cuenta de que, cuanto más lento vaya, más difícil es tocar los ritmos con precisión. Ello se debe a que cuanto más lento toca más espacio hay entre notas.

Practicar con un metrónomo puede ser frustrante, así que quizás quiera apagarlo durante sus ejercicios diarios. No caiga en esa trampa de perezosos. Al mismo tiempo, algunos estudiantes no confían en los metrónomos y se quejan de que llevan el tiempo mal. No se lo crea. Si tiene un buen metrónomo, siempre llevará bien el ritmo. Desarrollar la habilidad de tocar sin esfuerzo con un metrónomo es signo de habilidad musical, así que ésa debería ser una de sus prioridades.

Software para componer

Con la aparición del ordenador personal y de los procesadores de texto, las imprentas y las editoriales perdieron su monopolio en el formato impreso. Lo mismo sucede con la notación musical. Ahora puede escribir partituras tan pulidas y articuladas como lo que publican incluso las más avanzadas editoriales. Todo cómodamente en su casa.

Ya no tiene que escribir las notas a mano en papel o contratar a un asistente para que copie y trasponga las partes. El software para escribir partituras, como Finale o Sibelius, permite a los músicos escribir su música con el mismo grado de exactitud y la misma apariencia profesional que las mejores editoriales.

Tanto Finale como Sibelius contienen plantillas para escribir música. Con un click del ratón puede elegir entre un sistema de piano, una partitura para una formación de jazz de cuatro instrumentos o una partitura para una orquesta moderna. Una vez elegida la plantilla, puede usted elegir la armadura y el compás. También puede indicar el tempo. Tras ello, puede empezar a introducir las notas, ya sea con el cursor, el teclado o mediante MIDI. Cuando lo hace con una interfaz MIDI, usted toca simplemente un teclado o cualquier otro instrumento MIDI y la notas aparecen en la partitura. Por ejemplo, muchas de las notaciones de este libro se han escrito empleando el Flexi-time (tiempo real) de Sibelius.

INFORMACIÓN

> Trasponer es pasar de una tonalidad a otra. Un piano es un instrumento que no traspone. Toca en el conocido tono «de concierto». Sin embargo, otros instrumentos, como una trompeta en si bemol, son instrumentos que trasponen. Cuando un trompetista con una trompeta en si bemol lee un do central, en realidad está tocando un si bemol.

La tecnología MIDI es cada vez más avanzada. Sin embargo, en estos momentos, todavía es necesario editar las notas introducidas mediante MIDI para que el intérprete las pueda leer sin complicaciones innecesarias. Algunas veces el software captura acertadamente su música. Otras, hace falta cierta edición manual. Sin embargo, tanto Sibelius como Finale son cada vez más «inteligentes». Incluso en estos momentos hacen que escribir una partitura sea infinitamente más rápido que emplear papel y tinta.

Una de las razones es que Sibelius y Finale pueden trasponer la música por usted. Ambos ofrecen también excelentes librerías de sonido para tocar su música. Esto le permite comprobar su trabajo con sus ojos y con sus oídos. Ya no tiene que imaginarse cómo sonará su partitura. Gracias a esto, ahora puede escuchar equivocaciones que pueden haberse escapado a sus ojos. Además, esta función mejora cada año, ya que los samplers musicales mejoran para ser más expresivos y tener más sentimiento. No podemos predecir hasta dónde llegará este software.

Band-in-a-Box

Band-in-a-Box es una herramienta excelente tanto para estudiantes como para profesionales. Este programa sirve para acompañar a un solista. Todo lo que necesita es instalar el software en su ordenador, escribir algunos acordes (armonía), escoger un estilo de música que tocar y empezar a improvisar. Cuando indica los acordes, puede escoger entre unas tríadas sencillas o cualquier tipo de extensión armónica (por ejemplo do menor 9♯11). Band-in-a-Box hace el resto por usted. En función del estilo de música que elija, Band-in-a-Box interpretará la música y los acordes de modo apropiado. Desde jazz a rock, pasando por música latina, Band-in-a-Box lo toca todo.

Durante el proceso, Band-in-a-Box le puede acompañar con una serie de instrumentos. Por ejemplo, puede tocar simplemente sobre un ritmo de batería y bajo. Si quiere, puede añadir además acordes de guitarra o de piano, aunque esto está pensado en realidad para instrumentos de metal. Puede incluso añadir arreglos de cuerda, para que su sesión de práctica suene realmente de lujo.

¡ALERTA!

Aunque Band-in-a-Box puede servir para ejercitar sus ideas y para que se sienta cómodo haciendo solos, no hay nada como tocar con seres humanos de verdad. La música es un ejercicio interactivo que implica sensibilidad, compromiso, unidad y cooperación. No hay software musical que pueda emular la experiencia de tocar con otras personas.

Band-in-a-Box es particularmente útil para aprender a improvisar sobre un blues. Introduzca los acordes I, IV y V (en tonalidad de do mayor) en Band-in-a-Box. Una vez hecho esto, practique haciendo solos sobre estos acordes a distintas velocidades. Si está usted más avanzado, intente hacer solos sobre cambios de acordes de jazz blues. Esto incluye los movimientos armónicos ii-V y iii, vi, ii, V, I. Cuando toque con Band-in-a-Box descubrirá rápidamente qué puede tocar y qué no. Como los metrónomos, Band-in-a-Box no engaña. Como este software toca con total precisión, sabrá si va usted más lento o rápido de la cuenta, o si se está arriesgando con una velocidad o una pieza musical que se escapa a sus habilidades.

Una vez se haya curtido en do mayor, practique un blues en otras escalas. Se espera que un pianista profesional sea un maestro de la trasposición. Este libro se centra en la escala de do mayor porque es más sencillo aprender nuevos conceptos cuando se emplea una tonalidad en la que no hay bemoles ni sostenidos. Sin embargo, debería aprender los fraseos y las muletillas del blues en cualquier tonalidad.

¿Hay tonalidades que sean más frecuentes? Sí. Las tonalidades más comunes son mi, la, si bemol y fa mayor. Los guitarristas suelen preferir mi y la mayor; aquellos que tocan instrumentos de viento suelen preferir si bemol y fa mayor. Se prefieren estas tonalidades debido al modo en que están construidos los instrumentos. En otras palabras, los instrumentistas tienden a preferir tonalidades que encajan con la construcción de su instrumento. Sin embargo, se espera de usted que sea capaz de tocar en las quince tonalidades. En última instancia, las tonalidades con siete sostenidos y siete bemoles son menos frecuentes y, por tanto, menos importantes. Ello no significa que deba ignorarlas.

Sobre todo, Band-in-a-Box le ayudará a descubrir sus puntos fuertes y sus flaquezas. También se hará una idea de lo que es tocar con músicos. Sin embargo, tenga presente que los músicos de verdad no son máquinas que tocan perfectamente, como Band-in-a-Box. Por tanto, es importante que salga a tocar también con gente de verdad.

Grabaciones caseras

Una de las cosas que ha cambiado el proceso de hacer música de modo dramático durante los últimos veinticinco años ha sido poder grabar música en casa. De hecho, ya no necesita pagar grandes minutas en estudios de grabación para crear grabaciones de primera categoría. Antes de la era digital, la mayoría de las grabaciones caseras se hacían con grabadoras multipistas. Portastudio, de Tascam, fue particularmente popular a principios de los ochenta. Estos dispositivos permitían a la gente grabar hasta ocho pistas, aunque la calidad de sonido no podía competir con la del equipo presente en los estudios profesionales.

A mediados de los ochenta, las grabadoras DAT (Digital Audio Recorder) se convirtieron en una opción viable para grabar en casa, aunque sólo se podían grabar dos pistas en vivo. En 1991 presentaron el Alesis Digital Audio Tape (ADAT), que permitía a los entusiastas grabar hasta ocho pistas en una cinta magnética de VHS. A pesar de la promesa de esta tecnología, todavía hacía falta comprimir pistas en las grabaciones caseras, o sincronizar distintas máquinas, si se querían grabar más de ocho pistas.

ESENCIAL

Si es usted un neófito de las grabaciones caseras, pruebe GarageBand, un programa fácil de usar de Apple Computer. GarageBand le permite construir loops con su colección de instrumentos sampleados. Puede grabar también sus propios instrumentos mediante una interfaz o un micrófono. Gracias a sus sencillas opciones de edición, Garageband es bueno para iniciarse en las grabaciones caseras.

Hoy día se emplean los ordenadores para crear grabaciones de una sorprendente claridad y resolución, y no hay prácticamente límites a la cantidad de pistas que puede utilizar. Si tiene buen oído, cierta habilidad con los ordenadores, espacio suficiente y mucha paciencia, puede grabar sus propias canciones cómodamente en su casa. Todo lo que necesita para empezar es un Mac o un PC, y software de edición musical como Pro Tools, Nuendo, Cubase, Logic, Digital Performer o Sonar. A continuación necesita una interfaz y unos plugings de calidad (reverbs, compresores y ecualizadores). Si tiene previsto grabar instrumentos acústicos o en directo, necesitará también unos micrófonos de calidad. Una vez haya aprendido a utilizar esta tecnología, podrá producir su propia música. Si presta atención al detalle, su música podrá rivalizar con las grabaciones hechas en estudios profesionales.

Grabar música con fines educativos

Debería conocer la nueva tecnología para poder «participar en el juego» y dar a conocer a otros su música. Pero ésta no es la única razón para grabar su música. Grabar y documentar su trabajo es bueno para su evolución y es extremadamente educativo.

Las anteriores generaciones de estudiantes de música tenían pocas oportunidades de grabar y documentar su progreso. Nada más lejos de la realidad actual. Si posee documentos grabados de cada estadio de su aprendizaje musical, mejorará más deprisa. ¿Cómo? Si se graba usted con regularidad, podrá evaluar mejor su progreso.

Gracias a las grabaciones, puede escuchar su interpretación y ser su propio profesor. Si es capaz de apartarse de la mecánica de la interpretación musical, será capaz de escucharse de un modo más objetivo. En otras palabras, podrá escucharse como los demás le escuchan. Ésta es una herramienta de incalculable valor, especialmente si no le gustan las clases particulares. Es difícil criticar su interpretación cuando se ha acabado de tocar. Sin embargo, si puede repasar las grabaciones y escuchar lo que ha tocado, será capaz de evaluar su música de un modo más fiable. Será capaz de determinar si toca a un ritmo estable y si toca unos acordes claros y con seguridad. Cuando escuche sus propias grabaciones, fíjese en el tono y en la expresión, la melodía, la armonía, la improvisación y, por supuesto, en si toca las notas adecuadas.

Tono y expresión

Cuando se escuche, pregúntese: «¿Estoy tocando el piano de un modo expresivo y atractivo?». Si no es así, piense en cómo toca las teclas. Considere cambiar su técnica y su postura si es necesario (vea el capítulo 2). En cuanto a la expresión, piense en cómo crea las frases en el piano. Las frases son parecidas a la estructura de una oración. No toque el equivalente a frases hechas. La música, como las oraciones, tiene un principio y un final. No toque tampoco con una dinámica constante. Sus frases deberían oscilar (crescendo y diminuendo) mientras van de principio a fin. Los acentos son un modo de dar emoción a sus frases.

Melodía

¿Crea usted melodías que transmiten? ¿Puede usted tararear lo que toca? ¿Está creando a partir de motivos o está recorriendo el teclado aleatoriamente? Si no está satisfecho con su melodía, escuche más música. El mejor modo de desarrollar un gran sentido melódico es escuchar las melodías de otra gente. Repase una gran variedad de música y vea cómo la melodía interactúa con la armonía, con el ritmo y con la estructura de las canciones. Al mismo tiempo, no tema emplear las repeticiones y el «tema y variación» en sus melodías.

Armonía

¿Complementan sus acordes la melodía o todo lo contrario? ¿Puede usted emplear unos acordes más coloridos o expresivos? «Acompañante» es prácticamente el apellido de «pianista». Hace falta que los pianistas sean capaces de, sobre todo, acompañar adecuadamente a los cantantes y a los solitas. Si su sentido armónico es pobre, limitará su capacidad para encontrar trabajo como pianista. Esto sirve para prácticamente cualquier estilo de música. Por tanto, intente obtener un inmaculado sentido de la armonía y del contrapunto. En este instrumento, las habilidades armónicas separan a los menores de los adultos. Si quiere repasar, le explicamos la armonía en el capítulo 6.

Improvisación

No hay nada peor que una improvisación predecible. Cuando escuche sus grabaciones, pregúntese: «¿Puedo tocar solos expresivos? ¿Escojo bien las notas? ¿Me equivoco mucho o toco fraseos que encajan con los acordes?». Todos los estudiantes de piano tocan alguna nota en falso. No pasa nada. Todo el mundo toca solos cuestionables al principio. Es parte del proceso de aprendizaje. Si toca más de la cuenta, repase cómo los acordes interactúan con las escalas y con los modos. A lo mejor está tocando demasiadas notas que debiera evitar cuando usa una escala en particular sobre un acorde. O quizás sencillamente está usando un modo erróneo.

Notas erróneas

Obviamente, debería emplear su oído y diferenciar las notas correctas de las equivocadas. Sin embargo, si es usted un novato, no detectará ninguna nota equivocada. Por tanto, debe revisar juiciosamente la teoría referente a las escalas y los acordes y asegurarse de que elige las notas adecuadas. Además, no se olvide de escuchar las grabaciones de los pianistas profesionales. Mediante la escucha, su oído aprenderá gradualmente a diferenciar las notas adecuadas de las incorrectas. Si estudia música con cuidado y siendo meticuloso, aprenderá gradualmente a tocar solos que impresionen tanto a los músicos como a la audiencia.

Apéndice A

Innovadores clave y grabaciones

He aquí una lista de importantes pianistas y teclistas de rock, pop, blues y jazz blues, junto a uno o dos de sus mejores álbumes. Esta lista no es, ni de lejos, exhaustiva; es más bien un punto de partida. Nota: si el disco no viene a nombre del pianista o del teclista, el artista o el nombre de la banda viene listado entre paréntesis.

Rock, pop y teclado electrónico

Elton John, *Captain Fantastic and the Brown Dirty Cowboy* y *Sleeping with the Past*.

Billy Joel, *The Nylon Curtain* y *12 Gardens Live*.

Donald Fagen, *The Nightfly*.

Bruce Hornsby, *Harbor Lights*.

John Lord, *Machine Head* (Deep Purple).

Rick Wakeman, *Close to the Edge* (Yes) y *Journey to the Centre of the Earth*.

Tony Banks, *Selling England by the Pound* (Genesis).

Keith Emerson, *Emerson, Lake & Palmer* y *Brain Salad Surgery* (ELP).

Richard Wright, *Dark Side of the Moon* (Pink Floyd).

Kraftwerk, *Autobahn* y *Minimum-Maximum*.

Gary Numan, *Telekon*.

Brian Eno, *Ambient 1: Music for Airports*.

Nicky Hopkins, *Tin Man Was a Dreamer*.

Patrick Moraz, *Relayer* (Yes).

Joe Jackson, *Night & Day* y *Afterlife*.

Kenny Kirkland, *Dream of the Bue Turtles* (Sting).

Ben Folds, *Ben Folds Five*.

Tori Amos, *Little Earthquakes*.

R&B, primer rock 'n' roll y soul

Fats Domino, *Early Imperial Singles 1050-1952* y *The Imperial Singles, Volumes 2 and 3*.

Ray Charles, *Pure Genious: The Complete Atlantic Recordings (1952-1959)* y *Strong Love Affair*.

Little Richard, *Here's Little Richard* y *The Fabulous Little Richard*.

Jerry Lee Lewis, *Jerry Lee Lewis* y *The Return of Rock*.

Art Neville, *Art Neville: His Specialty Recordings 1956-1958* y *Yellow Moon* (The Neville Brothers).

Johnnie Johnson, *Johnnie B. Bad*.

Stevie Wonder, *Innervisions* y *Original Musiquarium I*.

Jools Holland, *Friends 3*.

Billy Preston, *A Whole New Thing*.

Blues y jazz

Charles Brown, *Black Night*.

Jay McShann, *Hootie Blues* y *Goin' to Kansas City*.

Nat King Cole, *Hit That Jive: 1936, 1946* (Nat King Cole Trio) y *The Very Best of Nat King Cole*.

Pete Johnson, *Pete's Blues*.

Jimmy Yancey y Pete Johnson, *Jazz Piano Masters: Jimmy Yancey* y *Jazz Piano Masters: Pete Johnson*.

Meade «Lux» Lewis, *The Blues Piano Artistry of Meade Lux Lewis*.

Albert Ammons, *Boogie Woogie Stomp*.

Charles «Cow Cow» Davenport, *Complete Recorded Works, Vol. 2 (1929-1945)*.

Fats Waller, *Handful of Keys*.

James P. Johnson, *Snowy Morning Blues*.

Willie «The Lion» Smith, *Pork and Beans*.

Count Basie, *For the Second Time* (Count Basie and the Kansas City 3) y *Straight Ahead*.

Duke Ellington, *Piano Reflections* y *Three Suites*.

Thelonious Monk, *Straight, No Chaser* y *Three Suites*.

Brother Jack McDuff, *Moon Rappin'*.

Jimmy Smith, *The Cat*.

Dorothy Donegan, *The Explosive Dorothy Donegan*.

Marcia Ball, *Gatorrhythms*.

Jelly Roll Morton, *Birth of the Hot*.

Harry Connick Jr., *Occasion: Connick on Piano, Vol. 2*.

Dr. John, *Goin' Back to New Orleans* y *Right Place, Right Time: Live at Tipitina's*.

Allan Toussaint, *The Wild Sound of New Orleans: The Complete «Tousan» Sessions*.

Professor Longhair, *Crawfish Fiesta*.

Champion Jack Dupree, *Blues from the Gutter*.

James Booker, *New Orleans Piano Wizard: Live!*

Otis Spann, *Otis Spann Is the Blues* y *The Bottom of the Blues*.

Sunnyland Slim, *Midnight Jump*.

Willie «Pinetop» Perkins, *Down in Mississippi* y *Heritage of the Blues: The Complete Hightone Sessions*.

Roosevelt Sykes, *Hard Drivin' Blues*.

Peetie Wheatstraw, *The Last Straw*.

Recopilaciones de blues

Varios, *Essential Blues Piano*.

Varios, *Martin Scorsese Presents the Blues: Piano Blues*.

Varios, *A Celebration of Blues: Great Blues Piano*.

Apéndice B

Fuentes

He aquí una lista, páginas web y películas y vídeos que le ayudarán a saber más cosas sobre el blues y sobre el rock, como dijimos en este libro. De nuevo, esta lista no es exhaustiva. Su intención es servir de punto de partida para su propia investigación.

Publicaciones

Beatlemania 1963 to 1966 Volume I y *Beatlemania 1967-1970 Volume II*, Hal Leonard Corporarion, 1986.

Bodganov, Vladimir, Chris Woodstra y Stephen Thomas Erlewine, *All Music Guide to the Blues: The Definitive Guide to the Blues*, Backbeat Books, 2003.

Chords for Keyboard and Guitar: Pocket Reference Guide to More Than 1800 Chords, Hal Leonard Corporation, 1995.

Finn, Julio, *The Bluesman: The Musical Heritage of Black Men and Women in the Americas*, Interlink Books, 1991.

Hanon, C.L., *El pianista virtuoso*, Editorial de Música Boileau, S.A., 1997.

Harrison, Mark, *Blues Piano: The Complete Guide With CD*, Hal Leornard Corporation, 2003.

Kriss, Eric, *Beginning Blues Piano*, Amsco Publications, 1984.

Manzarek, Ray, *Light My Fire: My Life with the Doors*, Berkeley Boulevard, 1998.

Ostwald, Andy, *Play Jazz, Blues & Rock Piano by Ear, Book One*, Mel Bay, 2003.

Palmer, Robert, *Deep Blues*, Penguin Books, 1981.

Rebennack, Mac (Dr. John) y Jack Rummer, *Under a Hoodoo Moon: The Life of Dr. John the Night Tripper*, St. Martin's Press, 1994.

Schonbrun, Marc, *The Everything® Reading Music Book*, Adams Media, 2005.

Páginas web útiles

- www.allmusic.com
- www.blues.org
- www.cdbaby.com
- www.garageband.com
- www.ptg.org
- www.pianoeducation.org
- www.piano.com
- www.pianoworld.com
- www.rockhall.com
- www.steinway.com
- www.vh1.com
- www.wikipedia.org

Filmes/DVD

Learn to Play Blues Piano #1: A beginner's Guide to Improvisation by David Bennett Cohen, Homestin Video.

Learning Rock-n-Roll Piano, Homespun Video.

Martin Scorsese Presents the Blues: Piano Blues, Sony Video.

Piano Grand! A Smithsonian Celebration by Various Artists, Sony Video.

The Blues/Rock Piano of Johnnie Johnson: Sessions with a Keyboard Legend, Homespun Video.

The Piano Styles of Dr. John: An Intimate Session with Mac Rebennack, Homespun Video.

Índice de nombres

Otros títulos de MA NON TROPPO

Manual para tocar la guitarra

Ernie Jackson

Un manual sencillo y práctico para aprender a tocar la guitarra.

Un libro que convierte el aprendizaje de este instrumento en una tarea fácil. Con claras instrucciones graduales, esquemas y consejos efectivos, este práctico y útil manual hará que pueda tocar acordes y canciones en muy poco tiempo, ya se trate de guitarra clásica o eléctrica. Con Jackson, el embajador del programa Sibelius, a su lado, el Manual para tocar la guitarra con CD es la perfecta introducción a este popular instrumento.

Manual para tocar la guitarra rock y blues

Marc Schonbrun

¡Por fin un manual fácil, claro y eminentemente práctico para aprender a tocar rock y blues con tu guitarra!

¿Sueñas con tocar la guitarra como John Lee Hooker, Carlos Santana, Jimmy Page o Eric Clapton? Es posible, incluso, que hayas asistido a clases en alguna ocasión y que hayas abandonado porque te parecía demasiado difícil... Gracias a este sencillo manual, a su estilo claro y comprensible y a la facilidad de los ejemplos del CD que le acompaña, podrás tocar tus canciones favoritas sin ayuda de otras personas.

Manual para tocar la batería

Eric Starr

Un libro fundamental para aprender a tocar la batería y conocer diferentes patrones rítmicos en variados estilos musicales, incluyendo rock, blues, jazz, R&B y ritmos latinos y caribeños.

Aprende todos los trucos de la batería: qué postura es la más adecuada, las técnicas y movimientos de las baquetas, cómo trabajar las dinámicas y acentos musicales, los redobles de caja, las técnicas utilizadas para el charles y el bombo, la utilización de escobillas, cómo cuidar y afinar el equipo, etc.